卡拉卡瓦国王

利留卡拉尼女王

伊奥拉尼王宫

夏威夷人 —— 草裙舞者

夏威夷国王世界环游记

〔美〕威廉·N.阿姆斯特朗 著
郝 平 张笑一 译

商务印书馆
The Commercial Press

中译本根据 Mutual Publishing 1995 年版译出

中译本序

北京大学　安乐哲

卡拉卡瓦大道和卡皮欧拉尼大道以国王大卫·卡拉卡瓦和王后的名字命名，是火奴鲁鲁主城区的两条主干道。这两条大道至今铭记着卡拉卡瓦的非凡心志，他于1874年开始统治夏威夷，直到1891年去世为止。1866年卡美哈梅哈五世在位期间，美国作家马克·吐温访问夏威夷，在岛上住了很长时间，对卡拉卡瓦印象很深，预感八九年后他会成为国王。当时，年轻的卡拉卡瓦还在立法机关任职，"温文尔雅"，"颇有教养"，"话虽不多，但有涵养，又明智"，"不辱王室之职"。"国王有权确立自己的继承人，其不二人选就该是卡拉卡瓦。"[1]不得不说，马克·吐温的确有先见之明，早早地就预见到了。如今普遍认为，在卡拉卡瓦任期内出现了近代夏威夷的第一次复兴。在这篇序言中，我将简要介绍卡拉卡瓦周游世界的历史背景，由此读者就可以体会到卡

---

[1] 马克·吐温：《夏威夷来信 ——〈萨克拉门托联合报〉约稿》，帕洛阿尔托：斯坦福大学出版社，1938年。

拉卡瓦国王对夏威夷群岛及其多姿多彩的各族群的发展和自我认知，所产生的深远影响。

夏威夷走上国际舞台是在1778年。那一年，探险家詹姆斯·库克船长开辟了欧洲和夏威夷的联系通道。那是一个政治权力越来越倚重海军实力的年代，而海军影响力沿着一条条公海的子午线，像电流一样越传越远。夏威夷位于太平洋中部，有着重要的战略地位，很快就引起了多个有称帝野心的国家的浓厚兴趣。在夏威夷逐渐和外部世界建立起联系的同时，卡美哈梅哈国王团结凝聚夏威夷各岛上的居民，于1810年建立了夏威夷王国。欧洲列强使遥远的夏威夷群岛越来越出名、越来越重要，也让土著人付出了不可预见的惨重代价。这些欧洲人就像入侵的物种一样，带来了当地从未有过的麻疹、天花、伤寒、梅毒和麻风病。到卡拉卡瓦即位时，与外面的世界打交道才不过两代人，脆弱的夏威夷人口就从80万下降到了4.5万，不足原来的6%。与此同时，美国传教士及其后裔将其影响渗透到岛上的政治、经济、生活方式等各个方面，并一步步地把政权从土著人手中抢了过来。夏威夷人和他们创造的文化面临灭顶之灾。

所以，卡拉卡瓦所继承的是一个危机中的夏威夷。卡拉卡瓦在整个执政期间，都在兢兢业业、不屈不挠地拯救这个病入膏肓的王国，希望这个危在旦夕的王国能恢复元气。经济方面，1875年，他和美国签署了互惠条约，这个自由贸易协定虽然允许美国独享对珍珠港的使用权，但另一方面，美国也对夏威夷产品免征关税并在岛上大量投资。谈判过程中，美国总统尤利西斯·S.格兰特（1822—1885）在白宫设国宴款待卡拉卡瓦国王。此前，从来没有哪个美国总统在白宫开宴招待过外国君主。正是因为与美国签订的这份贸易协议，夏威夷王国在卡拉卡瓦执政的17年间收入剧增700%。

但要振兴夏威夷，卡拉卡瓦还得征服一座更高的山，那就是改变当时弱肉强食的政治局面。随着美国吞并夏威夷的鼓点越来越急，夏威夷王国的内阁职位几乎全被美国白人把持，眼见美国对夏威夷的政治控制越来越紧，卡拉卡瓦实施了多种战略。登基之前，他就领导政治组织"青年夏威夷"发出了"夏威夷人的夏威夷"的呼声。为提高本土教育水平，卡拉卡瓦从国库拨款，设立"夏威夷青年出国教育"项目。1880—1887年间，他为此项目亲自挑选18名学生，送往意大利、中国、日本、英国、美国学习世界各国知识，以回国服务夏威夷。面对世界强国在太平洋的殖民野心，卡拉卡瓦国王设想建立"波利尼西亚人的联邦国家"，在维护太平洋岛国人的独立和身份的同时，成为欧美国家共同体的一员。

1881年，卡拉卡瓦开始本书记述的环游世界之旅，行程持续281天，使他成为第一位周游世界的君主。他此行的目的是通过大规模移民项目为夏威夷种植园引入劳动力，以使得夏威夷人口更强健、更兴旺。他打算主要从亚洲国家，但也从中东和欧洲国家引入劳动力来治愈夏威夷虚弱多病的政治躯体。陪同他出访的只有三个人，其中包括掌管移民的皇室长官威廉·N. 阿姆斯特朗。他们在日本、中国和东南亚待了几个月，与相关部门磋商谈判，签订合同工条约来引入"理想的人口"，比如劳工、整个家庭或者给现有劳动力找到新娘。面对被美国吞并的危险，卡拉卡瓦意欲用日本作为缓冲阀。他秘密与明治天皇通信，将他的外甥女许配给日本王子，以此来拉近两国关系。同时，他鼓励天皇建立并领导以日本为首的"亚洲民族和主权国家联盟"。后来，到了葡萄牙，他又建立法律框架来大规模引入移民。卡拉卡瓦在引入移民方面的宏伟计划面临若干障碍，其中之一就是大英帝国的巨大影响力，当时的大英帝国覆盖全世界四分之一的范围，这就意味着，他想要签订协议就不得不跟英国的海外殖民地谈判。

卡拉卡瓦对当时的英属殖民地马来亚的访问，最能体现他那种亚洲人民一家亲的感觉。他通过认真思考，认为马来亚和波利尼西亚语族同属南岛语系的一个分支，因而两个民族语言相通、历史相连。语言属于这一语族的人不仅居住在亚洲大陆上的马来西亚，还遍布东南亚和太平洋的岛国。在亚洲大陆，这一语族除了马来语之外还包括印度尼西亚语、爪哇语、他加禄语、伊洛卡诺语；在太平洋岛屿上，也包括汤加语、萨摩亚语、毛利语、斐济语，当然还有夏威夷语。

卡拉卡瓦巩固夏威夷王国政治实力的另一战略是学习其他国家，让夏威夷的君主制更有权威。为此，他征得立法机构同意，拿到款项用以建设伊奥拉尼皇宫,替换以前破败的珊瑚木制结构皇宫。1879年新皇宫奠基,三年后新宫殿落成,在这期间卡拉卡瓦环游世界,见识了别的君主如何生活起居,决心使自己皇宫的建筑和装潢都达到世界一流水平。

1874年,卡拉卡瓦即位时,由于社会动乱,不能办一场像模像样的加冕典礼。新皇宫建成后,卡拉卡瓦举行了为期两周的庆祝仪式,包括为卡美哈梅哈大帝的雕像揭幕,该雕像就矗立在皇宫旁边的政府大楼前。卡拉卡瓦又命令铸造银币,一面刻有夏威夷盾徽和皇家箴言,另一面是卡拉卡瓦像。到了卡拉卡瓦50岁寿辰时,又举办了盛大的皇室庆典,包括赛船会、皇家舞会、鲁奥野宴、国宴、射击比赛等。

卡拉卡瓦国王通过举办官方仪式来复兴、颂扬夏威夷文化,又找到了一条途径来让本国人民感到振奋、让他们有自豪感和民族意识。卡美哈梅哈一世去世后,皈依基督新教的卡阿曼鲁努王后根据基督教价值观和伦理颁行了夏威夷的第一部成文法。1830年颁布的命令又禁止跳草裙舞,违者依法惩治。虽然此后的国王对此多有违反,并不严格遵守,但卡拉卡瓦即位后才开始全面恢复吟诵、歌唱、舞蹈等各式各样的夏威夷文化,并将其融入官方庆祝仪式中,这种做法成为他的执政特色。人们称他为"欢乐君主",把他说的那句话铭记于心——"草裙舞是心的语言,是夏威夷人的心跳"。他在位期间,引入了尤克里里,他自己就擅长弹奏,写了很多歌曲,并亲自为国歌《夏威夷之子》填词。他还出资设立夏威夷语言出版社并担任编辑，出版传统诗歌和民俗故事，其中包括夏威夷创世神话《库穆利波》，使之口口相传、代代颂扬。他为推广本土治疗法提供政策扶持，还增加了对夏威夷民族博物馆的经费投入。

卡拉卡瓦年轻时受过军事训练，给前几位国王当过侍卫并一再提升，在卡美哈梅哈四世时期荣任上校。他巩固王国政治实力的另一举措是恢复皇宫卫队，增设六个志愿连，供夏威夷族军官调遣。1886年，他颁布《军事法案》，在外交部下设战争处和海军处，并亲任最高统帅。有了气派的宫殿、皇室雕像、王国铸币、生日庆典和夏威夷军最高统帅的新头衔，卡拉卡瓦就有了所有衬托国王身份地位的东西，名正言顺地跻身世界君主之列。

但他还是遇上了逆风。1846年卡美哈梅哈三世在位期间，时任美国总统的约翰·泰勒（1790—1862）正式承认夏威夷的独立地位，夏威夷王国因此才得以和几个世界大国签订条约并缔结联盟。1874年卡拉卡瓦即位时，他作为国王可以依宪委任、黜免内阁成员，并拥有相当大的政策制定权。但刚过了十多年，到了1887年，13个白种商人起草了所谓的"刺刀宪法"，要求君主不论行使何种行政权，都必须征得内阁同意，也就是使立法机构获得了最高政治权威。该宪法还为参加立法机构的选举设立财产和种族标准，这样就剥夺了大多数夏威夷土著人和中国人等少数族裔的政治权利；而当时，有很多中国人和夏威夷当地贵族通婚，是卡拉卡瓦财力和政治上的倚仗。虽然美国人和欧洲人仍然可以用外籍公民身份竞选公职并参加投票，但在夏威夷推行的类似美国的反亚裔政策，却禁止亚洲移民申请夏威夷国籍或参加投票。卡拉卡瓦由于受到胁迫，也害怕遭到暗杀，别无选择，只能在新宪法上签字。

接下来的四年可谓风起云涌，不断有人煽动、挑起叛乱。1890年底，重病中的卡拉卡瓦坐船到旧金山，1891年初溘然长逝。他倾其一生，都在努力使夏威夷人和夏威夷王国焕发生机，历史似乎也比较仁慈，让他先于挚爱的王国而去，而不必看到其败灭的终局。仅仅在他去世两年后，1893年美国人和欧洲人组建了"安全委员会"，在美国海军的协助下，罢黜继任卡拉卡瓦王位的他的妹妹利留卡拉尼女王，并废除君主制。一年后，这些人成立了受他们操控的夏威夷共和国。听到夏威夷王国被推翻的消息后，时任美国总统的格罗弗·克利夫兰（1837—1908）宣布："此举铸下大错，出于对我国国民品格和受伤害的民众的权利的尊重，我们必须修补夏威夷的君主制。"虽然美国政府最高层已经承认错误，但打着"昭昭天命"旗号的美国政治势力强烈反对归还夏威夷主权。1898年，在威廉·麦金莱（1843—1901）总统任下，美国政府正式吞并夏威夷，称之为"夏威夷领地"。

卡拉卡瓦通过环球之旅给他的岛屿引入移民，我们现在只能猜想这一举措给夏威夷现有人口结构带来了什么样的影响。普遍认为，第一批中国人到达夏威夷的时间是1789年，仅仅比库克船长带来的欧洲联系晚了11年。这些中国人在英国船上当水手、做贸易。有资料显示，从1789年到19世纪中期，先后有70多个中国人乘着欧洲人的船来到夏威夷，有的经营种植园，有的做各种买卖。在这一时期，夏威夷和中国大力开展檀香木贸易，火奴鲁鲁的中文名"檀香山"即由此而来。在此期间，造捕鲸船也是夏威夷经济的一大支柱。

有一位中国企业家在"夏威夷-中国"的故事中扮演了重要的角色。他叫陈芳（1825—1906），1849年从广东梅溪来到夏威夷。起初，陈芳帮叔叔打理杂货店，把中国商品卖给当地人。1856年，卡美哈梅哈四世迎娶埃玛·鲁克，陈芳与中国商会一道为这对皇室夫妇举办了一场婚礼舞会。中国商人慷慨大度，由此在当地社会树立了威信。但这只是故事的开头。到了第二年，陈芳娶了英裔夏威夷贵族朱莉亚·法耶威特，结交了夏威夷精英人士，其中就有未来的国王卡拉卡瓦。夏威夷重商氛围浓厚，陈芳得以一展商贾之才。他一步一步地建立了金融帝国，投资零售连锁店、办蔗糖咖啡种植园、开船运公司，还做了不少别的生意，很快成为夏威夷岛上第一位华裔百万富翁。卡拉卡瓦能顺利登上王位，就部分得益于陈芳的财力支持。陈芳在卡拉卡瓦的顾问委员会短暂任职，随后成为中国政府驻夏威夷的官方代表。因为跟夏威夷精英关系密切且倾囊相助，陈芳成了亲美派权力掮客的眼中钉而处处受阻。美国人和欧洲人对华裔社群无所不用其极，剥夺中国人投票权利，实施种族隔离，并恐吓威胁。他们吞并夏威夷的阴影越来越重，陈芳不得不见机行事，他于1890年返华，把商业帝国迁到香港和澳门。随后，因慷慨宽厚、乐善好施，他被光绪帝（1871—1908）嘉以官职，赐立梅溪牌坊。

陈芳和他的商业伙伴一道，为提高中国人在夏威夷的地位做出了巨大贡献。另一方面，卡拉卡瓦之所以敢跟美国白人抗衡，也正是因为快速发展壮大的华裔社群对他忠心耿耿。据记载，1852—1887年间，大约5万中国人从广东、福建等地来到夏威夷糖料种植园当合同工。五年合同期满后，一些人回国，但也有不少人留下来做生意，与当地人通婚。1884年，中国人占夏威夷总人口的22%，占岛上种植园劳动力的一半。1900年，夏威夷总人口20万，中国人2.6万，占总人口的13%。虽然目前的官方数据显示夏威夷的华裔只占5%，但有中国血统的人口占到总人口的三分之一。1885—1900年间，8万多日本合同工来到夏威夷，1924年当地的日本人口激增到20万。1878—1911年间，大约1.6万葡萄牙人拖家带口来到夏威夷。20世纪头几年，还来了很多菲律宾人、朝鲜人、琉球人。

今天，夏威夷社会的鲜明特征是多种族性，所有种族都是少数族裔，彼此通婚融合。这样一种社会结构使其在很多方面成为美国最有希望的地方。夏威夷哈帕人借多族裔、大基因库之利，既美貌聪慧，又体魄强健。从这个意义上来讲，卡拉卡瓦在夏威夷建立包容多元社会的构想已经照进现实。不过，虽然如今夏威夷的知识和文化蓬勃发展、全面复兴，但是当地人受到的很多不公正待遇仍有待纠正。

1993 年，美国国会两院一致通过《道歉决议》，明确"承认推翻夏威夷王国是美国公民和代理人积极参与的结果。进一步承认，作为一个民族，夏威夷土著从未通过夏威夷王国、公民投票或全民公决直接向美国放弃对自己土地固有的民族主权"。该决议在美国两院通过后，于同日由美国总统比尔·克林顿签署。签署这一决议似乎是纠正历史错误的必要一步，但决议措辞一直备受争议，因为决议抹杀了美国土著人的土地和独立主权国家的领土之间的区别。2009 年，美国最高法院判决，称该决议不能改变夏威夷州对其所有公共土地的绝对权利。归根结底，这些都是空洞的姿态，美国政府应该采取实际行动做出补偿，将非法吞并的土地和财产归还原主。

我们真应该感谢译者郝平教授和张笑一教授把卡拉卡瓦国王的环球之旅呈现给中国读者。郝平在夏威夷大学读研时，我也同在夏威夷大学哲学系担任教授，我们两人都有着在夏威夷欣赏欢快愉悦、热情好客的夏威夷文化的独特经历。这本书的介绍由已故夏威夷大学教授格伦·格兰特撰写。威廉·N. 阿姆斯特朗是卡拉卡瓦王室内阁成员，与另外两个人一起陪伴国王出游探险，也是故事的叙述人。历史学家格兰特教授尤其希望读者能清楚地认识到，阿姆斯特朗的叙事中充满赤裸裸的种族歧视和政治偏见。事实上，阿姆斯特朗的口吻非常傲慢、自视甚高，总在为卡拉卡瓦内阁里白人至上主义者的殖民行为辩解。阿姆斯特朗对卡拉卡瓦也总是居高临下，称夏威夷是卡拉卡瓦的"小不点王国"。而在马克·吐温的笔下,卡拉卡瓦国王气宇轩昂,夏威夷人民遭遇诸多不公,夏威夷政体疤痕累累——这些都鲜明突出,为世人所见。

目 录

"皇"游地球：卡拉卡瓦国王的斯宾塞世界之旅......i
格伦·格兰特　撰

第一章......1
卡拉卡瓦国王计划出游——首个环游世界的君主——选择同行之人——男仆——微服出游的提议——旅行范围——回忆录出版延误——国王致辞——出发典礼——国王的性格——大臣与管家——卡拉卡瓦了解的皇室礼节——卡拉卡瓦之前不幸的历任国王——理论的与实践的天文学

第二章......14
抵达旧金山——升起王旗——国王得到盛情款待——访问立法会——"太平洋的巨人"——一场中式宴会——国王得意扬扬地要求大臣穿着外交制服——男仆喝醉酒

第三章......19
前往日本——漂在海上的原木——华盛顿的诞辰纪念日——日程表往前

推了一天 —— 国王挨了一记耳光 —— 努力指导国王学习政治学 —— 夏威夷的种族矛盾 —— 指导以失败告终

第四章 25

江户湾 —— 富士山 —— 接受外国军舰的致敬 —— 国王成为日本天皇的客人 —— 抵达时听到祖国的国歌 —— 我们得到盛情款待的秘密 —— 礼仪课 —— 比较日本和新英格兰的钟声

第五章 32

前往东京拜会天皇 —— 皇宫举行欢迎会 —— 皇后 —— 一位侍女 —— 对比天皇和国王 —— 下榻东照宫 —— 男仆再次堕落 —— 皇家羽毛斗篷 —— 天皇回访国王 —— 晚宴、午宴和招待会 —— 一位国王总能见到的皇子 —— 沉思

第六章 41

下谷神社 —— 古怪的拜神方式 —— 国王的警句 —— 日本媒体评论国王 —— 国王的白人侍从吸引眼球 —— 外务卿井上伯爵 —— 接到延长王室访问的邀请 —— 重大的外事活动 —— 提出废除日本和夏威夷的不平等条约 —— 天皇和他的政府大喜过望 —— 起草新的条约 —— 欧洲大国对此感到焦虑

第七章 47

设在我们住所里的演出 —— 国王接见外国代表 —— 本杰明·富兰克林博士的日本后裔 —— 国王受到严密保护 —— 夏威夷王国在太平洋的地位 —— 王国发展史 —— 日本人的性格 —— 大和民族的突然崛起和改革 —— 检阅日本军队 —— 一次地震 —— 我们不愿外扬的军事家丑 —— 夏威夷陆军和

海军——一出日本戏剧——国王赠给剧院一套幕布——夏威夷国务大臣会见井上伯爵——井上伯爵的官邸——两名日本政治家的奇遇

第八章 57
国王提议日本王室和夏威夷王室联姻——计划失败——国王访问位于横滨的基督教堂——日本对基督教会的态度——政治风险

第九章 61
同皇子共进午餐——日本妇女——夏威夷式英语——设在贵族夜总会的日式晚宴——日式服装——艺伎和乐师——访问海军学院、军营、博物馆和工厂——同天皇共进晚餐——国王和侍从获得勋章——授予天皇相似的勋章——扣留通知俄国沙皇遇刺身亡的电报——盛宴——会见皇后——得知沙皇遇刺身亡后,国王告辞——大型舞会延期举行——宫廷表示哀悼——天皇和国王在东照宫共进晚餐,相互道别——天皇送的礼物

第十章 72
前往横滨、神户和长崎——天皇派出钦差大臣陪伴他的客人——日本发展史——神户和古都京都——民众误认国王——访问大阪——尝试微服出行,前往日本小旅店用餐——伪装让人看透——拜访住在神户的老传教士——内陆海——传出两遍礼炮声——国王吐露感想——支持佛教——抵达长崎——日本航海技术——男女混浴——钦差在帝国的边界向我们道别——中日道德观——雇用妇女儿童运煤的蒸汽船

第十一章 80
黄海——国王希望会见中国皇帝——愿望无法成真——上海——受

到道台的欢迎——美国黑人在中国——安排一艘大型蒸汽船为国王服务——小男孩和"食人族"国王——前往天津——海盗的威胁——海河与大沽炮台"血浓于水"——道台和李鸿章总督的师爷在天津接待我们——访问北京遇到困难——国王不过是个番鬼——拜访总督——李鸿章提问题,抽水烟——总督回访国王,提出更多的问题——表达对日本人的看法——民众围观"黑番鬼"——同总督共进晚餐——总督的儿子——中国的民主生活——总督送的礼物

第十二章 93

返回上海——盛情款待——中国的餐后习惯——前往香港——中国的迷信说法——传教士产生误解

第十三章 97

抵达香港——国王在总督府成为维多利亚女王的客人——同香港总督交谈——堡垒和军舰发射礼炮——使用英语和汉语两种语言发表声明——有艘不定期的货轮直航暹罗——美国领事莫斯比上校——宴会和其他活动——库克船长不冷静——接见中国贸易商——香港的重要性——英国统治——国王在晚宴上打盹——女士的计策——中国人如何接受基督教

第十四章 107

我们登上"基拉尼"号,前往暹罗——爱尔兰船长与德国男仆——交趾支那——国王从船长那里听到海盗的故事,深感不安——进入暹罗湾——抵达湄南江的入海口,受到暹罗官员的欢迎——乘坐御用游艇,抵达曼谷——御用驳船——我们受到热情接待——暹罗仆人——"珊

瑚礁之酒"

第十五章 ……………………………………………………………… 115

宝塔 —— 水上城市和水城居民 —— 达尔文的错误 —— 会见暹罗国王 —— 国王的对话 —— 欢迎会因为猫中断 —— 拜访二号国王和暹罗国王的长辈 —— 同外交大臣共进晚餐 —— 王后和皇子都溺水身亡 —— 王室成员不容侵犯 —— 极尽奢华的火葬 —— 御用小教堂 —— 暹罗国王、二号国王、王子、公使团依次来访 —— 御用大象 —— 宫廷剧院上演戏剧 —— 暹罗舞蹈演员吟唱传教士的赞歌 —— 同暹罗国王共进晚餐 —— 勋章授予仪式 —— 榴莲 —— 两位国王相互道别 —— 保护蒸汽船的佛教仪式 —— 中国人在暹罗 —— 暹罗政治家不懂基督教世界 —— 收到水果

第十六章 ……………………………………………………………… 128

抵达新加坡 —— 国王厌倦王室礼仪 —— 会见总督，总督回访 —— 乘坐马车，横穿新加坡本岛 —— 新加坡的重要性 —— 巨型传教站 —— 国王和老虎 —— 国宴 —— 热带"气候"对英国人的影响 —— 会见柔佛大君 —— 大君富丽堂皇的宫殿 —— 仪仗剑和巨大的罗伞 —— 男仆与羽毛斗篷 —— 同大君共进午餐 —— 两位君主发现对方身上的"红色胎记" —— 国宴 —— 梦到深居在大理石殿里 —— 月光和当地歌曲 —— 早晨的一幕 —— 告别新加坡 —— 男仆再生事端 —— 丢失羽毛斗篷 —— 前往加尔各答

第十七章 ……………………………………………………………… 141

在马六甲短暂逗留 —— 抵达槟榔屿，副州长前来迎接 —— 一个"中国佬"的豪宅 —— 舞女的表演 —— 印度的种姓制度 —— 毛淡棉 —— 储木

场的大象 —— 动物的智商 —— 缅甸婚礼 —— 仰光 —— 佛塔 —— 缅甸的妇女解放运动 —— 东方庆祝英国女王诞辰 —— 英国势力无处不在 —— 做祷告的穆斯林 —— 进入胡格利河 —— "恒河！恒河！"

第十八章 150

在加尔各答受到热烈欢迎 —— 英国文职官员 —— 英国势力统治印度的秘密 —— 对比美国的黑人问题和东方的民族问题 —— "圆顶礼帽"的流行 —— 莫卧儿末代国王 —— 躲开末代皇帝 —— 敬语的经典文献 —— 罗伯特再次努力恢复自己的世袭身份 —— 动身离开加尔各答，前往孟买 —— 火车的降温装置 —— 一片荒芜的国家 —— 灌溉需求 —— 印度政治家的欧洲文明观 —— 国王发明出一种新的功绩勋章 —— 圣城贝纳勒斯 —— 抵达庙宇和恒河 —— 供奉猴子的寺庙和泰然自若的山羊 —— 僧侣的逻辑 —— 在孟买得到盛情款待 —— 帕西人 —— 寂静之塔 —— 詹姆塞特吉·吉吉博伊爵士富丽堂皇的府邸

第十九章 163

离开孟买前往苏伊士 —— 谦虚的英国英雄 —— 坎大哈战役的逸事 —— 男仆和国王的关系得到完满解释 —— 亚丁 —— 利奥诺不见芳踪 —— 肤色黝黑、头发发红的阿拉伯男孩 —— 潜水去捡硬币；国王和侍从的老把戏 —— 西奈山 —— 有个英格兰人评论自己的先辈 —— 赫迪夫的官员赶到苏伊士，我们感到大吃一惊 —— 赫迪夫邀请国王成为他的客人 —— 苏伊士运河 —— 齐格扎格车站的"三明治" —— 穆斯林的自我克制 —— 穆斯林的基督教观

第二十章 175

开罗 —— 斯通将军 —— 金字塔 —— 抵达赫迪夫的官殿 —— 埃及的毛

驴——在开罗走街串巷——马穆鲁克士兵惨遭屠杀——博物馆与馆长——抵达亚历山大，得到赫迪夫热烈欢迎——"三号"宫殿——后宫——穆斯林的妇女地位观——国王回访赫迪夫——镶着钻石的烟具和咖啡杯——赫迪夫的婚姻制度观——埃及待在狮子的爪子底下——对于自己是不是神的后代，国王闪烁其词——同赫迪夫共进晚餐——政治骚乱——出现一夫多妻制，那是真主的旨意——麻风病——赫迪夫的马棚——设在拉斯埃丁宫的舞会——库克船长古色古香的"决心"号快速战舰——一个希腊美人——历史的痕迹：亚历山大大帝、朱利叶斯·凯撒、马克·安东尼和埃及艳后——动身前往意大利——总督的驳船

第二十一章 192

埃及报纸的评论——国王在共济会的地位——驶向那不勒斯——一颗彗星——加泰罗尼亚——夏威夷和西西里火山——岩浆流神奇阻断——在火奴鲁鲁的意式探险——他在那不勒斯重现并绑架国王——追回国王——会见意大利国王与王后——赶走了探险家——奉承外人的意大利诗歌——与前任埃及总督伊斯梅的会面——与旅店老板的麻烦事——接到加菲尔德总统遇袭的消息

第二十二章 204

罗马，红衣主教雅克布尼——谒见罗马教皇——友好会谈——红衣主教霍华德——美丽的景色——随从阻止国王造访圣彼得堡——取道巴黎前往伦敦——精明的荷兰人——穿过巴黎前往伦敦——违反了法国礼节

第二十三章 212

伦敦克莱里奇宾馆——皇室及内阁来访者——爱丁堡公爵对夏威夷的访

问 —— 威尔士亲王将国王塑造为社交界"名人" —— 皇室毫无保留地接受了国王 —— 女皇将自己的马车借与国王使用 —— 帕蒂在皇家意大利歌剧的表演 —— 老同学阿姆斯特朗将军 —— 议会 —— 硬礼帽，英国权力的象征 —— 温莎公园的志愿兵阅兵 —— 德意志王储 —— 我们处境中的新鲜事 —— 威斯敏斯特宫 —— 与查尔斯·贝拉斯福特勋爵一起游览泰晤士河

第二十四章..224

在格兰维尔伯爵宅邸与格莱斯顿先生及内阁成员一起出席午餐会 —— 去温莎堡拜访女王陛下 —— 女王陛下询问艾玛皇太后的近况 —— 在温莎堡出席午餐会 —— 德意志帝国王储来访 —— 拜访马尔伯勒官 —— 威尔士亲王及王妃 —— 在贝拉斯福特勋爵宅邸与王子殿下共进午餐 —— 美国女人 —— 贝拉斯福特勋爵在夏威夷的胡作非为 —— 威尔士亲王访问美国 —— 马尔伯勒宫的露天招待会 —— 女王驾到 —— 美国公使洛维先生 —— 皇室及其朋友的一次非正式聚会 —— 国王获得赞许 —— 兰贝斯宫及坎特伯雷大主教 —— 威尔士亲王及王妃在肯辛顿博物馆接待国王 —— 斯宾塞伯爵的错误 —— 皇室列队祈祷 —— 令人厌倦的贵族生活

第二十五章..237

海德公园营房的舞会 —— 庄严的装潢 —— 第二近卫骑兵团上校威尔士亲王接待客人 —— 伦敦市政厅殖民地宴会 —— 大英帝国的建造者 —— 威尔士亲王与国王的演讲 —— 国王冒犯了爱尔兰人 —— 后果 —— 布莱西勋爵在诺玛赫斯特招待国王陛下 —— 在克里斯托弗·赛克斯爵士家与威尔士亲王共进午餐 —— 圣三一公馆的晚餐 —— 格兰特将军的错误 —— 景点 —— 美丽的犹太妇女 —— 与柏代特考茨男爵夫人共进晚餐 —— 盛

装的国王陛下——国王陛下打扮女王与威尔士亲王——《笨拙》与国王——马尔伯勒宫的舞会——与泰克公爵及夫人共进午餐——"社交雄狮"离开英格兰——国王与英国政府

第二十六章 250

比利时——领事办公室——滑铁卢战场——文明之战与异教徒之战——国王利奥波德来访与我们的回访——柏林——去波茨坦拜访威廉王子及其他王子——与威廉王子一起用餐——阅兵——家丑——夏威夷王室乐队——与红王子共进晚餐——克虏伯枪械工厂

第二十七章 259

维也纳——阿尔布雷希特大公代表皇室家族——美国公使菲尔普斯先生，和美国总领事舒勒先生——耶鲁狂欢——国王检阅奥地利军队——提议保证夏威夷独立——国王在普拉特——记者们——巴黎——法国政府没有接待——解开谜团——我们不合礼节——对法宣战的问题——和解——公社事件——外交部长圣希莱尔来访——索要勋章的请求——德·莱塞普斯伯爵——歌剧中跳芭蕾的女孩

第二十八章 270

西班牙边境——埃斯库里亚尔——马德里的接待——我们的车厢因一头牛而脱轨——葡萄牙——王室车厢——国王与王后来迎接——又见家丑——互赠勋章——多姆·费尔南多——夏威夷的葡萄牙人——辛特拉——佩纳——壮丽的景色——与葡萄牙国王共进晚餐——达·伽马后人讲述祖先死里逃生的经历——斗牛——再见，葡萄牙——君主之间的拥抱——协商协议——国王取道西班牙、法国、英格兰、苏格

兰、美国回国——男仆对于国王地位的估计

第二十九章 283

纽约、费城、华盛顿——在民主的卵石路上——阿瑟总统接见国王——门罗要塞和汉普顿师范及农业学校——国王在肯塔基买马——旧金山的宴会——回国的航程——统计账目——国王"吮吸"到的智慧——国王对有学识的人表示赞同——火奴鲁鲁欢迎仪式——地球的腰带扣上了

第三十章 294

君主制的结束——国王和他的起源及任务——坚持加冕——大臣们的辞职——国王抵制议会制政府——面临刺刀与失败——国王煽动革命，以失败告终——访问加州、去世——继任者利留卡拉尼——女王试图制订新宪法，君主制被推翻——美国吞并夏威夷——传教士们的工作成果

译后记 301

"皇"游地球：卡拉卡瓦国王的斯宾塞世界之旅

格伦·格兰特　撰

1881年1月20日，卡拉卡瓦国王乘坐"悉尼城"号汽船从火奴鲁鲁港出发。启程之际，夏威夷民歌唱响，舞姿翩翩，皇室成员的脖子上挂满了芬芳四溢的花环。潘趣碗火山城堡架着一座大炮，21声炮响震彻小城。炮声过后，皇家夏威夷乐团演奏了两支曲子：《友谊地久天长》和国歌《夏威夷之子》。"悉尼城"号调转船身驶出港口时，聚集在岸上的国王的子民们恸哭起来。在船朝着旧金山方向驶入公海之前，卡拉卡瓦国王一行耳边一直萦绕着哀戚的哭声，送行者觉得这将是永别了。他们的国王开启了环球之旅，而此前从没有别的君王这样做过。

1881年1月11日，国王首次将他环游地球的决定告知内阁。经历了1880年夏天的政治斗争之后，他可能觉得出去旅行九个月，离开岛国的是是非非，是一种难得的放松。1874年，卡拉卡瓦经历了激烈争斗后登上王位，此后就学会了在一片暗藏杀机的水域上航行。对峙的一方是强势的操控该国经济支柱——糖料产业——的美国势力，另一方是波利尼西亚王室的皇权。1880年8月，由于国王将初来乍到的意大利人塞尔索·凯撒·莫雷诺任命为内阁外交部长，波涛汹涌的政治斗争几乎给王权带来了灭顶之灾。在火奴鲁鲁经商的外籍利益集团认为，莫雷诺花言巧语、善于钻营，骗取了皇室的信任。他们在公众集会上声讨莫雷诺、揭露他过去的勾当，并以此谴责国王择人不明。在卡拉卡瓦执政的整个19世纪80年代，这种政治闹剧频频上演，深谙其道的国王最终默许了抗议者的意见，否则这群人会把政府推翻。莫雷诺被撤职了，而国王开始考虑周游世界以休养身心。

国王此次出游，显然是打算推动所经过的亚欧各国向夏威夷移民。随着本国人口锐减，糖料种植园急缺大量稳定而廉价的劳动力。为糖料种植园引入"同语族的"年轻人还能实现另一个目标，即强健夏威夷族的体魄并增加人口。由于从外国传入的疾病和疫情频发，夏威夷本土死亡率攀升，出生率也不断下降。引入能与夏威夷人相融合且身体强壮的新族群，或许有望能扭转颓势。

皇室全员周游世界当然会耗资不菲，因此，陪同卡拉卡瓦的只有两个政府官员，一个是管家查尔斯·H. 贾德上校，另一个是司法部长威廉·N. 阿姆斯特朗。卡拉卡瓦国王将阿姆斯特朗升至司法部长级别的同时，还委任他担任皇室移民长官。随行成员中还有一位叫罗伯特，能说多国语言，在德国有爵位，头衔是冯·欧男爵。虽然罗伯特时而贪杯误事，有损皇室脸面，但他确实完全胜任了欧洲段行程中的翻译任务。

在 1 月 14 日内阁大臣们给国王举办的欢送宴会上，卡拉卡瓦表达了自己的宏大构想：他希望建立一个多文化兼容并存的王国。"在座的各位来自很多国家，"他这样开场，"跟我的前任国王们一样，我也希望国旗飘扬之处，我的子民荣享万福。相信诸位来自世界各地，带着这些土地的财富、热望、智慧而来，也跟我一样希望护佑夏威夷族，让我国强盛。"两天后，国王在卡瓦雅豪教堂向当地人致辞时，也表达了同样的愿望。他说，在他看来，此次环球之旅能够通过引入外国移民来修复本土人的体魄。

"皇"游地球背后的个人原因，则是国王的求知与好奇，他想对世界各国一探究竟、增长见识。正如海伦娜·艾伦在新出版的关于卡拉卡瓦的传记里所强调的，他是个地地道道的"文艺复兴国王"。卡拉卡瓦 1836 年生于火奴鲁鲁，父母卡帕科雅和科欧侯咖洛都是夏威夷酋长。他兄妹四人都给夏威夷留下了足以光耀皇室的遗产：有音乐，有舞蹈，也有兢兢业业的领导风范。弟弟里雷欧侯库精通音律，19 岁时去世。妹妹里克艾克公主与对皇室忠心耿耿的苏格兰人阿奇博尔德·S. 克莱格霍恩州长成婚。他们的女儿卡鲁拉尼被立为皇储，但不幸于 1899 年早逝，年仅 24 岁。卡拉卡瓦还有一个妹妹，即利留卡拉尼公主，她在兄长周游世界期间代为执政，并在 1891 年卡拉卡瓦去世后继位。利留卡拉尼是夏威夷王国的末代君主，1893 年 1 月 17 日，美国工商界利益集团在美国公使约翰·史蒂芬斯和从波士顿号巡洋舰登陆的美国军队的协助下非法夺取了王位。

和其他显贵后裔一起,卡拉卡瓦受教于酋长子女学校,师从美国新教传教士朱丽叶·蒙塔古和阿莫斯·思达·库克夫妇。在两位教师的严格要求下,卡拉卡瓦获得了优秀的英语语言教育。在涉猎历史、地理、文学、宗教学和科学的学习过程中,身为波利尼西亚人的卡拉卡瓦对其他文明的科学、思想和精神成就求知若渴。罗伯特·路易斯·史蒂文森等艺术界和思想界人士曾有机会接触这个夏威夷国王,都对他印象颇深,评价他才智敏捷、博学多识、幽默温和、创造力强。国王是共济会成员,他与这个历史悠久的组织的国际主义思想相联结;与此同时,国王还秘密结社,成立"黑尔努阿学会",即"智慧宫",致力于将夏威夷的宗教理想与科学主义、性灵观融为一体。国王推崇技术进步,给他的皇宫通了电,并在皇宫和他的船屋间架设了火奴鲁鲁的第一条电话线。他在临终时,还用爱迪生新发明的留声机给子民们留下了最后一条消息。

环游世界会见亚非欧美各国元首、观察各种文化之下的生活方式、亲眼看见书本杂志里介绍的地方,对于国王个人一生强烈的好奇心是种极大的满足。夏威夷最高法院大法官查尔斯·C.哈里斯不加掩饰的评论或许揭示了国王环游世界的深层动力,他说:国王"并无目标,除了为满足他的好奇心,这或许也能算作是目标了"。

国王不断地把沿途所见兴发于笔端,写信给家中小妹利留卡拉尼。在 1881 年 5 月 22 日的信中，国王写道："最近参观了仰光、新加坡、香港、上海，这些我们上学时在地理课上很熟悉的地方，现在亲眼见到却感觉很奇怪，真的完完全全又是一番奇妙的经历。不仅是我，上校和阿姆斯特朗也是这么想的，我们几个人私下里总是说，我们实现了儿时的梦。"7 月 3 日罗马之行途中，国王说他感觉"既像是看万花筒，又像是做梦。我们见了皇帝、国王、庙、塔，渐渐感觉迷惑，不知从何开始又从何结束。各种各样的人，形形色色的民族、风俗、景物，途中遇此，舒心惬意"。

卡拉卡瓦国王到达的第一站是旧金山，他在那里待了十天，会见朋友、熟人，比如糖业大亨克劳斯·斯普雷克尔斯——国王和他后来的政治及私人交往受到非议。2 月 8 日，皇室旅行团乘"大洋洲"号汽船驶往日本，于 3 月 4 日到达江户湾。

虽然国王的本意是隐瞒身份以阿里·卡拉卡瓦的名义出访，但 1881 年夏威夷和日本的条约关系使得日本政府以皇室之礼接待国王。知道国王来访，日本人极尽友善、多方传扬。不仅因为卡拉卡瓦是第一个造访日本岛的异邦君主，还因为当时两国正在商谈一个新的协议，该协议如能签订，夏威夷将是第一个与日本签订条约废除国际公认有损国体的"治外法权"的国家。当时，欧美列强执意要在条约上载明"治外法权"，把日本降格为国际社会的二等国家。虽然日本和夏威夷双方代表打算完成这项新的协议，认可日本与其他国家平起平坐的地位，但慑于列强之威，协议最终未能签署。不过，夏威夷政府和国王公开承认日本是伟大的民族，这让卡拉卡瓦备受礼遇。明治天皇为夏威夷国王授予菊花勋章①，这在当时是最高荣誉。作为回赠，卡拉卡瓦授予天皇卡美哈梅哈大帝勋章。

在东京期间，卡拉卡瓦和天皇私下照面，提议两国之间达成一项不寻常的协议。国王意识到美国糖商在夏威夷岛的势力不断扩张，并和很多人一样预感到美国最终将兼并夏威夷。为了打破这个阴谋，国王提议两个太平洋岛国结盟，正式成立"亚洲民族和主权国家联盟"。有了日本的保护，夏威夷君主统治下的王国就有望保全，抵挡住宣称"昭昭天命"而西进太平洋的美国势力。为了让两国正式结盟成为"大洋帝国"，卡拉卡瓦还提议让侄女凯乌拉尼公主嫁给他此次旅行见到的年轻的山科贞麻吕王子，也就是日后的小松宫彰仁亲王。

虽然这两个提议都被婉拒了，但从明治天皇的书面回复中可以看出，太平洋局势日趋紧张，而这些矛盾冲突在 50 年后燃起战火，将这个地区吞噬。

> 陛下在我国都城期间，提议建立亚洲民族和主权国家的同盟和联邦。陛下思想深邃、高瞻远瞩，我深表赞同。我也感念陛下仁义，认为我可为联盟之首。对此厚爱信任，感激不尽。
>
> 包括我国在内的东方国家久衰不振。我们只有积跬步成大步，

---

① 书中为"勋一等旭日大绶章"。——译者

方可恢复国之品性。为此，我东方诸国须团结一致，筑牢联盟之墙，合力站稳脚跟，抵挡欧美强国，成独立完整之国体。此举迫在眉睫，关乎生死存亡。

然此任重难图，何日成就，殊难预料。望陛下理解，我无力担此重任、成此大业。

话虽如此，我仍热切盼望此联盟于未来某日成就。再盼陛下就此议题不吝赐教。

东亚共荣圈由此诞生。

虽然双方没有达成卡拉卡瓦国王设想的政治大联盟，但促成了一项协议，开始将日本劳动力派往夏威夷。1885年，第一批日本劳工到达火奴鲁鲁，开启了二十年的移民历程，此后成千上万的日本人在夏威夷群岛安家落户。卡拉卡瓦国王周游世界的一个重要影响就是，在夏威夷人口中产生了日裔美国人，他们在建设21世纪现代夏威夷社会中发挥了显著作用。

1881年3月22日，夏威夷皇室成员怀着难以磨灭的美好回忆离开了日本。在旅行日记中，卡拉卡瓦写下了寥寥数语："再见了，日本，美丽的日本。我觉得我会有一种长久的渴望，想见到这个有趣的国度，它的国王，以及热情好客的国民。再会。"

在中国，国王游览了上海和天津，会见了直隶总督李鸿章，继续南行至香港，受到英国殖民当局的盛情接待。从香港出发，皇室成员又访问了暹罗、马来联邦、缅甸、加尔各答和孟买。接着乘汽轮，到达了埃及的苏伊士运河。之后，国王和同伴们乘埃及总督的私人火车前往开罗，骑着小毛驴欣赏了古老的金字塔。国王一行又经亚历山大港横渡地中海，抵达意大利那不勒斯，会见了亨伯特国王和玛格丽塔王后。

在梵蒂冈，国王会见了罗马教皇利奥十三世。随后，皇室成员走马观花地游览法国，7月6日到达英国伦敦。维多利亚女王设宴接待国王时，授予他圣米歇尔与圣乔治大十字勋章。阿姆斯特朗在一封家信中跟朋友吐露说："请相信我，自陛下出访以来，很多见过陛下的人都说他们因见识了陛下的形容举止、才智而心生愉悦。我有理由相信，此次出行对夏威夷群岛大有裨益，会让世人对我国文明有公正准确的认识。"

回到欧洲大陆后，国王又游览了比利时、德国、奥地利、法国、西班牙和葡萄牙，并在葡萄牙进行了几轮会谈来增加移民人口、为夏威夷输入劳动力。在爱丁堡的短暂停留期间，国王被授予共济会头衔，成为苏格兰皇家理事会大十字骑士。在利物浦，国王登上前往纽约的汽轮。

在华盛顿，国王会见了切斯特·艾伦·阿瑟总统，当时他在詹姆斯·艾伯拉姆·加菲尔德总统遇刺身亡后刚刚接任。不论是身材、举止还是长相，国王和阿瑟总统都非常像。国王随后参观了汉普顿师范及农业学校，该校创始人塞缪尔·C. 阿姆斯特朗将军是国王的朋友，也是威廉·N. 阿姆斯特朗的弟弟。遍游美国后，皇室成员在旧金山搭乘"澳大利亚"号汽轮，返回火奴鲁鲁。10月29日，"皇"游地球结束，举国欢腾。火奴鲁鲁街头精心点缀，国王一行穿城过市，子民欢呼喝彩。庆典持续数日，人们载歌载舞，设盛宴庆祝国王平安归来。

唯一一部关于卡拉卡瓦国王环球之旅的翔实记录，就是威廉·N. 阿姆斯特朗所著的《夏威夷国王世界环游记》（*Around the World with a King*）。该书出版于1904年，当时国王已去世多年，所以作者有"叙述的自由，可以遵照事实'还原肖像中原有的皱纹'"。据说，作者写这本游记是基于20年前每天记录的笔记。虽然卡拉卡瓦国王本人在游历途中也随性记日记、发评论，还给妹妹和朋友们写过几封信详述途中经历，但阿姆斯特朗的描述仍然是最完整的。

有的读者对君主帝王的浪漫年代充满好奇，那时的国王、王后的行踪总能激起当时人们的敬畏和崇拜并被视如神明。对于这部分读者来说，《夏威夷国王世界环游记》如同一场妙趣横生的怀旧之旅，带人们回到早已消逝的过去。看到昔日亚欧皇室的富丽宫廷，现代读者不禁感慨这世上的贵族何以沦落至此，经常出现在超市小报的煽情标题里。

夏威夷历史的研究者可以通过《夏威夷国王世界环游记》了解夏威夷最复杂最神秘的人物，尽管阿姆斯特朗的视角是扭曲的。很多人知道，卡拉卡瓦国王是"欢乐君主"，并常常把他与伊奥拉尼宫、夏威夷民族主义和草裙舞的复兴相提并论。但他在夏威夷近代史上仍然是一个浮光掠影般的角色。有人批评他生活奢靡，也有人赞扬他满怀民族主义热忱，卡拉卡瓦本人及其作为一个远见卓识的领袖的形象往往被某些言辞所遮蔽。人们很难了解卡拉卡瓦，部分原因是缺少他本人写的第一手资料。现代研究者多从二手资料的视角来了解这位国王，而这些视角往往别有动机。

从这一点来说，《夏威夷国王世界环游记》的读者应该认识到，阿姆斯特朗的视角是扭曲的。阿姆斯特朗对他所信奉的社会达尔文主义毫不知耻，因此本书的每一页也都渗透着那个时代的种族主义和父权主义色彩，着实令人愤怒。他的世界观被英国哲学家赫伯特·斯宾塞的"适者生存"理论定格，并将此带入社会力量的进化论之中。我们现在普遍将"人种"看作错误的概念，但阿姆斯特朗却基于这个概念，认为盎格鲁-撒克逊人种高人一等，而波利尼西亚人和国王本人"软弱""粗劣""迷信"。因此，他对与他同游世界的王者的评价和理解是完全失真的。

阿姆斯特朗自己也承认，他忠诚于国王仅仅是司法部长和移民部门皇室长官的职责使然。他带着高高在上、鄙夷不屑的口吻这样描述他与国王的关系："我生为夏威夷子民，但却是传承美国传统的美国人，因此我对国王有一种义务，这种义务就像《潘赞斯的海盗》中的学徒，他每天中午之前都要对海盗主人绝对忠诚，但中午一过直到夜里他都完全自由，甚至可以设陷阱打击海盗们。"

《夏威夷国王世界环游记》里对卡拉卡瓦的描述，充斥着阿姆斯特朗对国王陛下和夏威夷人的固化印象——认为他们滑稽可笑、头脑简单。"国王和他的子民还是未经启蒙的异教徒，离文明还有一段很远的距离"，阿姆斯特朗以说教的口吻如是说。他另又写道："国王的思想中充满了粗鄙的想法、无知的迷信，以及作为一个波利尼西亚酋长的绝对权力，尽管在和白人的接触中，它们的形式已经变得不再那样夸张；而在缺乏经验的情况下，对白人优越智力的那一种模糊的恐惧便显现出来了。"

阿姆斯特朗以国王的老师自居，把环游之旅当成是教育这个波利尼西亚国王的机会，想让他按斯宾塞的社会进化论的视角来看清世界存在的种种现实。阿姆斯特朗写道："我内阁里的同事……让我利用旅途闲暇时间，指导国王学习良政的原则和惯例，不过建议我要小心谨慎，确保高贵的主人不会恼怒，或者怀疑自己是在被人说教；也就是说，我的同事建议，我对待国王应该像猎人对待野兽那样，从背风处接近他，这只高贵的猎物就不会对指导他的冒犯气味产生警觉。"不过，虽然阿姆斯特朗花了力气，想让国王了解到盎格鲁-撒克逊制度和价值观的优越高明，但成效不大。阿姆斯特朗叹息道："我们希望国王通过世界旅行这一管道吸取智慧，但这一管道是有缺陷的，因为不管国王吸上来什么，都要通过波利尼西亚式思想观念的过滤。"

威廉·N. 阿姆斯特朗对卡拉卡瓦的家长式态度，跟他出身于传教士家庭有很大关系。他于 1835 年 3 月 10 日出生于夏威夷茂宜岛拉海纳，父母理查德·阿姆斯特朗夫妇都是美国新教传教士，他们1831年来到夏威夷岛传教。他弟弟叫塞缪尔·C.阿姆斯特朗，他创建的汉普顿大学在非裔美国人中颇具声望。1849年，14岁的阿姆斯特朗进了酋长子女学校，同学中有查尔斯·H.贾德，还有夏威夷贵族子弟，包括大卫·卡拉卡瓦。1859年，阿姆斯特朗从耶鲁毕业，在纽约当过律师，后来又去了弗吉尼亚州的汉普顿，直到1880年受卡拉卡瓦国王邀请入职内阁出任司法部长。

当时阿姆斯特朗刚回到夏威夷岛，国王就任命他加入皇室移民事务委员会并陪伴出游，这让某些官员始料未及。沃尔特·默里·吉布森一直以为国王会挑选自己，他是位备受争议的报社编辑，极力主张夏威夷民族主义、君主权威和从外国移民。环游世界结束一周后，司法部长阿姆斯特朗批准逮捕吉布森，说他在报纸上诽谤移民委员会。吉布森在报纸上指责阿姆斯特朗在旅行期间告诉外国政要夏威夷需要的仅仅是种植园帮工，而不需要能独立务工的农民和手艺人，由此吉布森认为阿姆斯特朗是在叛国。吉布森认为，要振兴夏威夷族、发展王国经济，就该引入有独立谋生手段的移民，而不是只能在地里干活的劳工。在诉讼的威胁面前，吉布森道歉了，阿姆斯特朗就此撤销了此案。

阿姆斯特朗公开颂扬"盎格鲁-撒克逊政体"并鄙视君主制，这些想法在他于美国求学工作年间变得愈发强烈，然而这种立场并不影响他爱慕虚华排场。以夏威夷皇室成员身份访问美国期间，阿姆斯特朗说卡拉卡瓦"只是逗美国人开心并且引起他们的好奇心罢了。有份报纸评论道：'尽管国王是个好人，但他的王位却只是野蛮的遗物。'还有报纸将国王的宫廷比作谐歌剧里的王室家族"。可阿姆斯特朗也掩饰不住兴奋地说，自己在国事访问期间常穿精工细制的皇家制服。精工细纺的布料在英国绣制且专供皇室，"上面用金丝线绣着芋头美丽的叶子和花朵，还有夏威夷特有的相思木细细的叶子"，在旧金山剪裁做成"贵重的外交制服，款式是国王每次带着侍从出访都会受到交口称赞的那种，配饰是一把剑和一顶三角帽"。

阿姆斯特朗一边抬高自己，一边贬损他认为肤浅的夏威夷皇族礼仪，这一点从他对卡拉卡瓦会见日本天皇的描述中显而易见。这次皇室会面也可从拉尔夫·凯肯德尔所著的《夏威夷王国》中找到记载，近年来的研究表明，阿姆斯特朗的叙述完全是出于自己的偏见。曾任夏威夷州最高法院助理大法官的丸本正二业余研究历史，他发现，国王旅行日记中记载的两国君主会见与阿姆斯特朗的描述出入很大。阿姆斯特朗说，天皇授予国王"勋一等旭日大绶章"，给他本人"勋二等旭日重光章"并跟他"用母语低语"，给贾德"同样装有旭日勋章，不过比我的低一等"。

但国王在日记中记载自己从天皇手中接过来的是大勋位菊花大绶章和星勋章。这在当时是最高荣誉，仪礼上比首相都高。国王还写道，阿姆斯特朗和贾德在别室另受接待，被宫内省大臣授予"二等旭日勋章"。丸本正二法官看了毕夏普家族博物馆收藏的国王勋章，又查了日本方面留下的资料，确定国王的记述是准确的。不论阿姆斯特朗是有意为之还是记忆出错，他在回忆录里的确贬低了国王所获得的殊遇，同时抬高了自己。由此人们禁不住想，这位"盎格鲁-撒克逊的民主人士"在《夏威夷国王世界环游记》里的其他地方是否也歪曲事实来玷污这位波利尼西亚国王的形象呢？

就连描述国王的皇家仪态时，阿姆斯特朗都免不了种族偏见。他写道："尽管国王是个波利尼西亚人，但他还是能以一个有教养的人所应有的姿态出现在任何社会或任何宫廷上。"阿姆斯特朗承认国王饱读博学，但又说他读书不求甚解，因此他的学识并不保险。虽然他知道得确实不少——到访夏威夷王国的人为此吃惊，这次长途旅行中很多见过他的人也是这种感受。

阿姆斯特朗对他的儿时同窗卡拉卡瓦国王居高临下的态度，反映出19世纪夏威夷土生白种人和土著人之间的复杂关系。阿姆斯特朗在一种倡导"高贵的义务"的环境中长大，父母为传教做出的牺牲使得他们对于"半开化"的土著人有种特殊的兴趣，他不断流露出的对国王的关爱实则反映了一种破坏性的家长制思维。阿姆斯特朗说自己、贾德和国王"三十年前在打打闹闹中长大"，又回忆起他和国王小时候在火奴鲁鲁港扎个猛子下水去寻找捕鲸人扔下的硬币。如果这些过往可以被认为是友谊的基础的话，那么阿姆斯特朗对国王"粗陋迷信，没有政治手腕，是头脑简单的波利尼西亚人"的批评则反映了一种根深蒂固的种族分裂主义，这一价值观使得阿姆斯特朗难以对卡拉卡瓦产生忠诚、情感和谦逊，没有这些就失去了长久友谊的根基。卡拉卡瓦信任阿姆斯特朗，把他擢升为司法部长，旅途中向他袒露心扉，回来后对他慷慨大方（阿姆斯特朗戴花环赴宴的照片记录的就是国王的款待）。而这种信任无法获得对等的回应，因为另一个心灵被囚禁在种族偏见的障碍当中。

阿姆斯特朗对卡拉卡瓦性情的看法完全是谬误的。一个人的视角里掺杂着家长制的情感、鄙夷不屑和高人一等，怎么能做出恰当的评价呢？这些评价本质上是肤浅的，也是错误的。反映出阿姆斯特朗缺乏判断的最明显的例子就是，他认为国王贵为皇室而对其子民忧心痛苦之事漠不关心。旅程行将结束时，他催促国王说一说这次环球之旅给了他什么教益，他是否认识到盎格鲁-撒克逊体制在满足夏威夷人民的需求方面大有优势。看到国王似乎不愿谈及这个话题，这位传教士之子大着胆子质疑国王对他自己种族的衰落不闻不问。他批评国王说："您的人民正在走向灭绝。"

由阿姆斯特朗转述的国王的回答是："我多次读到，伟大的民族消亡了，新的民族取而代之，如果真是这样，我的民族与他们别无二致。我想最好的办法是让我们顺其自然吧。"

阿姆斯特朗所描述的这种反应表明这个君主耽迷于华服盛筵，而对死以千万计的族人漠不关心。阿姆斯特朗写道："所以，他得出的结论就是，除了几匹好马，几头牲口，他的人民不需要别的什么。"他认为国王在位六年间对"族人福祉"没什么特殊兴趣。就连国王旅行前在卡瓦雅豪教堂的告别致辞中所述及的此行的目的，据阿姆斯特朗看来也是谎话。阿姆斯特朗这样解读：

> 他向大家宣布，此行的主要目的是吸收其他国家的经验来造福本国民众。这慈父般的关怀极大地取悦了这些臣民。他们在各方面都远落后于白人邻居，因为正如一位前任国王所坦言的，这些本族臣民"没有出息、生性懒惰、缺乏能力"。国王的宣言让他们以为，国王此行会满载着神奇的治国秘方而归，这样他们不用付出劳动便能坐享富足、懒洋洋地安享热带的安逸生活——因为这就是他们祖传的习惯，所以他们热情地批准了国王的这项自我牺牲的伟大行动。

阿姆斯特朗对卡拉卡瓦的描绘需要和国王在旅途中给妹妹利留卡拉尼写的亲笔信相比照。国王认识到1778年库克船长上岛时夏威夷人口有几十万，而到了1880年只剩下了4万多。所以国王将他统治时期的座右铭定为"壮大种族"。就在国王登上"悉尼城"号启程后不久，火奴鲁鲁又一次爆发了天花疫情，夺走了数百人的生命。生理脆弱不敌疾疫的夏威夷人又一次遭受了外来疾病之灾，之前就有百日咳、流感、性病和麻风病之祸。1881年6月21日，国王从开罗写信给妹妹，为亡人深感哀伤，也就笃信基督教的妹妹对上帝的信心进行发难：

293 条可怜的生命就这样永逝不存，祈祷何用。是要感谢上帝杀死了这些人？还是感谢他把他们带到他身边或是送到别的什么地方？我从来不相信祈祷有什么用，所以我不会顺从教会人士，也不会为了国家福利而把感恩祈祷献给上帝。在我心目中，祈祷就是一场闹剧。成百上千人在你身边行将就木，你还要祈祷吗？要救人命，就要行动而不是祈祷。要找到死因，不让人们再去送死，而不是像孩子似的哭哭啼啼，跟上帝说："主啊，对于这些曾和我们在一起的人，这是很好的安排。"

身为传教士子女，阿姆斯特朗很确定地跟读者说："国王陛下承认传教士都是诚实的人，也是夏威夷人民最好的朋友，帮他们建教堂、建学校，做了很多好事。"因为有道德优越感，阿姆斯特朗显然没有能力把好话与真相区分开来。国王或许确实给了新教传教士某种荣誉，但他同时也在 1881 年 8 月 10 日给妹妹写了下面几句话。动笔之时，他亲眼看见巴黎人忙忙碌碌、高高兴兴，两厢一对比，主宰夏威夷的传教士文化似乎更让人感觉压抑。他写道：

是不是这些轻松快乐的人都可能要下地狱呢——他们是自然的产物，也享受天性。肯定不是！这跟我们可怜偏执的社会形成多么鲜明的对比！满口冷静低落之词，把星期日定为安息日，这完全不对劲，让人没法好好过个星期日。圣洁的人们太单纯了，让不洁的人把星期日弄成了个笑话。我们守的是一堆垃圾，却一直让我们相信那是好东西。难怪我们到现在也没有比野蛮人进步多少！

对于国王与日本结盟的合纵连横之举，阿姆斯特朗将其解读为源于国王波利尼西亚脑子中一个奇怪的幽深的角落。他说国王"隐约觉得，美国可能在不久的将来吞并他的王国"，因此试着改变太平洋地区的势力平衡，但国王的举动使得"国王的侍从变得更加警觉，提防他再满世界干越轨的事。倘若天皇真的同意那个计划，夏威夷就有可能变成日本殖民地；那种动向会让所有大国不悦"。

国王"隐约的担心"被证明是清晰的现实。阿姆斯特朗用斯宾塞的逻辑为美国西进太平洋的扩张辩护，强调夏威夷王国的灭亡是"政治演变无法阻挡的铁律"使然。当"强大的日耳曼人对阵弱小的波利尼西亚人时"，"适者"生存。由于影响无处不在的美国传教士预示着美国人将接管夏威夷，波利尼西亚人的衰落是"和平的，没有引起伤亡；所有在自己土地上与强势民族接触的弱小民族中，夏威夷的土著居民受到的不公正与身体上的统治最小。另一方面，白人对他们的悉心照料已经到了不健康的程度"。

随着盎格鲁-撒克逊人在夏威夷岛上站稳脚跟并牢固树立其制度机构，美国最终用了50多年的时间在1898年吞并夏威夷。游记结尾时，阿姆斯特朗不禁捶胸欢呼："随着联邦这面鼓的鼓点，夏威夷在合众国的音乐声中踏步走进我们的队伍，脚步丝毫也不笨拙。现在，夏威夷已经成为美国文明在太平洋先进的前哨线了。"

对于那些宣称推翻夏威夷君主制合法合理、为提振岛上经济且仁爱为怀的人们来说，《夏威夷国王世界环游记》的语言本身就是一种提醒，说明种族主义是十九世纪八九十年代美化兼并夏威夷的核心因素。推翻君主制、促使美国吞并夏威夷的人都有着和阿姆斯特朗一样的价值观。周游世界后，阿姆斯特朗继续支持斯宾塞式的"盎格鲁-撒克逊制度"的推进。他在纽约市任最高法院委员，后来去了华盛顿，他在夏威夷代表团访美期间向劳伦·瑟斯顿提出了吞并的建议。有一阵子，阿姆斯特朗为了躲避疟疾回到夏威夷，担任支持美国吞并计划的《太平洋商务咨询》编辑。他叙述夏威夷国王环球之旅的书发表于 1904 年，他本人于次年辞世。这本书作为 1881—1898 年间的历史争议的辩解词，至今仍广为传阅。

《夏威夷国王世界环游记》这本书瑕疵不少，带有种族主义论调，但对现代读者仍有重要意义。当你随着这位夏威夷君主周游世界的时候，可以做一番对比：作者对夏威夷人充满否定，而当时世界各国却承认卡拉卡瓦是一个独立的统治者，接受夏威夷王国是一个独立的国家，夏威夷得以与几十个国家分别缔结合法条约。盎格鲁-撒克逊法律赋予美国什么权利吞并夏威夷，把它先变成领土殖民地再变成州？美国一而再再而三地否定土著人所建立的夏威夷王国的主权，又有什么法律、道德上的依据？

阿姆斯特朗认为社会达尔文主义塑造着当时的世界，而卡拉卡瓦国王不得其意。他写道："国王不明白进化规律"，对盎格鲁-撒克逊主宰世界的大势"茫然无知"。不幸的是，国王很可能明白美国主宰世界的潮流，虽然这不为阿姆斯特朗所知，但是国王觉得这个潮流是可以逆转的。继周游世界凯旋之后，他于1883年2月12日举行加冕，宏伟的伊奥拉尼宫殿也告落成，他关于夏威夷王国的愿景似乎尽在掌控之中。愿景中的夏威夷是一个独立的王国，其本土种族得以保全，古老的酋长制度得以维系。这一愿景的基础不是社会达尔文主义的种族理论，而是夏威夷古老的"接纳"价值观。在夏威夷人包容的世界观里，血缘从来就不是不把任何人完全地、平等地接纳到大家庭里的理由。受到接纳的孩子永远不会感到自己少受爱护，或处于家庭核心圈之外，而是完完全全被吸纳为家庭成员。

卡拉卡瓦渴望走向外部世界，让亚洲太平洋和欧洲人移民夏威夷岛并在这里繁衍，目的是为他的族人和他们古老的生活方式带来新的生命力。当他的反对者以种族设限，误以为他们所动用的经济、政治甚至军事力量是反映了"社会进化"时，卡拉卡瓦拥抱的却是一个文化多元的世界，让各个种族、文化与宗教和谐共存又不失独立。文化多元的理念，在当时那个种族歧视的世界，可能确实太过超前。然而在现代这个多元文化的夏威夷，第一个周游世界的国王的愿景从未消散。那些自以为是地贬低他的人现在看来真是小肚鸡肠、满怀种族偏见，而卡拉卡瓦心胸开阔、兼容并包，让他的民族和土著臣民重新觉醒。今天，他们通过重拾自主和尊严的努力来证明，流行了一百年的"斯宾塞进化论"既非不可避免，也非不可逆转。

卡拉卡瓦对于自己周游世界的记述，参见：

《皇家游客——卡拉卡瓦在东京到伦敦段旅途的家书》中的信件，理查德·格里尔编：《夏威夷历史杂志》第 5 期，1971 年，第 75—109 页。(Letters from "The Royal Tourist—Kalakaua's Letters Home from Tokio to London," edited by Richard Greer, *Hawaiian Journal of History*, V.5,1971, pp.75-109.)

丸本正二：《早期夏威夷与日本关系的小插曲：卡拉卡瓦国王在日本逗留及其在日记中记录的环游世界之旅的重要时刻》，《夏威夷历史杂志》第 10 期，1976 年，第 52—63 页。(Masaji Marumoto, "Vignettes of Early Hawaii-Japan Relations: Highlights of King Kalakaua's Sojourn in Japan or His Trip around the World as Recorded in His Personal Diary," *Hawaiian Journal of History*, V.10,1976, pp.52-63.)

第一章

卡拉卡瓦国王计划出游——首个环游世界的君主——选择同行之人——男仆——微服出游的提议——旅行范围——回忆录出版延误——国王致辞——出发典礼——国王的性格——大臣与管家——卡拉卡瓦了解的皇室礼节——卡拉卡瓦之前不幸的历任国王——理论的与实践的天文学

1881年1月的一个清晨，在火奴鲁鲁（Honolulu）岛附近的威基基海滩（Waikiki），作为司法部长的我[①]与夏威夷群岛国王卡拉卡瓦一世（Kalakaua I）坐在椰子树下交谈。参天的椰子树高耸入云，比国王的夏宫还要高，太平洋的波浪轻轻地拍打在珊瑚礁上，晶莹的浪花散落在我们的脚边，国王对我说：

既然困难时期已经结束，我意欲让你陪同我去周游世界。

[①] 即本书作者，卡拉卡瓦国王内阁成员威廉·N.阿姆斯特朗。后同。——编者注

国王执政已六年，并出于君主的本能，多次利用机会打击了掌控着王国要职和绝大部分财产的白人臣民。由于国王犯过几个严重的政治错误，最近这些人威胁要发动暴乱，最终国王对他们的要求做出了妥协。因此，在国王宣布旅行意图的前一晚，他与一百位白人臣民共同参加了一个盛大的宴会，双方互碰友爱之杯，共饮友谊之水。自此，白色和平鸽重新开始在这片热带天空展翅翱翔。

虽然我将国王的话当作天马行空的想象，以为这个念头很快就会被其他相似的无稽之谈取代，但当我们的车驶进城市时，我还是说：

如果陛下去环游世界，那么您将成为地球上第一个周游世界的君主。您的臣民将会在潘趣碗火山（Punch Bowl）[①]山顶竖立起一块由火山岩石做成的高高的纪念碑，碑上刻有如下铭文：

纪念地球上第一个环游世界的君主，公元1881年。

自宇宙中星球成形、地球上出现人类以来，无数的君主做过无数大大小小的事情，但即使到现在，也没有一个君主有勇气去环游我们这个小小的星球。正如同某些精明的动物从不远离自己的洞穴，唯恐敌人鸠占鹊巢，统治者们也是一样，他们几乎从不远离宝座，以防敌对势力抓住机会取而代之。除此之外，旅行中可能遭遇的陆难、海难也是君主们极少外出的原因之一。伟大的

[①] 潘趣碗火山：指城市后方的一座死火山。——译者注

旅行家约翰·曼德维尔爵士（Sir John Mandeville）于 1356 年说过："环游世界不是不可能，但一千个旅行者中没有一个可以活着回到自己的国家。"在他之前的君主们预料到了他所说的这点，在他之后的君主牢记了他的警告以及枪打出头鸟的常识。于是，他们把实现这个壮举的荣耀（如果这份荣耀真正存在的话）留给了一位波利尼西亚国王。

天黑前，我发现陛下是在很认真地考虑这件事，因为他召集了包括我在内的内阁成员，宣布了他的旅行意图，并要求可以提供必需资金的私人议会召开会议商讨。内阁与议会批准了国王的计划，并愿意为此提供充足的资金。国王同时宣布他要这本回忆录的作者作为他的同伴一同出行。他的同伴将会被委任为"国务大臣"，地位同任一国家的内阁大臣相当，并享有这一等级的人所应受的尊重与礼节。同时，为了使这次皇室远行显得有意义，国王还任命他为"移民部门皇室长官"，负责在全世界寻找候选人来填补王国日渐流失的人口：由于人口流失不断加剧，在几代人的时间内，王国面临着即将没有本族臣民的危险。除国务大臣外，国王还选择他的管家查尔斯·H. 贾德（Charles H. Judd）上校，也是他最信任的朋友之一，作为他的第二个同伴。他的私人侍从，或者叫男仆，是一位被称为"罗伯特"（Robert）的德国人。罗伯特不仅外貌出众，还受过良好教育，通晓数国语言。但由于他总是随心所欲地做事，所以他在哪个位置上也做不长久。罗伯特曾在轮船上做厨师。因厨艺出色，当轮船在夏威夷靠岸

查尔斯·H.贾德上校，卡拉卡瓦国王的管家

时，他就成了国王的主厨。但他为所欲为的本性很快便使他丢掉了这个职位。曾有传闻说他是冯·欧男爵，旅行过程中随从们证实了这个消息。尽管他有不良习惯，但是出于某种我不清楚的原因，在他保证不会重蹈覆辙的前提下，国王同意让他成为随行人员中的一员，但这一决定遭到了其余随行人员的轻声抗议。

在记录这次皇家出游的种种事件之前，需要提一下的是，与所预期的一样，夏威夷国王在之后的十个月内完成了环游世界的使命，成为众多国家王室或官员的座上宾，包括日本天皇，中国大臣李鸿章，英属香港总督，暹罗国国王，英属新加坡、马来西亚、马六甲海峡与缅甸的长官或专员，印度总督府，埃及总督，意大利国王，罗马教皇，英国女王，比利时国王，德意志帝国威廉皇帝王室，奥匈帝国官员（皇帝缺席），法兰西共和国官员，西班牙王室官员（摄政王缺席），葡萄牙国王以及美利坚合众国总统（他访问美国后，便回到了夏威夷王国），受到以上国家国礼相待。

这次旅行中发生的事件由"国务大臣"——国王的同伴逐日记载在这本回忆录中。为了叙述的自由，可以遵照事实"还原肖像中原有的皱纹"这一原则，这本书的出版被延误了好些年，直至国王去世，才最终与世人见面。此书没有遵守麦考利（Macaulay）的格言，即"对人物最好的描绘要掺杂一点夸张的成分"。国王是天底下最不讨厌恭维话的人了。如果一个国王生前想尽各种办法逃脱了他人的指责，那么死亡会帮助这个留下一生功德的聪明人进入到另一个世界。而在这个世界里，据培根（Bacon）伯爵讲，曾经游览过地狱的梅尼普斯①发现国王与其他人的主要区别就在于其他人的哭喊声更为惨烈。

在国王出行前，我无意间让他注意到了某些征兆，而这些征兆可能会干扰他那波利尼西亚式的、有些迷信的大脑。

国王的前任卡美哈梅哈二世（Kamehameha II）（当时夏威夷群岛还叫作三明治群岛）以及他的夫人卡马马露（Kamamalu）于1824年（当时三明治岛民还属于异教徒），作为英国女皇的客人拜访过英格兰。这二位后来均在伦敦死于麻疹。诗人拜伦的表亲拜伦伯爵命令以皇室礼仪将两位的遗体用"金发美女"号英国护卫舰运送回国。国王和王后突然同时去世的消息传到西奥多·胡克（Theodore Hook）耳朵里，让这位机智幽默的诗人得以有机会创作出著名的对仗诗句来向世人宣布这一不幸事件：

"服务员！来两份三明治！"死亡叫喊道。于是兴奋过度的国王及王后向呼吸说了拜拜。（"Waiter! Two sandwiches!" Cried Death; And their wild Majesties resigned their breath.）

在将近六十年后的今天，当他们的继任者提出要去国外旅行时，首府爆发了天花疫情，造成大量民众丧生。国王明智地决定让这只吃人的怪物啖食"普通三明治"以填饱它那永不会满足的

---

① 梅尼普斯（Menippus，约公元前3世纪前期），古希腊犬儒派哲学家。——译者注

胃口，而他，这个"贵族三明治"却从王国里全身而退，悄然离开了。

为了避免他一大批忠实的本族臣民及白人臣民跟随他出行而让他开销过大，国王宣布他将以"王子"的名义微服出访。在他出游期间，他的妹妹利留卡拉尼公主（Princess Liliuokalani），也就是如今夏威夷王国的前任女王，被钦定为摄政王。

在国王出发前的几天，他邀请本族臣民在首府最大的一间教堂会面。尽管在他六年的执政时间内，他未曾特别关注过国民的福利问题，但是他向大家宣布，此行的主要目的是吸收其他国家的经验来造福本国民众。这慈父般的关怀极大地取悦了这些臣民。他们在各方面都远落后于白人邻居，因为正如一位前任国王所坦言的，这些本族臣民"没有出息、生性懒惰、缺乏能力"。国王的宣言让他们以为，国王此行会满载着神奇的治国秘方而归，这样他们不用付出劳动便能坐享富足、懒洋洋地安享热带的安逸生活——因为这就是他们祖传的习惯，所以他们热情地批准了国王的这项自我牺牲的伟大行动。新教传教士给他们带来了文明的祝福，但靠海吃海的本族传教士也给他们带来了文明的诅咒。国王到国外去寻求（如果确实有的话）一剂良方，来缓解民众在基督文明上层、底层两重天中受苦受难的悲惨命运，这是一项博爱的行动。

出发那天，从澳大利亚驶往旧金山的汽船靠岸时，忠实的本族臣民聚集在皇宫前，成群的歌者、舞者聚集在棕榈树下的厚草地上，为国王出行这一非比寻常的盛事举行仪式。每个舞者的手里都拿着一只装满了鹅卵石的葫芦，一只手有节奏地摇晃着葫芦，另一只手在空中优雅地舞动着。散发着甜香的葡萄藤、五颜六色的花朵，缠绕在他们身上，编织在他们光亮的黑发上，轻轻随风飘动。即使是欧洲芭蕾舞剧中镶着珠宝的项链或缀满亮饰的舞裙，也无法与这些从盛产鲜花的山谷中采来的天然装饰物相媲美。歌者们身着盛装，分组蹲坐在生意盎然的土地上，以忧伤的小调娓娓道出夏威夷历任国王的丰功伟绩及他们永远不朽的名望。由于大部分歌词都是用古语写成的，因此只有长者才能听懂。但如果有人能将歌词译出，那么会对社会"道德文学"活动产生促进作用（前提是存在推进"道德文学"的活动）。当一组歌者和舞者精疲力竭时，新的表演者会迅速替代他们，像接力赛一样，一棒接一棒，保证旋律和舞蹈表演不间断。

虽然汽船并未准时到达，但依据传统礼节，典礼要持续举行到国王登船为止。时间一分一秒地流逝着，舞蹈和歌声却从未停止。午夜时分，信风渐渐平息，月亮缓缓升起。夜色朦胧，四周寂静，低声单调的吟唱、葫芦有节奏的拍打声、间隔着军乐团演奏的欧洲音乐声，各种声响交织在一起，在温润的空气中飞上树梢。我在高高的阳台上俯视着这一奇怪的场景，注视着波利尼西亚风格与欧洲风格的奇特混合体。在高大的椰树林外，我听到太平洋的海浪拍打在珊瑚海滩上，发出震耳欲聋的轰隆声。混合着异教文明、现代文明和海洋文明的音乐到天亮才停止。破晓时分，汽船靠岸了，国王迅速地登上了船。二十一尊古代大口径大炮齐鸣。国王与随行人员站在甲板上，淹没在鲜花的海洋里。根据国家习俗，人们应当为即将启程的朋友挂上花圈和散发着香味的葡萄藤。在今天这个特别的场合，花圈和葡萄藤多到可以把汽船的桅杆、船舱、传动装置从头到尾装饰一新。每个本族人都带来了这样一件可以敬献的礼物，空气中弥漫着阵阵芳香。随着"悉尼城"号从码头掉头起航，国家乐团便开始演奏《友谊地久天长》及国歌《夏威夷之子》（Hawaii Ponoi）。本族人震天的哭声一直追随着汽船到港口，直到海浪的怒吼声将其吞没。

旅程就这样顺利地开始了。用培根伯爵的话来说，国王现在已准备好去向世界"取经"。

王后一直监督着国王收拾行囊。她给陛下装了很多箱各式各样的鞋和衣物，其中包括六箱帽子和一个帆布包。我不久就发现这个帆布包的规格达到了皇室标准，于是我怀疑，"王子"微服启程是为旅行开支做筹划。如果他愿意，他可以扔掉借来的王子服饰，换上自己随身携带的王冠。尽管如此，他的计谋仍值得称颂，因为这避免了大批人员随行，减轻了负担，减少了开支。

如果不事先介绍一下国王及他与随行人员的私人关系，那么读者恐怕无法看懂这本回忆录。尽管国王是个波利尼西亚人，但他还是能以一个有教养的人所应有的姿态出现在任何社会或任何宫廷中。他身材中等偏高，块头很大，曾在一所以英文教学、专门为培养夏威夷青年领袖的学校受过教育。为了让未来的国家领导为他们以后所要担负的责任做好充分的准备，学校的教师都经过当政白人的严格挑选。在这所贵族学校里，曾有四位青年领袖、两位身份显赫的年轻姑娘后来相继成为夏威夷的国王、王后、女王。国王内阁中白人成员的孩子可以得到学校优先录取的机会。管家贾德上校和身为国务大臣的我，在1849年时都是该学校的优秀学生。三十年后，在三位校友相继成为国王并去世、两位校友成为王后之后，卡拉卡瓦也登上了宝座，和两位旧日同窗一起开始了执政生涯。艾玛王后（Queen Emma）是前任国王的遗孀，她年轻貌美，曾经是英国女皇和法国女皇尤吉妮（Eugénie）的贵宾及亲信。卡拉卡瓦国王的妹妹利留卡拉尼在他过世后继任成为女王。但是她统治国家十分不得力，致使白人臣民发动革命，推翻了夏威夷君主制度。

除了国王的男仆，国务大臣和管家是国王仅有的同伴。两人均是美国传教士的后代，三十年前进入前任国王的内阁，并大展拳脚，为组织与维护国内政府做出了重要贡献。管家长期居住在夏威夷岛内，而我则居住在美国多年，于旅行开始前几周应国王请求，返回岛内就任内阁司法大臣。

国王记忆力超群。他阅读过许多宗教、科学、政治方面的英文书籍，但是他并未彻底领会书中内涵，因此他的学识从某种程度上讲有些危险。尽管如此，他涉猎范围之广足以让到国内来访的宾客以及漫长旅途中遇到的人们惊叹了。国王还是个杰出的音乐家。他曾组织过一个由德国人担任团长，本土音乐家为成员组成的三十人乐团。这个乐团技艺精湛，可以演奏外国音乐，经由观光客和军舰官员的报道，蜚声欧洲。国王的一位前任曾经接待过一个英国军舰乐团，当晚的演出曲目是小夜曲。当演出接近尾声时，那位国王被问及是否愿意重听任意一首曲目。经过一番艰难的思想斗争后，国王表示：乐器的调音声能带给他最大的满足与快乐。每当提及之前这个没文化的国王时，卡拉卡瓦总会付之一笑。

国王了解欧洲朝廷的惯例与习俗。在其他各国承认夏威夷群岛独立，夏威夷与世界上几乎所有文明国家协商好条款后，一个外交使节团便在首府建立起来，加上为军舰官员与其他著名访客举行的接待典礼，国王已经在他自己的朝廷建立起文明的礼节。他的国家的文明程度已经得到了所有国家的认可，而他自己也可说是世界上王族中合格的一员了。而这是和美国传教士以及其盟友的努力分不开的，是他们创造了政府机构的框架，也是他们将法制的重任交到智慧诚实的白人手中，而这些人正是外国商人以及居民所信任的。

但是作为波利尼西亚人，无论是国王本人，还是他的土著臣民，都无法理解盎格鲁-撒克逊式政府的本质。如果对他们放任不管，这里的政治状况将一落千丈，跌至南美各共和国的水平，甚至更糟。盎格鲁-撒克逊式的自治，并非凭空造出一种理论，而是基于长期形成的政治习惯及传统的演变和发展。这一点是国王无法理解的，不过我们也不好对他的这一无知加以批评，因为大部分盎格鲁-撒克逊人自己也不能清楚地解释这一统治系统，他们所做的不过是依照继承来的思想观点进行自治罢了。很自然的，国王的思想中充满了粗鄙的想法、无知的迷信，以及作为一个波利尼西亚酋长的绝对权力，尽管在和白人的接触中，它们的形式已经变得不再那样夸张；而在缺乏经验的情况下，对白人优越智力的那一种模糊的恐惧便显现出来了。所以，就行为是否合乎君主身份这一点来说，他是不会输给此行中见到的任何一位皇室成员的。照伦理学家的话来讲，国王的三位前任是掉入了"醉汉的坟墓"；但事实上，这坟墓却是雄伟浩大的陵寝——它们位于一个美丽的溪谷，四周常年绿树成荫，无论怎么看，都和反感厌恶扯不上关系，更不用说威慑以前的国王们停止堕落了，它们只是在堕落的尽头静静地见证着这一切。在这一方面，国王和他的前任们是不一样的，除非是职责使然，他并不会表现出基督教世界的恶习。国王接受文明世界的习俗时，带着他那异教徒的幽默说道："我是醉了，不过我也是文明的。"

这里只有一个政党。成员们都是以前学校里的同学。三十年前，他们还打打闹闹，互相嬉戏，现在已经各自成长为国王、国务总理、内务大臣，以及一位实为德国男爵的贴身仆从；尽管这些人所代表的国家在世界上无足轻重，它也是基督教国家中的一员，按照国家之间的礼节，理应受到合乎皇家身份的礼遇。不过由于我们的国家不过是太平洋上小小几处隆起的土地，就领土而言实是微不足道，我们并未期待得到皇家级别的接待。如果世界上其他的君主能够和我们的国王进行一个短暂的会面，和他握一握手，按我们的想法，那就像是权贵之人和穷亲戚打招呼，不过是伸出两根手指头客套一下罢了，若是再慷慨些，也就是在偏堂招待些残羹冷炙，便打发了。我们有心理准备，哪怕只是受到一丁点的欢迎，也就满足了；为了避免尴尬，我们还随时准备微服私访。任何时候，国王都不会向将要访问的国家发出正式声明；总而言之，我们的旅程是在无比谦逊的态度中进行的，以免使自己觉得受了冷落。

和我们一同前往旧金山的乘客中有一位有名的英国人，他是一位天文学讲师，刚从澳洲回来。一路上，他和国王讨论波利尼西亚人的星体理论。不得不承认的是，波利尼西亚人的理论和那时欧洲人的理论相比，就落后得多了，不过和两百年前欧洲学者信奉的倒是差不多——那时他们还认为彗星是上帝用来吓人，好让人服从的工具呢。国王对这些半科学的交谈很感兴趣，海上航行结束后，这些交谈对他的影响也通过一种我们已经略微料到的方式显现出来。

在船舶进港前例行的庆祝仪式上，对皇室十分尊敬的澳洲乘客让国王感到十分愉快。在英国著名学者的帮助下，国王在午夜过后很久登上了上层甲板，用肉眼观察了双星和一些行星。太阳越升越高，当它跃然旧金山湾金门大桥之上时，我在旅行记录上写下这样一句话："国王陛下已经从异国文明那里取到了第一本经。"

第二章

抵达旧金山 —— 升起王旗 —— 国王得到盛情款待 —— 访问立法会 —— "太平洋的巨人" —— 一场中式宴会 —— 国王得意扬扬地要求大臣穿着外交制服 —— 男仆喝醉酒

次日早晨,"悉尼城"号沿着旧金山海湾航行,野心勃勃的船长恳求陛下准许他升起王旗。管家和我都向国王建议,现身旧金山时不能太过张扬,像他这样一个微型国家的君主,进入一个巨大共和国的版图,应该举止得体。但是,国王六年前曾经访问那里,受到万众瞩目,这种款待把他对接受公众致敬的胃口吊起来了。因此,男仆罗伯特取出用帆布盖着的王旗,王旗很快飘扬在主桅杆上。联邦要塞司令很快察觉到这般景象,礼炮鸣放21响的声音立刻传了出来。船到达码头时天降大雨,因而国王当地的朋友没用敞篷车载着他走街串巷,而是用封闭式马车带他前往皇宫饭店(Palace Hotel)。天气不只是对他失礼,英王乔治四世在利斯(Leith)登陆时,同样遇到这种情况。当时下着猛烈的暴风雨，有个忠诚的苏格兰人为此大喊："陛下，我为上帝让雨把陛下的身体弄湿感到万分羞愧。"

国王在国内时，是个慷慨大方的主人，曾经邀请许多旧金山居民，在摆放着赏心悦目的热带藤蔓、鲜花和植物的地方共进早餐和晚餐，因此他受到了人们的热烈欢迎。不过这点并没有削弱他们对他这一国王身份的兴趣。他是个"黑人"，肤色比一般波利尼西亚人要深，一些面部特征也显现出些许黑人血统，但是这些市民，无论男女都很"善良"，即使心怀厌恶也都忍着，能够应付这种场面，热情友好地把黑的说成是白的。

经过一番交谈，参加过内战的老兵厄普顿将军（General Upton）说，国王军事演习和战略方面的知识非常值得称道，可能要超过美国大多数预备役军官。国王还访问了位于萨克拉门托（Sacramento）的州立法会，在为他举办的晚宴上，领教了几个美国演说家"扣人心弦、滔滔不绝"的演讲。其中有个演说家慷慨激昂、口若悬河地描述，夏威夷王国对于太平洋地区贸易持续发展的重要意义，并预测大洋洲和波利尼西亚的居民终将形成天下一统的联盟，还大声叫喊"这将是太平洋的巨人——卡拉卡瓦国王治下的联盟"。尽管国王对"巨人"一词没什么把握，但他却感到一种崇高使命的召唤，州长发言中洋溢着爱国之情的预言，也没能让他这种意识减弱分毫。

国王返回旧金山之后，前往恒丰楼（Hang Feng Lou），出席中国皇帝陛下的总领事为他举办的晚宴。据说，那是中国人迄今在美国举办的最昂贵的宴会。晚宴一共摆了二十桌，桌上铺着绣满花纹的深红色缎子，装饰着一圈金色的丝带和银色的星星；天花板上挂着厚重的丝质卷轴，上面写着孔子充满智慧的名言；柱子上缠绕着美国、中国和夏威夷的国旗；总领事身着华丽的丝绸服装，坐在国王的右手边。他在门口欢迎陛下时，没有遵循基督教那种精致优美的礼节同国王使劲握手，而是一只手抱拳，放在成掌的那只手下面，两手一起晃动，表现出对身居要职的客人应有的热情。晚宴上的菜肴全都是中国的骄傲之作：燕菜、雪花豆腐、宫廷鱼脑、松花蛋、鱼翅、鱼肚、嫩竹笋、玛瑙鸭子、沙茶鸡、炖甲鱼、哈密瓜、西瓜子和许多种其他瓜子、蜜饯、雪梨酒以及许多巴黎餐厅闻所未闻的美味佳肴。客人的盘子旁边摆着筷子，但也提供餐叉，算是对西方文明的陋俗做出宽容大度的妥协。

  总领事向国王敬酒，代表所有中国人向他表示感谢，感谢他让中国人在他的王国享受公正的待遇。他说，大英帝国的疆域之外，整个基督教世界就只有一个地方，能让所有生活在那里的中国移民不用害怕受到不公平的攻击——这个地方就是国王的领土。这位"异教徒"国王起身回应。此时此刻，他身处美国的土地上，在那个国家的首都，清教徒的后代正通过一部法律，蓄意违背同中国签订的条约。就在不久之前，美国最高法院，这个庄严的特别法庭判定，国会的法案可以违反一份协议中规定的义务。①

  在世界第一大国的人民称赞夏威夷王国执法维护公平正义之

---

① 参见美国最高法院报告。

际,晚宴也接近尾声。我向国王说:

> 或许您是一位异教徒国王,而我是一位异教徒国王的大臣;然而,这是我们第一次在异国他乡经历重大事件,中国人通过这次盛宴,对您政府的公正表达感激之情;表达这种情感的地方,还是一个蓄意对中国人施加不公正待遇的国度。

虽然这仅仅是我们旅行的起点,但是我注意到我高贵的主人已然拓宽了视野。听了萨克拉门托那些演讲家慷慨激昂的言论,那些来宾愚蠢的溢美之词,他眼前开始浮现自己成为"太平洋巨人"的景象,开始意识到自己前途光明,有可能"从今以后成为一统天下的君主",统治大洋洲无数的岛屿。因此,他下令(当然,一位国王的请求往往就是命令)为自己的国务大臣制作一套制服。他没有像前几任国王那样,挑选三角帽和旧靴子作为宫廷制服。只见行李箱杂七杂八的物品中,突然冒出精美的布匹,上面用金丝线绣着芋头美丽的叶子和花朵,还有夏威夷特有的相思木细细的叶子。这种昂贵的材料,是以前的一位国王命人在英格兰绣的,但是从来没人用过。一名裁缝很快为我做了一套贵重的外交制服,款式是国王每次带着侍从出访都会受到交口称赞的那种,配饰是一把宝剑和一顶三角帽。

现在,我们把王室出访、微服出行时的行头都备齐了。这种宫廷官员的服饰甚为华美,一位美国民主人士开始对此感到难为情,但是凭借着这个民族寻求生意或者快乐时的那种本能,他不论看到野蛮人还是大天使的装束，都能很快适应。

国王身材魁梧，举止优雅，身着军服显得仪表堂堂，身上还佩戴着某种军功勋章，那是他同一些欧洲君主交换协议时得到的。实际上，获得更多勋章就是他此行的一个目的。管家在国王的侍从中相当于上将，也就穿了上将的军服。同样非常魁梧的管家和国王站在一起，很容易让人以为夏威夷人都是大块头。

国王希望随从的服装能显现出夏威夷风情，但他那些异教徒服饰的款式，完全走向两种极端：一部分上面的图案很像装饰性纹身，"就是这样，仅此而已"；另一部分是给首领穿的稀有而华丽的斗篷。这种斗篷由小鸟细小的羽毛通过精心染色制成，光泽度和色彩是任何艺术品都无法媲美的，但是里面要是穿欧式军装或者外交制服，就显得不伦不类了。至于国王如何让侍从的服装保留夏威夷风情，此处暂不赘述。

我们返回旧金山的第二天，陛下的男仆罗伯特喝醉了酒。虽然他接受官位时非常爽快，其实却对那个卑微的职位不屑一顾；他从骨子里认定，那份工作不够体面。他告诉陌生人和好奇的人，自己是国王的私人秘书，要不然就说自己担任王旗护卫者；还私下里告诉别人，那个职位在夏威夷是种殊荣。陌生人邀他去饭店的酒吧，他总是禁不住诱惑喝高了，有一次酒后失态，错戴着国王的丝质礼帽在走廊里穿梭。其他侍从都强烈要求将他解雇，然而在他郑重其事地保证会痛改前非后，国王还是没有接受这个要求。

第三章

前往日本——漂在海上的原木——华盛顿的诞辰纪念日——日程表往前推了一天——国王挨了一记耳光——努力指导国王学习政治学——夏威夷的种族矛盾——指导以失败告终

1881年2月8日，国王登上梅特卡夫船长的"大洋洲"号蒸汽船，带着侍从前往日本。王旗挂在主桅杆顶上；港口的联邦排炮发射向王室致敬的21响礼炮；我们很快驶进"太平洋"宽广的怀抱，这片海域一过风平浪静的季节，就波涛汹涌得让人害怕。我们在太平洋反气旋带来的暖风中航行。这股反气旋席卷美洲西海岸，把热带暖风从阿拉斯加送到南卡罗来纳，一直到达夏威夷群岛，给小岛带来习习凉风，让那里摆脱酷热，成为亚热带地区。我们离开港口的第三天，海上漂过来一棵巨大的原木。那是棵松树，从产地俄勒冈的森林出发，顺着哥伦比亚河入海，在苍茫的大海中显得很是扎眼，孤独地四下张望，想在大洋洲找个登陆点。有许多这样的原木，随波逐流3000英里，最后藏身于太平洋岛屿周围的珊瑚礁。人们曾以为美国"拉封特"（Levant）号军舰在太平洋北部沉没，船上无人生还，因此究竟发生了什么也就无从知晓。直到船的一条桅杆被冲到了夏威夷海滩上，人们才找到那艘军舰的踪迹。

我们的日本之旅畅通无阻，没有遇到一座小岛；很少有船在这片海域航行，没有一条船同我们的航线相交；一望无垠、人迹罕至的太平洋，似乎在等待亚洲崛起，给美国商船带来挑战，也给自己带来苦恼。

为了躲避北半球寒冷的顶风，我们计划向南航行，因此蒸汽船启程六天后，距离夏威夷群岛已经不到 600 英里。

我们没有关闭推进器，让它休息或者接受修理，于是一连数日，推进器发出单调乏味的隆隆声，带着我们驶向"西方星斗的浴场"。直到 2 月 22 日才有了转机，这一天有两件大事值得注意：乔治·华盛顿的诞辰纪念日到了；我们的日程表往前推了一天。航海家穿越本初子午线时，为了准确计算日期，从东向西航行要往前推一天，从西向东航行要往后推一天。船长宣布，为了方便航行，航海日志上将正式删去 2 月 22 日，因此纪念日庆祝活动将一并取消，几个不同种族的乘客向国王报告，国王给予御准，认为庆祝活动应该照旧，所以此后一个小时，美国人、英国人、日本人、中国人和夏威夷人忘记了种族界限，就像同胞那样，一起歌颂为美国奠基的那个人。不论过去还是现在，美国历史这块织物，正是依靠他放置的经纱，才能不断编织下去。

美国独立战争期间，德斯坦伯爵拒绝同英国军舰作战，华盛顿却在试图将英国人驱逐出罗德角。正是在这种背景下，库克船长发现了国王的岛屿。国王接受别人敬酒时，谈到这位伟大领袖建国的深远影响，说他辞世不到50年，那个国家就已经拓展到北美大陆之外，自己的小岛也变成了一个独立的王国。当华盛顿在美洲丛林中视察未来美国各州的所在地时，日本已然拥有了悠久的文明；而日本人重建本国古老的政治体系，却需要阅读教授美国治国原则的书籍，从中寻找金玉良言，只见每页书上都写满了华盛顿的名字。

那些不同种族的人远在太平洋上，如此赞美我国的国父，也许会使人产生这样的联想：那位老英雄身处弗农山，坐在殖民时期自己住所的门廊里，低头望着脚下的波托马可河，他构想的美利坚帝国仅仅延伸到俄亥俄河；如果当时有个天使在他耳边低语说，再过不到60年，他的杰作就将延伸到太平洋岛屿——一个他几乎闻所未闻的岛屿，指引一个3000万人口的亚洲帝国，一个他一无所知的帝国，开展重建工作，他会说，这般耳语不过是异想天开的梦境，并像往常那样转过身，对自己的妻子说："夫人，我变得有点孩子气了。"

次日，一阵狂风从西面向蒸汽船袭来，吹得船有一阵子偏离了航线，进入海浪的波谷处，国王碰巧从休息室走出来。船突然晃动起来，让陛下失去了平衡，滚到背风面的排水孔里。他根本来不及站起来，头发灰白、傲慢无礼的海浪就跳过向风面的船尾栏杆，让我小声一点说吧，正好打到陛下的面部；海浪发出魔鬼般的吼叫，从船上落入水中；海浪于是在飓风随时出没的风洞里，向吵闹的同伴吹嘘，自己打了一个国王一记耳光。

我内阁里的同事，特别是个性鲜明的 H. A. P. 卡特（H. A. P. Carter）先生，让我利用旅途闲暇时间，指导国王学习良政的原则和惯例，不过建议我要小心谨慎，确保高贵的主人不会恼怒，或者怀疑自己是在被人说教；也就是说，我的同事建议，我对待国王应该像猎人对待野兽那样，从背风处接近他，这只高贵的猎物就不会对指导他的冒犯气味产生警觉。国王、他的先辈、他们的臣民都自愿接受白人的制度结构，从未对此进行训练有素的反思，也没有能力这样做，他们根本就搞不懂这种制度的本质。这些土著君主的统治，只要不危及自由或者财产，就能够让那些白人臣民接受，然而夏威夷人的传统和习惯与白人的传统和习惯，存在不可调和的冲突。只要能说服土著统治者按照白人通常的方式管理国家，冲突就几乎看不出来。然而，在政治演进的进程中，这种冲突最终不可避免会激化，进而导致这个土著王朝的终结。国王与其内阁成员都有私交，并且他们都希望国王不会重蹈覆辙，其统治也能够天长地久、令人称道。

因此，旅途一有闲暇，我就小心翼翼地同国王进行思想交流。我描述王室生活如何遭到肆意破坏，借以评论人性的邪恶；我还故作冷漠，列举哪些国王只不过碍了别人的路，结果惨遭绞杀、砍头、毒害、罢黜。他自己的宫殿里就挂着路易斯·菲利普和拿破仑三世的画像，那是这两位君主亲自送给国王的先辈的。我用这些画像当教材，列举是哪些谬误导致他们的王朝覆灭，但没有归纳什么道德规范，或者传道者所谓的"实际应用"。他只是平静地回答，这些受难的君主大都非常愚蠢，如果当时是他，就会避免这些错误。如果要说他犯过怎样的错误，其实我们开始旅行的前几个月，他就犯了几个错误，弄得自己的王位摇摇欲坠。我通过书信，秘密告诉我的同事，如果王室也有一条求学之路，我们的学生就还没找对路，我尝试用皮下注射法，为他的精神世界注入智慧，结果以失败告终。但是，国王同历史学家描述的大多数君主极为相似，而他的思想和计划都极具人情味，以致没有哪个人胆子大到敢于坦诚地指责他。我们也不能对那些国王犯下谬误感到诧异，因为其中确实有不少是让自己最聪明的顾问给引入歧途的。相比之下，轮船要比国王有优势，固定的灯塔、响钟浮标能给轮船报警，而对于国王来说，许多顾问发出灯塔报警信号时都会误报，那些报警的浮标也已经漂离真正该停泊的地方了。我知道自己再也不会成为其他国王的顾问了，就给他介绍政治家的格言和警句；但是常常不知什么时候，高贵的主人就打起盹儿来，唯一令我欣慰的是，我正在履行一项职责，尽管我料定这样并不会带来什么好处。

我这样努力拓宽国王的思路，管家也机智地帮忙，这一切就像在上演希腊戏剧中的合唱。管家表面漠不关心，却总巧妙地响应我；他总是重复某位被罢黜的国王的故事，还评论说，"冒险的事情，冒险的事情！"国王曾经当着我们的面，抛出英国政治家的格言："国王不会犯错"，为了增强效果，还援引议会一位卓越的演说家的话："就算犯了第七诫，国王也不会犯错"，我这才发现，国王不理解政治上的分权，那句格言其实是支持君主立宪的。我故作冷漠地评论，臣民从来不用大棒或者缓刑来惩罚君主，一旦君主犯下大错，就会粗鲁地罢黜君主。听了这话，他回答说，国王为了镇压煽动者，可以诉诸阴谋诡计；他认为，一些违背他意志的臣民，就应该受到流放。我的皇家学校以失败告终，我那高贵的学生什么也没学到。

第四章

江户湾——富士山——接受外国军舰的致敬——国王成为日本天皇的客人——抵达时听到祖国的国歌——我们得到盛情款待的秘密——礼仪课——比较日本和新英格兰的钟声

3月4日清晨,我们乘船沿着江户湾航行,西面是海拔13000英尺的富士山,峰顶的积雪依稀闪着光,这座圣山耸立在平原上,宛如削去顶端的圆锥体。虽然我们的小王国里,也有一些差不多高的山,甚至再高1000英尺的也有几座,但是无论是矗立在海上,还是平原上的,都没有这座那么陡峭、匀称。沿岸有许多小渔村,以及奇形怪状的舢板组成的船队,这些迹象表明这是一个人口稠密的国家。

关于是否亮出王旗,国王这次有些犹豫不决,因为侍从向他提议,如果没人注意到王旗,他就等于自取其辱。我们正因为不愿冒险,才没通知日方国王有意来访,转而请一位同行的横滨居民帮忙,好歹让我们找到家宾馆安顿下来。不过,船长希望对外宣布，他的船上有位贵人，恰好国王也这样想，男仆罗伯特就从帆布包里取出王旗，王旗很快又飘扬在主桅杆顶上。我们猜想，这种情况下就不会有人致敬了。

我们倚靠着栏杆，眺望海边的峭壁，或是横滨的外国定居点，看到港口停着一些军舰：七艘俄国的、两艘英国的、一艘法国的、三艘日本的。这些军舰在横滨城外呈一字排开，绵延一英里，很引人注目，全都下锚停泊，悄无声息，显得毫无生气。我们坐着蒸汽船，航行到为首的俄国装甲舰的前面，听见舰上的排炮放了一响礼炮，同一时刻主桅杆上升起夏威夷国旗。船员成群结队跳上桅杆，在横杆上忙碌起来，更确切地说，他们一排排站在横杆上，每个人都张开双手，碰到旁边人的肩膀。船就像被施了魔法，从头到尾都装饰着万国旗。排炮噼啪响了一声后，慢慢传出向王室致敬的 21 响礼炮声，作为回应，我们降下王旗。不到一分钟，我们便驶到第二艘军舰的前面。只见主桅杆上也飘起夏威夷国旗，船员也在横杆上忙碌起来，船也像俄国装甲舰那样装饰着万国旗，礼炮声慢慢传出来，周围变得更加嘈杂了。作为回应，"大洋洲"号再次降下王旗，此后，我们每次驶到军舰的前面，这种仪式都重复一遍。船员登上横杆忙碌起来，我们穿过时就发出欢呼声。总共传出 273 响礼炮，只见烟雾在空中翻腾，一团接一团飘向江户湾。军舰上装饰着无数的国旗，在烟雾中时隐时现，创造出别具一格、五光十色的景象。这完全出乎我们意料，把我们吓了一跳。国王站在那里面无表情，当我们穿过每艘船,降下王旗回应时,他也脱帽致敬。

"天皇"(Mikado)号日本军舰放下一艘小船,我们蒸汽船的锚链还没停止咯咯作响,小船就已经到达舷梯。小船上有一位上将,六位其他海军军官,两位日本天皇陛下的钦差大臣,他们身着全套的军礼服,登上我们的蒸汽船,遵守应有的官方礼节,请求面见夏威夷国王。管家带着他们觐见国王。那两位钦差大臣说,他们奉天皇陛下的旨意,来迎接、欢迎夏威夷国王陛下,邀请他在访问帝国期间成为天皇的客人。国王身材魁梧,比他们都要高大,招待他们时从容不迫、礼貌得体,回答说很高兴能成为天皇的客人。寒暄片刻之后,他们邀请国王带上侍从乘坐一艘舰载小船,去往天皇在横滨市附近的一座宫殿。英国和法国军舰的上将和中校也前来拜见,国王又停留了一阵子接待他们。如此的盛情款待是我们始料未及的;我们像普通旅客那样衣着随便,需要赶快去泡澡;然而,国王面对那些衣着光鲜的官员,只是站着一动不动,不去为自己的样子致歉,因为国王从来不道歉。我们登上那条舰载小船;夏威夷的王旗挂在船头,一艘汽艇拖着我们驶向登陆处。船距离海岸越来越近,我们注意到,码头挤满了人,士兵在街道上排起几列长队。船刚刚抵达登陆处,岸上就响起《夏威夷之子》的旋律。天皇军乐队的致敬也出乎我们的意料。听到祖国的国歌在陌生的土地响起,我们立刻不安起来,国王抽泣着脱帽致敬,他的侍从也呜咽着,日本护卫跟着脱帽致敬,直到国歌演奏完毕。

一位基督教世界的国王就这样登上这个帝国的土地，这在帝国历史上还是第一次。国王一行人等从士兵中间穿过，没走多远，就抵达靠近登陆处的一个市政办公室。在那里，许多官员前来觐见，还有人端上糕点和葡萄酒。有辆御用马车，从东京通过铁路运过来，就停在门前，国王、他的侍从和天皇的管家登上马车。街道的两侧站着士兵，队伍绵延大约一英里，后面聚着一群群沉默而木讷的人；这是他们难得一见的大场面。一路上，几乎所有临街的小木屋上，都挂着缠绕起来的日本国旗和夏威夷国旗。马车缓缓前行，穿过横滨市人口稠密的区域，来到一块俯瞰市区的高地，那里建有一座富丽堂皇的住宅；这座宫殿是为方便天皇的客人而修建的。屋里摆放着日本艺术品，但是为了外国客人住得舒服，还添置了欧式床具、椅子、沙发、衣柜。一群侍从领着我们进入自己的房间，然后退下。天皇的管家长崎先生，毕业于密西根大学安娜堡分校，富有浪漫主义情怀，坚信祖国前途光明，是位美国思想的倡导者。天皇选派他照顾国王访问日本期间的生活。接连不断的惊喜过后，我们现在终于能休息几个小时了。这般突如其来的盛情款待令我不知所措。我们点燃雪茄，在国王的卧室坐定，相互对视。

"真不错！"国王说，"你对此怎么看？"

"不知道。"我答说。这把我弄糊涂了，我满脑子想的都是一位美国幽默作家讲的故事：偏远的大草原上有个农民，才离家几天，回来后就发现，房子让印第安人给烧了，牲畜跑了，妻子和孩子被杀了。国王盯着空荡荡的房间,片刻之后大喊,"这太荒谬了!"

我们迫切希望了解,为何会得到盛情款待,天皇的管家也就在午宴上告诉我们,天皇的驻旧金山总领事发电报说,国王即将访问日本。日本政府向外交使团咨询,特别请教了美国驻日本宫廷公使宾厄姆(Bingham)先生,得到的建议是,根据夏威夷和日本签订的一项条约,日本政府有义务用相同的方式,招待国王以及其他和日本签订了条约的或者关系友好的国家的君主。我们离开自己的岛国时,还没有意识到那项义务的效力,而且,我们以为那也许不是严格的义务,也许会受到忽视。不过,国王已经做好"脚踩"两个头衔的准备,随时可以表明自己是国王,或者低调地宣称自己是王子。至于国歌这件事,我们的驻日本领事 R. W. 欧文(R. W. Irwin)先生充满智慧,这位本杰明·富兰克林的曾孙,继承了杰出先辈的远见卓识,从一位曾在夏威夷传教的女士那里,搞到一份国歌的乐谱,事先提供给皇家乐队指挥。

日本政府充分意识到,作为横渡太平洋的必经之地,夏威夷群岛有重要意义,两国间的条约使得那个小王国同欧洲国家一样,在日本的条约口岸享有独断专行的"治外法权"。此外,日本的商船和海军认为,火奴鲁鲁港能够带来很大便利。

因此,天皇命令,即便两国不存在手足之情,那样一个国家的国王首次访日,接待工作也应该热情友好、令人难忘。

我们用的是欧式午宴。真是法国厨师能做得出来的,日本厨师就能成功模仿出来。或许这里的肉和蔬菜比不上欧洲的，因为日本人基本不吃肉，他们的蔬菜也与欧洲和美国常见的不同。

天皇次日的招待会容不得半点马虎，这件事安排妥当后，我们才能稍作休息。耽搁了很久，天皇的管家才向国王提交细节，国王予以肯定。这些安排都很新奇，因为没有接待外国君主的先例；但是欧洲宫廷礼仪仍然得到了严格遵守。傍晚时分，神奈川县县长求见，但是按照礼仪，君主互访之前，禁止一般性拜会。

双方达成取消正式发言的共识，相互致辞这个微妙的问题就解决了；我们不会看到两国元首依次从口袋中掏出底稿、彼此宣读高调言论这种枯燥的场面。我此前已经提到，高贵的主人熟知王室礼仪，因此他现在开始指导侍从怎样把握言谈举止了。管家已经服侍国王很久了，所以不需要指导，然而我这个国务大臣是一个缺乏调教的美国人，直到不久前才得到陪伴国王这种宝贵的恩典，需要得到悉心指导，否则就可能犯下美国驻奥地利大使那样的错误——他去参加国王的招待会，看到有把空椅子，就天真地坐上去，事后才得知，那把椅子是留给皇帝的。国王指示我站在他右边，密切关注日本首相的一举一动，因为我们地位相同。由于我将第一次佩带宝剑，他警告我不要让剑滑到两条腿中间。

我注意到，男仆罗伯特自称是尊贵的"王旗护卫者"，给日本的低级侍从留下深刻印象，因此没有住进仆人房，而是跟着一名侍从搬进一个装修豪华的房间。

按照神奈川县县长的命令，那天夜里举办了一场极为盛大的焰火表演。随着夜幕降临在最后一台火红的燃放设备上,远处传来一座佛教寺庙低沉洪亮的钟声,让空气中似乎弥漫着庄严的芬芳。我回想起孩提时代新英格兰传统的铸钟匠,却丝毫没有感到愉快,因为他们的技术很粗糙,再加上所用金属的原因,钟舌的边缘撞击到钟的一边,仿佛响起"救赎"之声,之后愤怒地划出一道弧线,又撞击到另一边,仿佛响起"天谴"之声。此处的空气弥漫着甜美的旋律,令人想起永远的安息,更确切地说,虔诚的信徒需要通过重重考验,历经 500 次骇人听闻的转世,才能坐上莲花宝座,享受永世的安宁。

第五章

前往东京拜会天皇——皇宫举行欢迎会——皇后——一位侍女——对比天皇和国王——下榻东照宫——男仆再次堕落——皇家羽毛斗篷——天皇回访国王——晚宴、午宴和招待会——一位国王总能见到的皇子——沉思

次日早晨,我们为参加王室欢迎会梳洗打扮。我头一次穿上华美的外交服饰,佩上宝剑,戴上三角帽,陶醉其中难以自拔。以前有个好心的英国军官,送给一个即将受死的中国海盗一双英式靴子,那个海盗就被靴子吸引住了,面对绞刑也无动于衷。我现在就像他一样,真该受到谴责。

上午十点,御用马车在骑兵护卫下抵达宫殿门口,我们和天皇的管家登上马车,钦差大臣乘坐另一辆马车跟在后面。我们在火车站换乘御用车厢,一小时后抵达东京。许多官员在此迎接我们,领着我们进入一个用鲜花装饰的房间,有人端上糕点和葡萄酒。虽然挤满了身着制服的官员,但是房间里还是十分安静,仿

佛天皇大驾光临。这般款待同样充满敬意，只是许多人不了解日本人的性格和风俗，会认为这太过谦卑。这时，一位皇子露面了。他向国王自我介绍后宣布，按照天皇的旨意，自己将负责照顾国王逗留帝国期间的生活。接着，国王和皇子登上一辆天皇的敞篷马车，管家和我坐上另一辆。马车在街道上行进，四周围着一大群骑兵。火车站装饰着夏威夷国旗和日本国旗，在前往天皇皇宫的四英里路上，无数的两国国旗缠绕在一起，装饰着沿路的房屋。街道两侧都站着士兵，就像在横滨那样，后面也聚集着一群群沉默严肃却又十分好奇的人。日本有个古老的风俗，要求人们拜倒在天皇面前，不久前才被政府禁止了。根据新规定，人们只需要充满敬意地鞠躬。面对一位外国的国王，许多人似乎都不太肯定该行什么礼，但是所有人都深深鞠躬，有的甚至几乎把头贴到地上。

　　东京市的城堡和护城河很多，以前那是幕府将军和高级随从的军营。马车途经许多横跨护城河的桥梁，我们行进了四英里后，传出军号声，通知我们已经抵达天皇的皇宫赤坂离宫。按照欧洲宫廷礼仪，君主应该在宫殿门口迎接来访的君主。天皇走出大殿，在靠近宫门口的一个房间里等待国王。国王和皇子一起下了马车，走进这个房间，只见天皇独自站在中央。国王的随从和日本王室的官员都跟了过来，停在距离两位君主几步远的地方。两人握了握手（天皇可是不经常这样做的），通过一个躬身站在天皇身后的翻译交谈了几分钟。然后，天皇先介绍了自己的管家，接着，由于我官职最高，所以先被引见给天皇，之后轮到国王的管家。随后，天皇转过身同国王并肩前行，两人迈着轻快的步子，穿过几个富丽堂皇的大厅，步入大殿。面对臣民，天皇总是独自前行，皇后从来不与他并肩。人们相信他是神的后代，所以帝国里不许有人和他平起平坐，皇后也要跟在他后面。天皇和来访的国王并肩行走，不论在本朝，还是在前朝，这还都是第一次。

走进大殿，只见皇后（举国上下都称她为"春之皇后"）坐在一张桌子旁，桌布上绣着华丽的花纹。尽管她鼓励日本宫廷妇女穿着欧式服装，自己在非正式场合也如此着装，但是此时此刻却身着华丽的日式服装。她的脸上涂满白粉，嘴唇上和眉毛上也都涂了化妆品。天皇，这个"天照大神的后代"，向她介绍国王。国王向她致敬，她没有起身，只是轻轻动了一下头和眼睛。天皇抬了抬眼皮，他的管家就把我和国王的管家依次引见给皇后陛下。她也只是轻轻动了一下头，算是向我们打招呼。然后，天皇和国王也坐下来，天皇那一大群身着全套制服的臣子，还有我们这些国王的侍从，都站在不远处。日本宫廷妇女没露面，但我注意到屏风后面有人谨慎地窥视。我看到一个漂亮的日本小姑娘，身穿巴黎裙，头戴庚斯博罗帽（即阔檐帽），站在皇后身旁。皇后动动嘴唇，喃喃低语。小姑娘为了听得清楚，深深低下头，然后转过身，就像悉心调教过的英国女孩那样，用清晰动听的声音对国王说：

陛下，皇后陛下欢迎您访问鄙国。她希望您一路上旅途愉快。"

国王回答说，旅途虽然漫长，但是令人愉快。他只字未提自己在"大洋洲"号背风面的排水孔里挣扎的经历。小姑娘冲着皇后低下头，翻译国王的回答。皇后又动动嘴唇，小姑娘又用动听的英语给国王翻译。皇后祝愿他访日愉快，国王回答说他会的。这个漂亮的小翻译，是外务卿井上伯爵的女儿，在英格兰上了几年学，最近刚刚回国。

此后，盛着糕点的漆器盘端上桌来，但是没有人去碰。按照日本的风俗，这些东西要等客人离开后送到住处。然后，天皇和国王起身，并肩站立。天皇比一般日本人要稍高一点。他的肤色很深，脸很宽；额头比普通人要高；眼睛很黑，洞察秋毫，不像会被大臣玩弄于股掌之间的庸君。他身着欧式军服，上衣前襟上佩戴着一些军功勋章。国王的肤色要比普通夏威夷人深，身高要超过天皇，举止优雅，沉着冷静。两人形成鲜明的反差；然而，天皇的面庞和眼睛显得深不可测，表明他的内心要比外表坚强。我们不久之后得知，宫廷里传出对于国王身材魁梧、举止优雅的仰慕之词。现在，天皇的臣民都相信，天皇是太阳女神天照大神的后代，这种血统延续了2000年。以前他们相信，天皇是条神龙，当时历史学家警告人们必须循规蹈矩，"免得他们弄出麻烦，搞乱天皇的鳞片"。我壮起胆子，一脸严肃、充满敬意地询问一位在欧洲受过教育的宫廷成员，上层社会是否也相信天皇是神的后代。他回答说："当然，为什么不相信呢？你们的人相信亚当和夏娃是用泥捏的；你们认为人类诞生在烂泥坑里。我们认为，一个民族的统治者，应该有比那更值得称道的身世。"

面对面交谈 20 分钟后，国王和天皇一起离开大殿。两人走到宫殿最外面的房间，再次握手，我们登上御用马车，马车四周同样围着一群骑兵，我们又行进了四英里，抵达东照宫，这是天皇用来招待客人的地方。这座古堡以前的主人是位大领主，周围是一条宽宽的护城河，要进去就必须穿过一座桥。两年前，格兰特（Grant）将军也曾经带着侍从在这里下榻。庭院非常宽敞，驻扎着一大群士兵，担任仪仗队。这里的房间很多，摆放着极尽奢华的日式家具和欧式家具。我们穿过更衣室，注意到桌上的一盘盘糕点和糖果，正是在大殿里端到我们面前的那些；这是由使者快速运来的，在我们抵达东照宫之前就送到了。城堡这般宽敞，现在却只有三名客人：国王和他的两名陪同；不过，十几个仆人站在客厅里和卧室门口。天皇派来照顾国王生活的官员也住在这里，但是他们的房间离我们的很远。大概是以为我们有欧式"习惯"吧，很快就给我们送来了烈性酒和香槟酒；还好，天皇没有让自己的客人受太多约束，不像日本政府对日本学校聘用的美国教师那样严格——一所学校甚至还通过书面合同约定"上述教师不能喝醉酒"。

这座宫殿显得非常浪漫，摆放着极尽奢华、做工典雅的家具。我们欣赏过这些家具之后，进入了国王的卧室。此时我们发现，男仆罗伯特正躺在一个沙发上，醉醺醺地睡着了。

当天早上，侍从们得知，国王决定他们一行人应该穿着充分体现夏威夷风情的服装。为了应付突发情况，国王已经悄悄往自己的一个箱子里放了一件华丽的羽毛斗篷，那是他的先辈穿过的。他指示男仆穿上这件斗篷，但无论如何都不能冒充王室成员。罗伯特很高兴接受这个格外的恩典，于是私下告诉他的日本侍从，自己是"王旗护卫者""羽毛斗篷管理员""御前行走"。在搭乘御用车厢前往东京的路上，其他侍从突然发现，罗伯特正庄重地坐在行李车厢里，头顶丝质礼帽，手戴白色手套，肩披华美的皇家斗篷，一群日本侍从站在前面，表现出无限敬仰，共同构成戏剧性的一幕。按照夏威夷的风俗，国王或者最高级的首领，才有资格穿那种斗篷。几名高级官员注意到斗篷色彩亮丽，于是充满敬意地请教国王，那是用什么制成的，有什么意义。国王回答说，那在他的王国是最高级官员的一种服饰。他们立刻开始为没对那个人表达应有的敬意而致歉，询问是否应该立刻把他请进御用车厢，安排他坐在陛下身边。国王发现自己陷入无法摆脱的困境，我们这些侍从也帮不上忙。他回答说，为了方便起见，夏威夷首领也可以命令仆人代替他们披斗篷；但是，这些日本人听了解释疑惑不解，因为根据这条原则，为了方便起见，君主也可以命令男仆代替他戴皇冠。那些日本人没有再问问题，对那件斗篷却是赞不绝口。我们抵达东京火车站后，有人把男仆和行李一同带到分配给我们的宫殿。他在那里发现葡萄酒和烈性酒，就大喝特喝起来，我们回来后发现，他在国王的卧室里睡着了，头上的丝质礼帽往下滑得很厉害，肩上的斗篷也歪到一边。他立刻丢掉了"羽毛斗篷管理员"的职位，但是国王相信留着他到欧洲会有用处，所以不同意把他解雇。

现在，我们终于能休息一下了。我们脱下沉重的制服，然后漫步在宫殿的各个房间里，随处可见做工典雅、细致入微的家具，无法估价的萨摩烧花瓶。但是，不久便有人召唤我们准备迎接天皇。欧式礼仪规定，接待来访的君主之后，必须在一小时之内回访，于是一名军号手过来传话说，天皇即将抵达我们的宫殿。我们重新穿好正装，进入一间客厅，国王和我这个国务大臣站在客厅门口，天皇乘坐御用马车抵达，管家在马车门口负责接待。天皇步入客厅，国王过来迎接他，两人坐下来，翻译谦卑地躬身站在他们身后。两位君主设法进行交流，距他们几步之遥，天皇的臣子和国王的侍从站在一起。简单寒暄后，天皇和国王起身，走向天皇的马车。骑兵亮出军刀，军号声响了起来，骑兵的军刀咔嗒作响，御用马车穿过护城河上面的桥。接着，皇子们前来拜访，其中几位在欧洲生活过，英语讲得很流利。后面跟着十几名官员，之后跟着美国公使宾厄姆法官，他从各方面向我们提了极好的建议。他好心地劝告我们，我们的王国实际上处于"美国势力范围"之内，从全球的角度来看，就像一条黑褐色花纹的小猎犬，睡在强壮的大猎犬的爪子间寻求保护。

国王受邀出席每天的午宴和晚宴，接见帝国里的知名人士，那些人对能够结交国王感到万分荣幸。这些午宴和晚宴其实都是国宴，我们逗留的那 10 天，宴会是一个接着一个，杰出人士纷纷到场。每次都有一位皇子出席，作为天皇常驻代表主持宴会。他们用的餐盘和其他餐具，一概都是欧式的，即使是在欧洲宫廷，这种款待也是值得称道的。

白天的种种奇遇结束后，怪异、无声的寂静笼罩在护城河环抱的城堡上，我不禁怀疑自己是身处于梦境之中，因为这些事件简直虚无缥缈得像是幻觉。记得我还是充满朝气的旅行者时，在芸芸众生中奔波跋涉，目睹大不列颠女王开放霍布鲁克高架桥（Holbrook Viaduct）；法兰西皇帝和皇后的车队浩浩荡荡地驶向杜伊勒利花园（Tuileries），参加立法院开幕典礼；凯旋的普鲁士军队战胜法国军队后，通过勃兰登堡大门（Brandenburg Gate）进驻柏林。一位美国慈善家安葬在威斯敏斯特教堂（Westminster Abbey），美国向世人展现城市无与伦比的风貌。但是，我此时仿佛突然被人抛进了壮丽恢宏的东方历史剧，成为其中的一部分，这惊心动魄的氛围和美轮美奂的场景，胜过上面所有那些历史剧。相比之下，波利尼西亚人顶多算是孩童。我怀疑高贵的主人目睹这些事件，和孩子看到闪闪发光的玩具没什么两样。但是，撇开那些令人叹为观止的效果，真正使我印象深刻的是，我突然能和那些人进行亲密接触，他们正在创作本世纪政治史上最为光辉的传奇故事；他们正在重建那个古老的大帝国，却没有使用一座监狱、一个断头台；他们比哥伦布更勇敢，手上没有罗盘,天上也没有星星,却敢顶着难以驾驭的波涛,进入政治海洋中的未知领域;他们也正是被基督教世界鄙夷地、信誓旦旦地称作"异教徒"的人。我们亲眼看见了一次宏大的试验,结果关乎3000余万人的前途和命运。想到自己在这个意义上,成了形势造就的幸运儿,我心存感激。

第六章

下谷神社——古怪的拜神方式——国王的警句——日本媒体评论国王——国王的白人侍从吸引眼球——外务卿井上伯爵——接到延长王室访问的邀请——重大的外事活动——提出废除日本和夏威夷的不平等条约——天皇和他的政府大喜过望——起草新的条约——欧洲大国对此感到焦虑

次日清晨,三辆御用马车载着我们前往一座佛教寺庙以及下谷神社。我们被一种拜神方式深深吸引住了:一个金属丝网筛立在那里,筛孔直径有一英寸,包围着一幅巨大的神画像。拜神者将心愿写在纸上,然后不断咀嚼,直到纸变成糊状,用手指捏成一团,照着画像用力抛过去。如果纸团穿过筛孔,打到画像的脸上或者身上,心愿就能应验。神像静止不动,他的额头、面颊、前胸、手臂上面,都星星点点地分布着那种粘着唾液的心愿,仿佛身上刺着纹身。他似乎正通过静止不动的圆眼睛,看着那些充满敬意的射手,心中怀有一丝厌恶,似乎神仙召开众神大会,分配职责过程中，把最令人羞耻的任务派给了他。虽然这种拜神方式有些古怪，不过基督教世界里，某些常见的拜神方式同样荒谬。

我们走近第二幅画像，扔下一枚硬币，有一只大猴子捡起硬币，恭恭敬敬地鞠躬，额头触到地面，然后把硬币递给主人，主人又把硬币扔进画像前面的捐款箱。我们又走近第三幅画像，神像一脸倦容；画像似乎给磨得褪了色；这是因为拜神者一个接一个走过，用手使劲摩擦他毫无遮挡的头部，相信这样做可以缓解某些疾病。由于不断有人去摸，他的额头已经有一部分给磨掉了，即便他的神力没有大大削弱，视觉效果也已经大打折扣；似乎那里没有店铺，也就没法修复那些磨损的神像。他的这种治病良药，可能就像欧洲和美国的"专利药"那样弥足珍贵。

要说选择雄伟壮丽的地方，为本国辞世的君主准备适当的安息之地，没有一个民族能与大和民族相提并论，就以下谷神社为例，那里种着一丛丛高耸肃穆的日本柳杉，宛如身材魁梧、披着深色羽饰的哨兵，密切注视着王室陵寝，显露出永恒的端庄。

我们乘坐的那辆御用马车，从守卫逝者的柳杉下面驶过，突然一群乌鸦飞上云霄，呱呱叫了许久后，栖息在树枝上。国王此前一天欣喜万分，结果产生不良反应，弄得身心疲惫，本来已经昏昏欲睡，现在听到这种动静，便向身边的皇子说了如下警句："人类最为崇高的志向，就是听到鸟儿的歌唱。"听到对人类本性和志向这般新奇的概括，皇子也许感到颇为诧异，不过还是像真正的侍从那样，躬身回答说："陛下，确实如此。"国王又开始不断点头，打起盹来，不作声了，乌鸦又冲他尖叫了一番。

东京的日报选了一些外国百科全书中的文章，以及夏威夷群岛的地方志，翻译成日文发表出来。有位服侍国王的官员，每天都将新闻界刊登的这些文章给我们看。国王的举止和着装都大受称赞，不过我们的肤色却让日本撰稿人颇为不解。新闻界表示，都说我们是夏威夷人，如果指的是出生地，那当然就没什么问题；但是眼前这位国王肤色很深，简直像个黑人；国务大臣肤色很浅，像个白人；管家则是肤色黝黑。"可以肯定，"有个编辑如此写道，"那是个极不寻常的民族，竟然能有这么多不同的肤色。"日本宫廷成员得知，国王的侍从出生在夏威夷，但有美国血统，觉得非常奇怪，因为国王出访却不带有本族血统的宫廷成员。他们怀疑，白人已经在他的王国占据统治地位，他不过是个傀儡。在他们看来，这充分证明白人即将成为太平洋地区的至尊。

井上伯爵前来拜见，传达天皇的旨意。国王曾经告诉天皇，自己有意于三天后离开帝国，所以伯爵请求他变更计划。天皇希望为他举办一场晚宴，考虑到他是首位访问帝国的基督教世界的国王，还期望在皇宫里举办一场盛大的舞会，纪念这次访问。听他的口气，那将成为新秩序建立以来举行的最引人注目的舞会。届时，天皇的军队将举行大阅兵，还会有特别的戏剧演出等表演。国王同意了这一请求，因为他的眼界正在不断拓宽，只可惜波利尼西亚的观念和奇想，让他总是戴着一副有色眼镜去看待新事物。

正是在这次会谈中，我们遇到了本次旅途中的一次重大外交事件，而国王对此确实功不可没，值得在史书中提到一笔。

这次会谈提到，日本和外国现存的条约让日本处于屈辱的境地。这些条约在很大程度上剥夺了日本对本国一些港口的主权，也就是所谓的"条约口岸"；在涉及日本利益的事务上，外国领事享有至高无上的裁判权，尽管有些领事无能又无知。各方都承认这些条约违反国际法；但是这些条约生效时，日本政府非常软弱，各国现在都无视日本政府的郑重请求和日本人民的迫切要求，拒绝修改或者废除这些条约，按照苏厄德（Seward）国务卿的说法，那是"温和压力"。这便是基督教世界的大国运用强权的实证。日本和夏威夷群岛的协议，内容上倒是同其他协议很相似，但没什么实际价值，因为两国基本上没有贸易往来。和他国政府一样，国王的政府也接到废除这些可憎的条约的请求；但是这种请求并未得到批准。我的同事以前告诉我，如果我们访问帝国，需要同日本外务卿讨论这个问题。

于是，我邀请井上伯爵逗留片刻，好让国王和我这个钦差大臣私下商议一下。我们很快回来，我代表国王的内阁向外务卿说，只要整个内阁不反对，国王就将立刻批准废除我们和日本的条约中那条不合情也不合理的条款，当然如果内阁贯彻我们的决定，我们也会非常高兴。我代表国王说，因为一直受到天皇盛情款待，他也迫不及待想做出公正、友好的举动。这让外务卿欢天喜地。他宣布，我们修订条约之日，将成为日本历史上的纪念日，国王如此迅速同意废除条约，会给天皇和日本人民带来无尽的喜悦。然后，我们私下里达成共识，这件事得到夏威夷议会批准前，将永远是公开的国家秘密；因为，正式公布我们的决定，会让欧洲大国的大使和公使深感忧虑。那些大国在过去20年一直把日本困在耻辱的铁夹钳里，我们的这一举动会被他们视为一个楔子，正在不断往缝隙里插，早晚会把夹钳撬开。日本外务卿一离开，我马上去请教美国公使宾厄姆先生，向他诉说本次会谈的结果。他对我们的行为予以肯定，听到我们如此无畏，面露笑容。我们立刻起草好一份文件，用来废除条约中那条不合理的条款。在赢得国王由衷的认可，得到管家这位优秀顾问的赞同之后，我写信给外务卿，其中写道：

> 夏威夷政府愿意通过一项条约，充分彻底地承认大日本帝国主权完整，并将自愿放弃现有条约中所谓的治外法权可能产生的所有主张，无论该主张具有何种性质。

这就是我第一次参与外交事务，我望着自己的杰作，就像小男孩看着自己第一个成功的作品。对那个国家使用如此傲慢的语言，似乎有些荒谬，因为对方挥挥手，就能把夏威夷人抛进大海里，但是只要那项可憎的条约不废除，我们的小王国就一直会受到欧洲势力的干预。除了能够投身一项正义之举外，我还享受到点燃国际公约大草原里的枯草的乐趣，此举马上就会迫使代表那些大国的外交官四处奔走，心神不宁地忙着灭火。因此，我们这次旅行并非毫无价值。毫无疑问，我们离开后，那些外交官了解到我们的所作所为，私下里肯定会大叫，"哎呀，那个夏威夷小叫花子，要让他从我们的胯下钻过去！"①

得知这桩机密的交易后，天皇和帝国的官员都大喜过望，决心要用无以复加的殷勤款待，给国王一个难以忘怀的访日之旅。

---

① 由于欧洲政府的强烈抗议，用来废除这项条约的那份文件并没能生效。这次谈判过后17年，那条耻辱的条款才从所有条约中删除，大日本帝国的主权完整也才得到各国彻底承认。

第七章

设在我们住所里的演出——国王接见外国代表——本杰明·富兰克林博士的日本后裔——国王受到严密保护——夏威夷王国在太平洋的地位——王国发展史——日本人的性格——大和民族的突然崛起和改革——检阅日本军队——一次地震——我们不愿外扬的军事家丑——夏威夷陆军和海军——一出日本戏剧——国王赠给剧院一套幕布——夏威夷国务大臣会见井上伯爵——井上伯爵的官邸——两名日本政治家的奇遇

达成交易的第二天,我们的晚宴无比丰盛。晚宴结束后,20位著名歌唱家和舞蹈演员在一个会客厅里为我们表演节目。接下来的舞蹈就有些荒唐,演员身穿200年前流行的服装,每隔一阵子都会翻筋斗,看上去既有趣又独特。

次日,国王在日本宫廷接待外国大使和公使。英国、法国、德国、奥地利、俄国和中国外交官带着随员来访,全部身着宫廷服饰,令人感觉赏心悦目。国王宣布,他将委派时任夏威夷领事的 R. W. 欧文先生，也就是本杰明·富兰克林博士的曾孙，来担任夏威夷驻日本宫廷的公使。欧文先生娶了日本太太，两人育有几个孩子。那位已故的博士从未想到，他的第三代子孙竟会生活在一个自己闻所未闻的东方帝国，自己的血脉竟也和一个稀奇古怪的民族打上交道，那个民族转瞬之间便摒弃异教，跻身欧洲"文明"国家行列。翻遍"穷理查"在他的"历书"中所做的预言，也没有这种像占星描述那样放纵的内容。①

我们这些天皇的客人，无论何时乘坐御用马车，前往公园、寺庙，还是花园，都会受到非比寻常的保护。在日方精心安排下，国王无法以普通人的身份出行；他没能走进任何一家店铺，或者小酒馆；只要马车停下来，马上就有一群警察围过来，防止有日本人发动疯狂的攻击。

夏威夷人才刚刚脱离野蛮状态，夏威夷王国却能迅速得到国际大家庭接纳，成为独立的主权国家，而日本拥有高度发达的文明，却一直被排除在国际大家庭之外，这点让许多杰出的政治领袖颇为不解。

我代表国王回答说，我们的岛屿，占据重要的地理位置，迟早会成为太平洋贸易往来的必经之地，本世纪初，以美国捕鲸者为代表的商人就对那里很感兴趣；我们的岛屿同美国地缘相近，

---

① 《穷理查历书》（*Poor Richard's Almanack*），是美国政治家本杰明·富兰克林的著作，此书以虚构人物理查德·桑德斯（穷理查）的口吻写成，是一本囊括了诗歌、谚语和占星等内容的箴言集。——译者注

也就处于无边无际的美国势力范围之内；英国人曾经占领我们的岛屿，但很快就还给了我们；那些贸易大国觊觎彼此在太平洋上的占领地，这实际上也保障了我们的独立。藐视国际正义、存在争议的"领事裁判权"，即日本当时遭受那种耻辱的政策，本来很快也会在我们的岛屿上推行，但是多亏了土著首领，他们早先已经利用白人的法律，建立起了非凡而高效的司法制度，虽然其中大部分人并不知晓自己到底通过、执行了怎样的法律。这和美国传教士的努力密不可分，他们获准留下指导当地人，通过他们的智慧和真诚，让那里的国王、首领、人民满怀信心地认为自己能够轻而易举地掌握法制——这一形式上和实质上都属于白人文化的制度。这一切是如此的完美无缺，以致那些居住在我们这个小王国的贸易大国的臣民，几乎从不会对夏威夷的司法制度表示异议，因而也就没必要赋予领事和外交人员那种无礼的治外法权。

　　我并未表露真实的想法，因为那样会搞得高贵的主人不悦。就在不久之前，夏威夷土著居民还只能算是摆脱蒙昧状态，没有书面语言，没有各种艺术，只不过这个民族异常驯服，欣然接受那些诚实、智慧的人施加影响力，根本无法和日本人相提并论。日本是个发达的文明古国，在许多方面都不同凡响，日本人不会听从外国人的建议，就马上放弃本国政治体系或是传承下来的思想。

　　听到如此这般解释，一位著名的日本政治家私下里向我指

55 出,"那么,你们王国的国民受到外国人统治"。我回答说:"本质上确实如此,但是只要不去违背白人的意志,维护正义和秩序,就可以保全波利尼西亚王室。王国才是我们的出生地,我们要效忠君主。"

我们发现,居住在日本的外国居民,大部分都是贸易商和经销商。那些人认为,日本人反复无常,不讲信用,不会创新,无力维持所谓的那种"文明政府"。

日本人的性格确实存在缺陷,通情达理的日本人会坦率地承认这点。不过,他们宣称,如果公平地比较本国和别国的历史,抛开物质文明不论,虽然日本文明的确存在缺陷,但也不至于逊色别国太多。不到60年前,睿智的英格兰人塞缪尔·罗米里爵士(Sir Samuel Romilly)说过,"英格兰的行为规范,是世界各国中最糟的,只配得上野蛮人";麦卡锡在《我们这个时代的历史》(History of Our Own Times)中写道:"维多利亚统治期间,才通过法律明确承认,英格兰人的妻子和买来的奴隶存在区别。"如果说这就是真正的英格兰文明,在圣十字的炫目光芒中发展了1000年的文明,那么面对一个从未被圣十字照亮过,只能在佛教、儒教和神道教道德规范的暗淡光辉中发展的国家,那些白人有权做何评论呢?

56 不论日本人的国民性有哪些优点或不足,他们的确创造了人类历史上的一大奇迹:这个经历了缓慢的历史发展,人口超过3000万的民族,竟能在眨眼之间就摆脱古老的封建制度,摧毁强大的大名的独裁统治，以比西方各国更和平、稳定、非革命的方式走上政治革新这条康庄大路。为了向王室来宾致敬，天皇邀请国王检阅日本军队。于是，驻扎在东京的各军种派出了大约一万人接受检阅。国王带着侍从乘坐御用马车抵达营房，在天皇的帐篷前面下了马车，那座帐篷除了内衬丝绸，没有其他装饰。天皇在帐篷门口迎接国王。两位君主站在帐篷前，整个外交使团身穿全套制服前来晋见。有人牵来马匹，马身套着用昂贵的金布制成的马具，两位君主便上了马。天皇骑得不错，两边各有一个人像赌马者那样，紧贴着他跑，那是他的侍从。国王是位卓越的骑手，因为他早年曾经接受过训练，学习如何使用套索捕获野牛。帝国这部分地区的骑兵用马都是公马；母马都饲养在西部各县。这些马匹矮小粗壮，富有活力。

内阁大臣、总参谋部官员、国王的侍从、外交使团也骑上马，浩浩荡荡地跟着两位君主。当时大多数外国军人都低估了日本人的军事组织能力，只有少数敏锐的观察家推测，日本人在这方面应该格外强大。就是与我们同行的那些日本军官，在此后1894年的甲午战争中，几乎没和中国人交手，就把他们追得到处跑。阅兵结束后，两位君主走进帐篷单独待了片刻，之后就分开了。

次日，双方在我们下榻的宫殿举行国宴，突然发生了一次地震，让整个宫殿都震动起来。桌子仿佛喝醉了酒，晃个不停。那是地球母亲在"狂欢"，她踉跄着、抖动着，仿佛肚子里满是酒水，而不是火焰。在这片土地上，她这种不得体的狂欢很频繁，每年多达500次，时不时就会有一次可怕的"撕扯"，把自己用森林和草场精制而成的衣服背部撕成碎片，公然挑衅"地球是为人类创造的"这种言论。日本客人显得并不激动；他们并没有放下手中的刀叉；没有一个人四处张望或是做出评论。此刻，他们展现出那个民族温文尔雅的气质。那个民族能够忽视社会生活中那些令人不快的事件，甚至有些走向极端。直到国王问及地震是否令人恐惧，才终于有人提及这般震撼的狂欢。严肃而高贵的伊达王子回答说，地震是不少见，不过仍然令人恐惧，因为有时会极具破坏力，就像平时驯服的野兽那样，不能完全信赖。我注意到，面对这场地震带来的混乱，他的同胞泰然自若，沉默无语。这时，一位在英格兰受过教育的日本人诙谐地评论，这主要是因为他们的语言没有亵渎神灵的词语；但是这个民族的人们只要学会如何灵活运用英语，就会具备发出犀利诅咒的卓越潜力，促使他们恰当评论此类事件。

此时，我们不愿外扬的军事家丑在我们参加宴会期间被多次提起。日本宫廷希望了解夏威夷陆军的情况，尤其是陆军的规模、组成和作用。管家身材魁梧，威风凛凛，身着光鲜的上校军服，就显得非常扎眼，引得别人纷纷询问陆军的情况。按照现在的"战时编制"，陆军大约只有75人，全部是志愿兵，有个无礼的白人臣民曾说，这些志愿兵靠大量食用香蕉提升士气。他们的职责包括：守卫皇宫，每逢假日接受检阅，向宫廷成员和贵宾鸣枪致敬。人们普遍相信，倘若遇到骚乱，他们绝不会英勇献身，"和敌人的枪口亲嘴"，也根本不会做出什么英雄事迹。我们本来希望，同外国宫廷交往时，能够回避军队建设这个话题，因为对此进行准确陈述，也许会有损国王的尊严。

晚宴进行到了"松鼠时刻"，也就是来宾开始吃坚果的时候。这时，一位好打听的日本政治家转过身，询问管家说，"上将，请问您的陆军规模多大？"军事家丑再次被问及，我们这些宫廷成员听得清清楚楚。上将犹豫不决，陛下沉默不语，我就等着看上将如何避免说实话。夏威夷有个风俗，每次举行庆祝活动，国王的桂冠诗人都会描述我们的军力何等雄厚，弥尔顿笔下那些列队同天使作战的魔鬼也比不上我们；我们的军队如此庞大，以至于当破晓的阳光已经唤醒了大规模的先头部队时，后方部队仍然笼罩在夜幕之中；但是，在这片异国的土地上，如此吹嘘不会得到忠心耿耿、鼎力支持的夏威夷臣民的鼓掌称赞。

管家为了摆脱困境，只得简短截说，"陆军规模不太大；由志愿兵组成"。然后就沉默了。当时没人再问同样的问题，但是旅途中频繁有人碰到我们这个痛处，每当这一家丑被提及，国王和他的侍从都感到精神压抑。

对方问及我们的海军，我们骄傲地做介绍。在国内，我们只需要一艘载着榴弹炮的拖船，就能横扫本国水域。然而，由于欧洲和美洲国家的贪婪，我们这个国家的独立受到严密保护，不论那些国家真正出于什么目的，他们的海军，尤其是美国的海军，同时也是我们的海军。因此，每次有人在盛宴上提到我们的海军，国王通常都指名让我作答，我大胆地表示，我们指挥着世界上规模最大的海军，然后再做解释证明这番言论的合理性。我对那些日本人说："你们的海军也是我们的海军，因为你们希望我们维持独立。"与此同时，作为一个美国人，我感觉到美利坚帝国国旗的新星，很快就会照耀在夏威夷上空，其他国家都不太可能会横生枝节，让那颗新星偏离原有的轨迹。

　　按照天皇的旨意，剧院里上演了一出悲剧。这出戏剧描绘了一个历史事件，其中包括许多血腥的行动。演员用假声慷慨激昂地表演；管弦乐队在两幕戏间演奏，我们听上去感觉声音始终如一、单调乏味，仿佛重复同一个元音"乌乌——乌乌"。观众都是受到特别邀请的日本上层人士。明显可以看出，这里的流行款式正从日式服装向欧式服装过渡。身着和服的妇女，身边坐着穿着巴黎时装的妇女。只见一些到观众头部那么高的木板通道，从舞台延伸到门口；演员时不时从通道上跳下来，在观众中间朗诵起来。为了向国王表示敬意，紧邻剧院的街道亮起灯来。国王遵循格兰特将军的先例，赠送给剧院一套大幕布，上面满是纪念这一事件的数字和题词。

　　次日，我进行正式的回访，会见外务卿井上伯爵。我抵达他官邸的入口时，有个仆人脱去我的鞋，领我穿过一个做工优美的席子，步入一个陈设高雅的房间。只见一张漆器桌上，摆放着一个木炭火盆，里面装有白色的沙子，上面的火苗很小，我们就在盆边暖手。白人都是通过暖脚让全身热起来，日本人却是通过暖手，也许是爱干净，或者是考虑什么其他原因。此时此刻，雪花轻轻飘落下来，那里的人同大多数欧洲人一样，能够适应低温，不过美国人就会感到不适。通过这次会见，我感觉外务卿的确与众不同，堪称一位富有远见、谨慎行事、充满智慧的政治家。他向我讲述自己早年的一些经历。他和当时已经封为侯爵的伊藤博文（Ito）一样，都出身萨摩藩①，长官派他们前往英格兰，探明英格兰崛起的原因。他们在上海登上一艘英格兰轮船，因为当时都不会讲英语，船长也就无从知道他们是乘客，立刻把他们安排到水手舱，在航行期间担当普通水手。抵达英国之后，一连几天找不到翻译，也就无法和银行工作人员交流，其间只得在码头乞讨。

外务卿再次告诉我，我们能愿意废除日本和夏威夷的条约，他的政府大喜过望。我乘坐御用马车返回东照宫，想到我们这个无足轻重的小王国，正在往国际法这套笨重的机器里面扔沙子，不禁轻轻笑出声来，这就如同把一只老鼠放进舞厅里。

---

① 这里依原文译为"出身萨摩藩"，而原文作者或许有误。Satsuma，指的应该是日本江户时代的"萨摩藩"。历史上的井上馨和伊藤博文都是出身长州藩的，还和另外三位被长州藩派去英国留学的藩士并称"长洲五杰"（Choshu Five），见 https://zh.wikipedia.org/zh-cn/%E9%95%BF%E5%B7%9E%E4%BA%94%E6%9D%B0。——译者注

伊藤博文（1881）

第八章

国王提议日本王室和夏威夷王室联姻——计划失败——国王访问位于横滨的基督教堂——日本对基督教会的态度——政治风险

此后发生的事件，实在出人意料、充满传奇色彩，让国王的侍从有些不安，也有些恼怒。国王没把自己的计划告诉我们，就在天皇的管家的陪同下，突然离开我们的宫殿，这点实在有些令人难以理解。他彻底丢开了礼仪要求，把自己的侍从忘到一边去了。他这种保密行为，让我们困惑不解，因为以前他通常都充分信任我们。他回来后也没有向我们透露，自己刚才是去秘密会见天皇，也没提自己要求把此事作为机密事件。不过，为了"国家利益"，天皇把此事透露给他的外务卿，为了能让国王的内阁知晓此事，天皇的管家私下里也把此事的性质暗示给了国王的侍从。但是，事情的详情，是我们返回夏威夷之后才了解到的。

国王那个波利尼西亚人神秘的大脑深处，储存着一个日本王室和夏威夷王室结成姻亲的计划。他隐约觉得，美国可能在不久的将来吞并他的王国，因此，他提议某位日本皇子迎娶他的王位继承人，即他的侄女凯乌拉尼公主，这样无论美国采取怎样的吞并政策，他自然而然就能获得日本政府的支持。他知道侍从会强烈反对，认为他的计划完全不切实际，于是决定独自处理此事。天皇听到他的提议，显得非常心平气和、彬彬有礼，但是表示这与日本的传统大相径庭，对此还需深思熟虑。我们回国后不久，天皇的管家抵达夏威夷，执行秘密任务，转交天皇的一份信函，礼貌地谢绝双方联姻的提议。即便不考虑社会风俗，天皇和他的顾问也不会支持那种计划，破坏"美国在夏威夷的势力范围"。这个事件丝毫没影响我们和日本宫廷的友善关系，但是国王的侍从变得更加警觉，提防他再满世界干越轨的事。倘若天皇真的同意那个计划，夏威夷就有可能变成日本殖民地；那种动向可是会让所有大国不悦。

横滨的基督教徒诚挚地请愿，希望国王能够收下一本翻译成日文的《新约》。我们得到暗示，天皇的客人公开接受那种礼物，日本政府丝毫不会感到冒犯。于是，国王带着侍从，秘密前往横滨，抵达夏威夷基督教徒参与援建的那座新教教堂，收下他们的书，走上讲道台表示，新教传教士对他的王国做出了重大贡献。基督教在日本虽然勉强被接受，但仍然受到了冷遇。作为日本的国宾，国王对基督教价值观的公开肯定无疑有助于新教教会在日本帝国的传教活动。

我们在同日本政治家交流时，经常讨论日本基督教会组织的问题。传教士都不研究政治学，也无法理解世界各国的政治习惯和思想都与宗教习惯和思想密不可分。在人类社会目前的这个阶段，各国政府本质上，都不是人们习惯、传统和信仰的创造者，只不过是担当代言人，必须根据那些确定的信仰和习俗治理国家。因此，干涉宗教信仰，也就必然影响政治局势。任何宗教学说，只要能动摇一个国家主流学说，就能削弱那个国家统治者的政治权力，也就必然导致和平变革，或者暴力革命。因此，无论传教士怎样矢口否认，他们在不知不觉中已然成了政治革命家。在日本政治家看来，天皇确保王位稳固，很大程度上依赖臣民永远相信：天皇是神的后代，永世统治帝国。传教士却在鼓吹，无论一介草民，还是一国之君，都不是神的后代。尽管不是出于政治目的，而是纯粹出于宗教目的，这种学说也有可能削弱天皇的政治权力，传教士也就成为社会的危险人群。日本领导人熟知基督教在西方文明中有诲人向善的力量，但是害怕基督教一旦在日本这个正处于转型中的国家大规模流行，可能会扰乱政治秩序，妨碍帝国的重建。他们相信，应该宽容所有宗教，因为大国都是这样做的；但是他们害怕，宽容各种宗教可能导致政治混乱。他们渴望利用大众对于天皇永世统治的信仰，在日本文明转型时期维持秩序；在新的秩序确立起来之前，这种信仰能够充当脚手架，把人民团结起来。基督教世界的学说，尤其是帝国中的许多教派带来如此严重而又荒唐的冲突，让那些睿智的日本人感到惊骇。有位杰出人士对我说："向我们宣传基督教，必须宣扬寻常的学说，这样才能留住下层信众；睿智之士都唯恐避之不及。"

想到自己这个普通的美裔夏威夷人，因为机缘巧合，突然登上政治要职，面对这个东方帝国的重建者，能够平起平坐地同那种身份的人交谈，我感到三生有幸。他们不会向我透露"国家秘密"，不过谈到自己涉足的政治变革，就会时不时向我坦陈其间不可思议的事件。他们带领 3000 余万人建立新的政治体制，这番努力确实有建设性意义，但唯一能够让政治学研究者深感兴趣的，却是他们史无前例地想到，可以利用外国的智慧和经验。这个试验充满风险，欧洲和美国的政治家无一例外都拒绝尝试。此时，那些日本领导人陷入了"孤立无援"的时代，一些他们无法控制的事件引发了一场重大的政治地震，甚至我们坐在那里同他们交流，也能感受到那种山崩地裂。

第九章

同皇子共进午餐——日本妇女——夏威夷式英语——设在贵族夜总会的日式晚宴——日式服装——艺伎和乐师——访问海军学院、军营、博物馆和工厂——同天皇共进晚餐——国王和侍从获得勋章——授予天皇相似的勋章——扣留通知俄国沙皇遇刺身亡的电报——盛宴——会见皇后——得知沙皇遇刺身亡后,国王告辞——大型舞会延期举行——宫廷表示哀悼——天皇和国王在东照宫共进晚餐,相互道别——天皇送的礼物

中午,我们前往有栖川宫威仁亲王的宫殿,为我们举行的这场午宴非常丰盛。来宾包括东伏见宫依仁亲王、伏见宫贞爱亲王、北白川宫能久亲王。在座的还有四位皇妃,她们身着昂贵的日式服装。她们能够光临,真有些反常,因为按照日本的风俗,妇女不允许出席宴会。但是,社会风尚现在正在转型,这些皇妃希望能够会见外国的国王。我们用的是欧式午宴,威仁亲王曾在

英格兰的一座军事学院接受教育，在我们谈话时充当翻译。

这些女士动作轻盈，举止得当，使人联想到日本妇女那种世界少有的风度。她们的脸上涂满白粉，给人总体感觉是，仿佛宴会上有些蜡人在场，不过至少着装优雅得体，举止妩媚动人。由于双方不讲相同的语言，不断出现"沉默时刻"也就不可避免。沉默中，她们举止端庄，心情愉悦；她们没有像欧洲妇女那样，紧绷神经，局促不安。她们悠然自若，因为她们都是皇妃；但是，面对长久的沉默，大概只有野兽或者神仙，才能保持悠然自若。

我们走进客厅，发现房间中央的漆器桌子上面，摆放着一只堆满鲜花的托盘。只见那些鲜花上方，几个字母连起来，构成一幅美丽的图案，那是夏威夷语单词"欢迎"。我们返回东照宫，发现这个堆满鲜花的托盘，已经摆在我们的客厅中央。这位皇子的宫殿，位于一块俯瞰市区的高地上；这是一座古堡，周围有一条护城河；这里的花园，堪称日本园艺的典范。

此时此刻，高贵的主人已经察觉到，那些日本人敬佩他能将英语运用自如，还发现使用大词能够大大增强他们的钦佩之情；如果他使用不常见的大词，即便是经常听英语发言的那些人，有时也无法理解他的意思。夏威夷人有个古怪的特点，清醒的时候，会避免用英语；醉酒的时候，会滔滔不绝地讲英语。前一任君主路纳利罗国王喝醉酒之后，往往就拒绝使用母语和本族亲属交谈，选择对他们说英语，然后再指派一个人，翻译他讲的话；

等他们说话时，他又要求翻译把他们用夏威夷语讲的话翻译成英语。国王博闻强记，所以掌握的不常见词汇相当多；酒精似乎能够让他储存这些词汇的那部分大脑运转，他就像月亮那样，如果处于下弦月状态、接近"满月"状态，这种思维活动尤为明显。有一次，他做出"宛如古罗马竞技场中的表演"这般形容，让自己赢得学者般的威望。为了赞美自己，歌颂自己那个古老的民族，他在一场晚宴上表示，他的人民生活在那片土地上已经超过2000年；但是，听到一位来宾询问他们的文学史，他不容分说地就把这个话题搁置下来，因为说出真相会让他丢脸，就在60年前，他的人民既不会读书，也不会写字，承蒙传教士相助，他们才创造出字母表。然而，一般来说，他的言谈举止，还是展现出谦逊谨慎和君主的高贵。

我们抵达东京那天，他说自己希望能参加一场仅仅提供日式菜肴的晚宴。因此，我们当天同各位皇子共进午宴后，有幸前往贵族俱乐部，我们得知，为我们准备的晚宴菜肴品种丰富，席间还会安排多种演出，堪称天皇继位以来举办的最豪华的宴会。我们抵达俱乐部的入口时，一些仆人脱去我们的鞋，领我们穿过做工极为精美的席子，步入偏房。在这里，侍从为我们脱下身上的衣服，换上日式服装。国王那套服装质量上乘，很像天皇穿着的那种，大约价值几百美元；管家和我也穿上了昂贵的丝质和服。

我们进入宴会厅之前，待在一个陈设奢华的大房间里面，有人端上茶来。只见一个女仆，用热水冲洗一个精致的瓷质茶杯，再把茶杯擦干，我们听说，她的这项技艺非常出名。之后，她拿起一把长柄小勺，伸进一个漆器碗里，把极少量粉末状茶叶舀进茶杯。她拿起另外一把小勺，把热水倒在茶叶上面，之后拿起一个类似骆驼毛刷的小工具，除去茶杯里的沉淀物，动作迅速灵巧。然后，她把那个茶杯端给客人。

大宴会厅的陈设，很像古希腊、古罗马时期那种可以仰卧用餐的餐桌。来宾按照地位高低，围着房间的三面，盘腿坐在地上。晚会由一位皇子主持。

国王和他的侍从面前，餐叉和筷子并排摆放，因为在亚洲的土地上，端上来的肉都已经切得细碎，也就不需要提供餐刀。房间没有坐人的那面，有一个微微高出地面的平台，那是为歌唱家和舞蹈演员准备的。只见以舞蹈技艺、美貌闻名于世的艺伎，端着盘子走进房间，把盘子摆放在各位客人面前，然后每一个人都屈膝跪下，额头触到地面。整个晚宴过程中，盘子没人来撤，于是越积越多。大家用小玻璃杯喝清酒，那是种趁热饮用的低度酒。

在平台上面演出的有舞蹈演员、歌唱家和喜剧演员，都是帝国的"明星"，许多人不仅从事舞台演出，同时还是著名的教练。那些歌唱家大多都是盲人，那里的人相信，失明有助于他们充分发挥音乐天赋。我们不懂如何欣赏日本三弦演奏的乐曲，因为听起来感觉音效贫乏，音色单调。但是，我们的主人非常欣赏这种音乐，那些美丽的艺伎擅长舞蹈技艺，听到这种音乐简直欣喜若狂。据说，能够听到帝国最著名的四位盲人歌唱家的合唱，是帝国人民一生中的一件大事。

他们表演的舞蹈，我们倒是颇为欣赏，因为很像夏威夷舞蹈，不过舞姿更加优美，似乎含有寓意。舞蹈演员不断变换队形，动作庄严肃穆，富有韵律，毫无矫揉造作，细致展现出一幅又一幅的思考画面；衣衫轻轻地飘动，双脚优雅地滑动，那些扮演花朵的演员挥动着双手，宛如纤细的植株，随着微风摇曳。有位绅士与我邻座，为我们解释舞蹈内容，听起来就像在读剧本。幸亏有他做解释，否则我完全无法领悟那种非凡的美感和戏剧效果。

如果需要保持盘腿姿势，一连三个小时不能活动下肢，这种晚宴简直就是一种折磨。来宾可以倚靠摆放在身后的靠垫，略微变换姿势，但是对我而言，简直就像被人施了枷刑。这种风俗在夏威夷也很流行，国王和管家接受那种坐姿，也就不足为奇。

宴会进行到一定阶段，通常会有人端上米饭，之后就不再喝葡萄酒了。不过面对他这样一位基督教世界的国王，需要表达应有的敬意，整个宴会过程中，如果不能不断提供葡萄酒和烈性酒，这种国宴就会令人不齿，因此在那种场合下，有人端上香槟酒；但是，剔除这点不算，我们参加的这场宴会，同500年前举行的宴会没什么两样。

那些客人与艺妓、歌唱家、戏剧演员的举止，使得大厅里似乎弥漫着一种奇特的氛围，有人称之为"日本人全体沉默的社会契约，旨在使生存变得尽可能惬意"。

用过食物和酒水后，日本人会变得昏昏沉沉，宴会刚刚结束，他们就起身回家，根本不逗留片刻。

俱乐部周围的场地熠熠生辉，那里正在举办一场罕见的焰火表演。我们脱去和服，换回自己的衣服，在门口穿好鞋，然后返回东照宫。我们发现，刚刚没有带走的那些昂贵的日式服装，已经让人送到我们的房间；我们留下那些衣服，当作这场罕见的招待会的纪念品。

在出席官方欢迎会之后、参加那些宴会之前，我们参观了海军学院，那里的学员邀请国王参加阅兵仪式，观看他们训练；我们还访问了军营，根据成文法，如果王室首领来访，那里关押的少年犯就能获释。我们游览了附属于旧贵族宅邸的漂亮花园，参观了博物馆，还造访了生产精致景泰蓝器具的工厂，参观了画家的工作室。

3月14日下午一点，国王带着侍从，身着全套的制服，再次乘坐御用马车，在一大群骑兵的护卫下，抵达赤坂离宫，同天皇共进午餐。这次的接待仪式和我们初次来访时相同。天皇先是低声细语一阵子，然后起身从礼仪大臣端着的一个漆器盒里，取出一枚星形勋章，亲手交给国王，勋章配有深红色宽饰带，那是"勋一等旭日大绶章"。接着，他从礼仪大臣那里拿过另一个漆器盒交给我，用母语对我低语，盒里也装有一枚星形勋章，那是"勋二等旭日重光章"；他也递给管家一个盒子，同样装有旭日勋章，不过比我的低一等。我们离开片刻，进入附近的一个房间，把勋章佩戴在自己的制服上，调好位置；证明我们获得勋章的那些羊皮纸，则派人送到东照宫。然后，国王名义上授予天皇"卡美哈梅哈大帝一等勋章"，皇子和各位大臣同样获得这种勋章，不过等级要低一些；那些勋章会从巴黎运来，此类勋章通常产自那里，在精心管理下制成。获得"旭日勋章"的人员，可以在帝国享受一些殊荣：有权每年面见天皇一次，参加天皇设在皇宫的接待会，以及在逝世后享受军事葬礼。

从接待大厅进入宴会厅之前，外务卿私下里告诉我，自己刚刚收到一封电报，得知俄国沙皇亚历山大二世遇刺身亡。天皇和国王如果得知实情，可能需要按照礼仪退场，延期举行这场晚宴。外务卿和我都认为，应该扣下这条消息，等晚宴结束再公布。两个小时后，两位君主才得知那位君主兄弟突然辞世，开始为他哀悼。我们走进宴会厅，里面有一条长桌子，天皇在正中间坐定，国王坐在他的右手边。一位皇子在另一侧就坐，正对着他们，我坐在皇子的右手边，管家在皇子的左手边就坐。共有五十位客人，按照地位高低排列，地位最低的坐在桌子两端。桌上的餐具都是沉重的金器，据说价值二十万美元，每件餐具都画着代表王室的龙。餐桌上摆放着十五个大装饰品，器物轮廓优美，沿着中轴线呈一字排开。房间四周布置着装满鲜花的大花瓶，制造出非常迷人的效果。

军乐队站在草坪上，随着我们陆续坐下来，他们开始演奏

《夏威夷之子》和日本国歌。两位君主身后各站着一名仆人，上菜的时候，餐盘同时摆放在他们面前，如此就不会有人猜想两人因地位不同得到了区别对待。菜单印刷在丝织品上，使用日语和英语两种语言。我们丝毫觉察不出日式饮食的迹象；各种细节都显示，我们用的是欧式晚宴。来宾没有穿着本国的服装；所有人不是选择欧式军服，就是选择欧式外交服饰。为了遵守礼仪规定，大家压低嗓音交谈，简直像在窃窃私语，因为王室在场，不得大声喧哗。天皇感冒还没好，有十五名医生设法助他打起精神，参加晚宴。

要是这场晚宴不是同样的枯燥乏味，那它就失去了全世界所有皇家晚宴共有的特点了。那个翻译站在两位君主身后，多数时间沉默无语，几乎有些卑怯，不过只要两位君主试图进行思想交流，他就会充当连接杆。日本宫廷像其他宫廷一样，安排了乐队演奏和技艺高超的演出，我们也就不再感到穷极无聊。充满诗意的人类学家，身处于我的位置，也许会获得诗歌创作灵感：通过对比各位君主的身世、血统，以及他们从先辈继承下来的难以理解的思想，或者通过比较各位君主的臣民，其中有些臣民早在哥伦布踏上加勒比海沿岸的土地之前就已拥有高度发达的文明，而有些则一直隐居山野，距离库克船长发现他们还不到 100 年的光景。两位君主也许有着共同的祖先，因为存在这种可能性：史前时代的日本人民，从日本漫长的海岸线出发，途中遇到气流和风暴，先漂流到莱德隆群岛（Ladrone Islands）①、加罗林群岛（Caroline Islands），再由此到达马绍尔群岛（Marshall Group）、萨摩亚群岛（Samoa）、汤加（Tonga）和新西兰，然后向北航行抵达夏威夷，在苍茫的大海中遨游，长途跋涉一万英里，最终登上美洲的土地。两位君主的相会也许意味着，先辈天各一方五千年之后，后代终于得以团圆。不过很明显，夏威夷人的身体条件远远超过日本人，但是智力水平却无法和日本人相提并论。这场晚宴期间，我们的军事家丑差点儿再次吸引别人的注意力，因为天皇询问国王，"陛下的陆军规模有多大？"不过，国王给出的答案很模糊，"我没有让我的军队保持备战状态"。他们试图估计各国的力量对比，我们这样就没有泄露自己的力量。

　　宴会接近尾声之际，乐队再次演奏两国国歌；两位君主并肩离开宴会厅，返回接待大厅，后面跟着那些来宾。只见皇后坐在那里，身旁站着那个可爱的小侍女，有人端上咖啡和雪茄。这时，外务卿才走到两位君主身边，告诉他们俄国沙皇遇刺的消息，其实晚宴期间，这已经成为那些来宾之间公开的秘密。国王立刻起身向皇后道别，带着侍从离开。天皇为国王带路，一直送他走到御用马车前，在一大群骑兵的护卫下，我们返回东照宫。

　　日本宫廷立刻开展哀悼活动，天皇的管家宣布，原定为向国王表达敬意而在皇宫举办的盛大舞会，现在收回邀请。要是那个

---

① 今马里亚纳群岛。——译者注

俄国虚无主义者能体谅我们，推迟三天实施暗杀行动，我们本来可以参加一场气势恢宏、无与伦比、令人瞩目的盛会。

国王收到俄国公使宣布沙皇去世的信件，管家按照惯例约见俄国公使，递上自己的正式名片，因为国王没有名片。当天，在表面上，国王遵守礼仪，一直闭门不出，哀悼那位俄国君主兄弟辞世。实际上，这段时间他基本上都在训诫男仆罗伯特，因为他又喝醉了酒，还一屁股坐在国王的丝质礼帽上，把礼帽压坏了。国王回想起我们在太平洋航行时的对话，谈到那些君主如何暴毙而亡，我便使用美国开拓者的措辞，沉痛哀悼沙皇以身殉职，说他惨遭不测，堪称"穿着靴子赴死的战士"。听了这话，他天真地回答说："没错，士兵死的时候，就是穿着靴子的。"

接着他又说，担任这个小王国的君主，时常感到身心疲惫。我建议他仿效一位欧洲君主退位，然后在修道院隐居，服从安排完成挤牛奶的任务。我向他指出，如果他愿意学习这个榜样，两人的结局也相同，他也许可以写一本书，题为《从宫殿到牛棚》。

虽然沙皇的去世导致所有大型表演取消，但按照宫廷礼仪，天皇还是应该同国王在东照宫共进晚餐。次日，天皇前来赴宴，欢迎仪式严格遵守之前一天的礼仪。至此，两位君主最后一次会面。晚宴接近尾声之际，两人通过翻译交谈了一阵子；两人互致良好祝愿，互相关怀备至，然后相互道别，友好地握手。两国的国歌再次响起，天皇登上马车，在一大群骑兵的护卫下，穿过跨越护城河的那座桥。

我们回到自己的房间后，发现屋里摆放着一些稀有的贵重礼品，那都是天皇送的。国王得到的礼物包括华丽的景泰蓝花瓶、昂贵的丝绸、精致的漆器盒、青铜器和绣品；每个侍从都得到了丝绸和漆器盒。侍从建议国王应该回礼，把皇家羽毛斗篷送给天皇，但国王不希望失去这件古老的传家宝；他暗自考虑，以后万一有什么大场面，这件斗篷还用得上。由于我们的夏威夷同胞刚刚脱离"石器时代"，他们制造的东西，完全无法和日本的艺术品相提并论。国王的臣民成为"文明人"后，朋友之间为了表达尊敬之情，通常热情地互换裤子。我建议国王遵从这种充满爱意、简单易行的惯例，但是他对此却嗤之以鼻，回答说那样有损君主的尊严。

第十章

前往横滨、神户和长崎——天皇派出钦差大臣陪伴他的客人——日本发展史——神户和古都京都——民众误认国王——访问大阪——尝试微服出行,前往日本小旅店用餐——伪装让人看透——拜访住在神户的老传教士——内陆海——传出两遍礼炮声——国王吐露感想——支持佛教——抵达长崎——日本航海技术——男女混浴——钦差在帝国的边界向我们道别——中日道德观——雇用妇女儿童运煤的蒸汽船

短短十天的访问[①]期间,我们一直受到天皇非同寻常的殷勤款待,离开东京的欢送仪式,也像我们初到时的欢迎仪式那样热烈隆重。抵达横滨之后,各位皇子和许多宫廷成员,站在蒸汽船的舷梯上向国王道别。军舰点旗敬礼,除了俄国军舰——他们

---

① 由于这次访问,一些日本劳工移民夏威夷群岛,受雇于当地糖料种植园。当时(1903年),大和民族在夏威夷群岛人数居首位,比土著居民和白人都要多几千人,他们在当地的后代,将很大程度上成为这片土地的中流砥柱。

的帆桁都组成"十字",向沙皇的去世表示哀悼。此外,礼炮也没有再鸣响。

我们登上一艘三菱公司的蒸汽船,前往神户和长崎。但是,天皇的盛情款待并没有到此为止。他派出三位钦差大臣照顾我们的生活,他们的职责是陪伴天皇的客人到达帝国的边界。其中有位地位很高的老贵族,长得慈眉善目,他的经历充满传奇。

我们朝着日本广阔的内海航行,四周一片寂静,我开始回忆过去十天那些稀奇古怪、意想不到的事件。我们曾经身处一个东方国度,过着皇室生活,仿佛身处耸入云端的高地上,现在却已经乘坐降落伞着陆,过上普通人的生活,站立在一艘商船的甲板上。"王室旅行家"这部喜剧的第一幕到此结束。下一幕会出现怎样的情景,横生怎样的枝节呢?我们召开会议,却又只是沉默无语地抽着雪茄。我们见识到造化弄人,让我们在日本得到这般盛情款待,但是实在不敢肯定其他民族也能够做到不仅仅是客套,而是真正承认像夏威夷这样一个小王国的存在。这般盛情款待使我感到快乐,因为我能够和一个大帝国的重建者面对面。基督教世界把这些人视为异教徒,但是根据世俗的标准,他们完全称得上政治家。摆在他们面前的那项任务,比美国宪法起草者遇到的更为艰巨。因为那些人继承并完善了充满智慧、体系健全的现有法律、政治习惯和风俗习惯,几乎没做任何创新,就编纂成一部伟大的宪法。自治这棵植物已经在那片土地根深叶茂,他们不过是把更优良的枝芽嫁接上去。这几位日本政治家,西乡、伊东、井上、大久保、胜，却是在天皇的支持下，把议会制这样的现代政府结构，搭建在独裁封建制度那个狭隘而古老的基础上。如果他们的计划能在100年内取得成功，他们就将跻身全人类的领袖之列。现今，他们才刚刚见到新文明的曙光。极具才干的历史学家格里菲斯（Griffith）曾经客观公正地评价日本，这样高度赞扬他们："日本人性格中，最为高贵的特征是，如果发现自己犯下错误或者低人一等，愿意实行改良。"

此时此刻，国王和他的侍从已经成为引人注目的旭日勋章的获得者。国王问起获勋者需要尽怎样的义务，作为国王的法律顾问，我告诉他，倘若发生战争，日本天皇要求他积极提供援助，他也许必须出动我们的夏威夷舰队，使用那些双人战斗独木舟，保护日本舰队；不过要搞清这个问题，非得提请世界大会不可。

在神户登陆后，国王等一行人乘坐火车，前往古都京都。京都市市长前来接待我们，领我们在天皇古老的宫殿里漫步。这里的庭院堪称日本园林艺术的优秀典范；皇宫和附属建筑的陈设颇为豪华，但是整体结构简洁，因为日本国教神道教规定，天皇应该生活简朴。

我们乘坐马车在市区走街串巷，不过这次只有三辆普通马车，不再是御用马车。尽管数千民众涌上街头，但是为我们让出了一条通道。由于我们没有身穿制服，也没有人刻意区分国王和他的侍从，他们无法分辨出谁是国王。有些人冲着管家指指点点，以为他是国王，有些人盯着我看。不知到了哪里，我们的马车走散了，有一阵子我们在不同的街道上行驶。这段时间内，我受到民众的顶礼膜拜，许多人深深鞠躬，头几乎贴到地上。同我坐在一起的钦差大臣感到好笑，表示今后许多年，这个错误都会是街谈巷议的话题。谈及国王的肤色，他说，有些人坚持表示，他是个白人，有些人坚持说，他是个黑人。享受君主般的待遇，开始确实还算令人愉快；但是，你很快就会觉得，即便自己并无恶意，也是正在利用群众。要是起身，朝着马车外面的民众说，"你们关注的那个人就在不远处"，就不合时宜了。

国王等一行人前往市长的官邸，接见前来觐见的地方官员，然后乘坐火车前往大阪市。抵达大阪府首长的官邸，再次受到欢迎，接着去参观铸币厂。我们乘坐马车，行驶在街道上，突然有人邀请我们下车，改乘人力车。

我们在东京期间，国王说，自己来到这个国度，希望走进一家普通的小旅馆，但是按照礼仪，这位天皇的客人不能进入东京的小旅馆。不过，大阪市远离东京，按照安排，我们可以微服出行，前往一家小旅馆，在那里用晚餐。我们乘坐人力车前行一段距离，然后步行穿过一条狭窄的街道，来到一片河岸，那里有家普通的小旅馆，我们默不作声地进入饭厅，装作身世显赫的外国游客，此刻，我们尽量抛开王室礼节，国王就被安排在一层的下等座。不过，晚餐还算精致，那些艺伎甚是美丽，举止极其优雅。有人端上菜来，每次都上前深深鞠躬，这是日本的风俗，见到上级就要这样行礼。之后，有人表演舞蹈和演奏。那里的舞蹈很像夏威夷舞蹈，不过没有那么"不拘小节"。有位日本官员深信国王的身份隐藏得很好，就问一个艺伎："你知道这些人是谁吗？"她干脆地回答说："其中有夏威夷群岛的国王。"我们的身份暴露了。这顿晚餐吃了几个小时，接着我们匆匆去赶火车，因为当时已经是晚上九点；我们返回神户，已经到了深夜。国王立刻又去拜访古利克（Gulick）夫人，她是一位令人尊敬的传教士，现在居住在神户，曾经前往夏威夷王国传教多年。她的房子里挤满了日本基督教徒，他们渴望面见这样一位基督教国家的国王。

那天夜里，他还受到大阪府首长和公使团欢迎，很快便又启程前往长崎。我们沿着内海航行，仿佛正在横渡永远望不到边界的湖泊。那里分布着数百座岛屿，许多都呈金字塔状，排列得密密麻麻，甚至让我们看不清楚面前的那条航道，再加上我们两侧的那些山脉，仿佛共同构成一个圆形剧场；在群山的环抱下，内海也就显得像个湖泊。蒸汽船径直向前航行，前面那群山冈，似乎是我们不可逾越的障碍，但是略微掉转船头后，一片水域就展现在我们眼前，然而前面似乎又是一道障碍。次日早晨，我们的蒸汽船在波澜不惊的水域航行，遇到一艘英国巡洋舰；我们升起王旗，那艘巡洋舰升起夏威夷国旗，发射21响礼炮。礼炮声传到周围的山冈，产生回声，让人觉得礼炮响了两遍。

之后，国王向钦差大臣吐露自己的一些感想。那些佛教寺庙让他心花怒放，他的王国里，只有新英格兰的清教徒修建的教堂建筑，显得肃穆无趣，而那些佛教寺庙结构古怪，装饰绚丽多彩，也就对他更有吸引力。他说，自己的岛国也要修建这种寺庙，装点那些美丽的山谷，建议我和政府里的同事通信，探讨向他的人民介绍佛教的事宜。他询问钦差大臣，能否派遣僧侣；他们的回答令他沮丧。他告诉我，自己相信轮回，我并不认为他能解释清楚什么是轮回，不过还是充满敬意地回答，他的王国倘若真的实现轮回，就要有大量老虎、蛇、河马、野猫、猴子和其他可怕的动物，如此才能容纳全部信徒的灵魂；根据正统教义，每个灵魂都必须经历 500 次轮回，才能拿到一张预订票，登上永恒的莲花宝座，如果给每个灵魂一个机会，那就非得有很多动物不可；因此，他如果确实渴望自己的人民了解佛教，旅途中遇到有人出售破产的或是当地多余的小动物园，就应该把那些动物全买过来，带回国去，放养在他的王国里，那些动物也许会帮助他，把佛教移植到夏威夷。在那之后，国王私下里对管家说，有件事情让自己很感兴趣，国务大臣却把此事当作儿戏，不过回国后，自己将为此继续努力。我知道他不过是突发奇想，再遇到新的东西，就会忘掉这个愿望，等他到了中国，也许会希望正式引进儒教；因为，中国光是孔子的弟子，就比他的王国所有的男性基督教徒还要多。

根据高贵的主人做出的几条评论，我怀疑日本人普遍相信天皇是神的后代这件事对他产生了巨大影响，并且他正在设计类似的文化，让他的人民也那样看待他。管家和我都看出这个计划的端倪，因为有一天他宣布，夏威夷的国王都是神灵的后代，只不过传教士不予承认。无论是他试图让迷信的臣民确立这种信念，还是让这种信念重新发扬光大，都能够得到一颗螺丝钉，把自己的王位拴得更牢固。回国后，他试图借此提高人民对自己的忠诚度，这种东西可从来都是多多益善的。

进入出海口很小的长崎港，我们再次升起王旗，六艘军舰发射向王室致敬的21响礼炮。俄国的海军上将献上自己的蒸汽艇，任由国王差遣，长崎县县长前来欢迎他。来访的还有一艘日本蒸汽船的船长，那个美国佬做这份工作已经十二年。为了形容帝国古代的甚至是近代的航海技术，他给国王讲了一个故事：有位德国船长，指挥一艘日本蒸汽船出海，为船设定好向北行驶的航线，然后返回自己的船舱。他夜里醒来，注意到"星相不对"，看了看罗盘，发现他的船在向南行驶。他冲出船舱，问谁能解释这一切，结果得到一个沉痛的消息，厨师一直怀疑他这个外国船长弄错了航线，于是在他离开不久就把船头掉转过来。早在远古时代，那个厨师便成为日本废物的代名词。金莱克（Kinglake）记叙自己的希腊之行时表示，他发现乘坐的希腊商船上，最重要的人物是个厨师；他敢批驳船长的观点，而且毫不犹豫。

我们在长崎注意到，那里的男女竟然混用一个公共浴池；为了照顾欧洲人的感受，东京和横滨对此予以禁止。我请教一位钦差大臣，那样一个生性敏感的民族，怎能允许这种行为。他回答说，这个风俗历史悠久；另一方面，许多到过欧洲的日本人看到芭蕾舞，同样感到震惊，认为芭蕾舞极其粗俗下流。持这种观点的，还有一位驻英国宫廷的中国公使，他上书本国政府时，表示自己非常厌恶低胸长裙，英国女皇竟然"命令"贵妇穿着那种行头出席国事活动。我还发现，日本新闻界强烈谴责基督教世界的裸体绘画和雕塑；这使我产生联想，如果比拉托（Pilate）坐在道德审判席上问道："怎样才是端庄大方？"基督教世界的道德家就会给出自相矛盾的答案，弄得自己困惑不解。

此后，我们换乘"东京"号蒸汽船，向上海进发，给船添煤的，是一群肤色黝黑、身材矮小的妇女和儿童，他们站成一排排，传递篮子，把一堆堆的煤运到船的燃料仓，一天大约能赚六美分。此时，向王室致敬的 21 响礼炮再次响起，在炮声和烟雾中，我们驶出港口。

我们从海岸出发，航行不过三海里，就抵达帝国的边界；发动机停下来，那些日本钦差大臣完成了把国王送到边界的任务，于是同他道别，返回长崎、东京。我们的王旗下降三次，向天皇的代表致敬；他们为国王带话，再次感谢天皇无与伦比的殷勤款待。

第十一章

黄海——国王希望会见中国皇帝——愿望无法成真——上海——受到道台的欢迎——美国黑人在中国——安排一艘大型蒸汽船为国王服务——小男孩和"食人族"国王——前往天津——海盗的威胁——海河与大沽炮台"血浓于水"——道台和李鸿章总督的师爷在天津接待我们——访问北京遇到困难——国王不过是个番鬼——拜访总督——李鸿章提问题，抽水烟——总督回访国王，提出更多的问题——表达对日本人的看法——民众围观"黑番鬼"——同总督共进晚餐——总督的儿子——中国的民主生活——总督送的礼物

此时此刻，我们的蒸汽船沿着黄海航行。逗留东京期间，国王曾经向一位钦差大臣暗示，自己有意会见当时还是个小伙子的中国皇帝。那位大臣处事圆滑，有所保留，没有对国王的计划加以制止。但是国王的侍从得知，那样会引起麻烦。我们在日本得到盛情款待，使国王变得有些不自量力；他也没有意识到，中

国政府和外国政府关系紧张。最终，他把自己的打算告诉给了侍从，结果遭到强烈反对。

中午，我们抵达上海。中方并没有收到国王有意来访的正式通知；如果事先收到通知，北京的衙门肯定会为此惊慌失措。我们驶入吴淞江时，没有听到向王室致敬的21响礼炮；此时，这个民族对我们无动于衷，也许还怀有敌意。我们此前高高在上，得到王室热情款待，现在突然跌落到谷底，王旗躺在帆布包里，显得有些郁郁寡欢。不过，美国总领事前来觐见，当时国王已经在"礼查饭店"①落脚。他极力劝说国王访问北京，成为第一位进入紫禁城的外国国王，这实在不是明智之举。

上海没有常驻外交使团，但是美国总领事通知当地的道台（地方长官），国王已经抵达上海。次日，道台乘坐轿子前来觐见，有些随员在前面带路，其他随员跟在后面；报信者一边敲锣，一边大喊，通知路人不要挡住路。我们立刻注意到，那些上层社会的绅士，体格健硕，目光炯炯有神，表情显得充满智慧，但是他们的面相像个谜题，让欧洲人无法破解。道台说，自己渴望向这位外国国王表达敬意，询问国王是否愿意屈尊，同他共进晚餐。国王接受了邀请，不过这场晚宴需要推迟一阵子，我们准备首先访问天津。

中国招商局的船队包括36艘大型蒸汽船，公司寻求在太平

---

① 原文"Astor House"当时叫"礼查饭店"，即现在的浦江饭店。——译者注

洋发展业务，已经把几艘船派往夏威夷群岛。为了得到国王的垂青，公司经理献上"博奇郡"（Pautah）号大型蒸汽船，供他访问天津期间随意调遣。那位经理是个美国黑人，曾受雇于美国驻北京外交使团，能力很强；他不仅受过良好的教育，还会说包括汉语在内的好几门外语；他的父亲是个黑人牧师，居住在华盛顿哥伦比亚特区。他在上海娶了一个清秀的英格兰姑娘，她是位艺术家；得知他和白人婚配，居住在上海的英格兰人、德国人和法国人由衷地表示认可，但是当地的美国人却勃然大怒。他让人重新布置"博奇郡"号的船舱，好腾出地方，摆放一条华丽的桌子。虽然蒸汽船按照正常航线航行，即往返于上海和天津两地，但是他拒绝让其他人搭乘，把这艘大船专门留给国王和他的侍从使用；因此，国王访问天津期间，这船就是一行人的私人游艇。这一切代价不菲，不过那些中国人很是精明，也许期待着未来同夏威夷开展贸易，能够得到一些好处。

　　礼查饭店还住着个美国孩子，我们抵达上海后的那天早晨，他对见到"活生生的君主"显示出极大的好奇心。他穿着干净整洁，守候在国王的卧室门口。有个住在城里的美国人，碰巧认识那个孩子，警告他离国王远点儿，还解释说："他这个国王来自食人族居住的岛屿，特别喜欢烤小孩肉。"那个小家伙立刻没影了，过了一阵子折返回来，不过身上满是烂泥。警告过他的那位先生询问他为什么要在泥地打滚，他回答说："国王不会吃一个脏小孩。"

我们想到自己交上好运，未来 10 天能够独占一艘富丽堂皇的蒸汽船，不禁面露笑容。我们独自登上船，没有享受鸣礼炮的待遇，也没有参加任何形式的仪式。船长是个美国佬，三个高级船员也是美国佬，普通船员都是训练有素的中国人。休息室周围站着许多的乘务员，他们唯一的任务就是伺候国王一行人。我们桌上的补给品，简直不逊于大西洋航线上的豪华客轮。主休息室的四面都钉着架子，上面摆满火枪和短弯刀，船的中部摆着几架大炮，在黄海遇到海盗袭击的可能性微乎其微，但是的确存在这种风险。中国海盗头子，也许会像基德船长那样，向我们发动突袭。如果国王及其侍从成为他的俘虏，也许他会讲洋泾浜英语，用强硬的口吻发出"走跳板"的命令。国王不喜欢蒸汽船变成这个样子，觉得有些咄咄逼人。不过询问船长，倘若海盗发动袭击，他是会战斗，还是逃跑。他的答案个性鲜明："战斗，国王先生，老天作证！我要给那帮人一点颜色看看！"

接近黄昏时分，我们的蒸汽船抵达海河的入海口。只见改建过的防御工事顺着左岸绵延，低矮的排炮沿着右岸分布，正是 1860 年让英国海军陷入瘫痪的那些。也就是在那个时刻，美国海军准将塔特纳尔（Tatnall）批准自己的船员操纵英军的大炮，宣布美国和英格兰未来的外交政策是"血浓于水！"

我们的蒸汽船穿过阻隔，逆流而上，抵达天津。我们升起王旗，公使团认出王旗，码头很快站满了人，他们沉默无言，不动声色。道台得知国王抵达的消息后，带着一大群随员，正式觐见国王,国王便在那家汽船公司的"空场"接待他,那是公司的经营场所。道台说,两广总督、北洋水师将军李鸿章,已经派人为陛下寻找住所,不过暂时没有找到合适的地方。他询问国王,是否来自美洲国家,是否绕过合恩角(Cape Horn)到达这里,然后彬彬有礼地退下。他离开之后,总督的一位姓李的师爷[①]求见。他用英语告诉我们,自己许多年前毕业于位于纽约州克林顿市的汉密尔顿学院,有个儿子正在耶鲁大学读书。他早就认识国王管家的一些亲戚,因为他们住在学院所在的小镇。我们告诉他,我们更愿意待在蒸汽船上,因为这里住宿条件非常优越,他就同我们共进晚餐。国王的注意力全在一位公使团成员身上,这时,师爷询问国王,是否有意访问北京。我告诉他,国王希望会见李鸿章总督,如果情况允许,期盼访问北京。李师爷回答说,总督对他的访问表示欢迎,至于北京之行,还需要做很多前期准备;双方必须进行大量书信往来,衙门会对此事做出周密考虑;他认为,所有事宜最终确定下来,至少还需要五周。不过,他拒绝表明帝国政府的观点。师爷离开之后,我告诉国王,中方很明显不希望他访问北京;在慈禧太后和她的亡夫眼中,他不过是个番鬼。她接待外国大使时,目光就像宝剑一样让人畏惧。如果他固执己见,就会碰到一个真正的鞑靼人,就像故事书里的鞑靼人那样穷凶极恶、残忍暴躁;他抵达紫禁城,不会经历光辉永照之

[①] 原著中这位师爷的名字为"Li-Sun",因未查到对应中文名,后文统称"李师爷"。——译者注

旅，而是会发现天朝的皇室"不在家"，门柱上挂着一个牌子，写着"小心有狗"；此外，他的身后没有陆军或者海军，也许会被人抓住，装进一个竹笼子，在全中国游街示众。最终，国王放弃了访问北京的计划。

李师爷这位官吏返回来传达总督的口信，次日早晨，总督会派人把自己的轿子抬到蒸汽船，他们会抬着国王和他的侍从前往衙门，也就是总督的官邸。

当日白天，几名公使团成员前来觐见国王，我们还游览了部分城区。有些中国商人来访，正式邀请陛下出席晚宴。

次日早晨，李师爷来访，送来总督的轿子，于是我们身着制服，坐进轿子；每顶轿子都有四个人抬。那些竹子抬竿弯得很厉害，似乎承受不住国王和管家沉重的身躯，随时都会折断；那些轿夫长得精瘦结实，很快就累得汗流浃背。我们沿着狭窄的街道前行了几英里，那些街道两侧的墙壁间隔很小，一个人坐在轿子里伸出双手，几乎就能同时触到两边的墙壁。听到总督的随员敲锣，巡抚的侍卫大喊，路人立刻紧贴着墙壁站立，盯着国王黝黑的面庞，默默无语，面无表情。

我们到达衙门门口，一大群士兵举枪致敬，动作笨手笨脚，有人点燃三个大爆竹，那是常规的致敬方式。进入庭院，我们走下轿来，上前几步，走到总督跟前，只见他独自站立，衣着光鲜，身后跟着一大群官员。他先是按照中国的风俗，热情友好地双手抱拳，然后按照使劲握手这种古老的欧式欢迎方式，同国王和他的侍从握手。其他官员排成几排，朝着我们鞠躬，总督在前面带路，从那些官员中间走过，又穿过几个大房间，进入接待大厅，我们围着一个大圆桌坐下来。房里摆放着美丽的花瓶；墙上挂着丝质帘子，上面写着道德格言。李师爷为我翻译那些格言，其中一句很像上个世纪伦敦的柯克勋爵（Lord Coke）摆在卧室里的座右铭，"审慎者，必耐心"，有个黑人仆人粗枝大叶地翻译，"为了抓住猴子，小心的人从来不着急"。

总督连续不断提问题："贵国共有多少岛屿？""陛下高寿？""贵国是否拥有议会？""贵国有多少子民？"他身旁有两个仆人，伺候他抽水烟。水烟壶放在地板上，第一个仆人拿着烧红的煤块，跪在烟壶旁边，望着总督的面庞；第二个仆人站在总督身边，总督时不时转过头，抬起手臂，把手张开，第二个仆人立刻警觉地把烟杆放到他手里，那个跪着的仆人负责点火。总督吸上几口烟，再次把手张开，第二个仆人便接过烟杆，那个负责点火的仆人给烟壶换上新的烟草。通过李师爷，总督早就对夏威夷王国有所了解，他继续提问题：

"贵国居住着许多中国人，他们一直承蒙您照顾。""陛下是继承令尊的皇位吗？"

"不是，"国王说，"我出身于另外一个古老的家族。"

"您年少时有何作为？"总督问道。

国王有些犹豫，沉思片刻之后，壮着胆子回答说：

"我十六岁时，参加了陆军。"

李鸿章(1881)

话一出口，总督立刻提出那个不断折磨我们的问题："请问您的陆军规模多大？"

"我没有多少正规军，"陛下回答说，"我依仗志愿军。"

"您的这些侍从都是夏威夷人吗？"总督继续发问。

"两人都是夏威夷人。"

"我认为，"总督指着贾德上校说，"他是个黑人。"然后指着我说："但是他是个白人，为何反差如此之大？陛下的本族子民是否有白人？"

"两人的双亲都是美国人。"国王这样回答。

"贵国有传教士；他们是否友善？"总督接下来问。

"是的，他们人不错。"国王说。

总督连珠炮似的提问题，弄得陛下有些困惑不解。李师爷为两人做翻译。

总督起身，领着国王进入另一个房间，只见一张桌子上，摆满了蜜饯，有人端上香槟酒。总督说，次日自己将回访国王，然后和国王一起走到庭院，在停放轿子的地方，他停下脚步，国王走进轿子。他朝着国王鞠躬，等我们到达门口才起身；此时再次传出三声爆炸声，向我们致敬。稍后，李师爷来访，我们通过和他交谈，获得大量有趣的信息，譬如中国人的情况、总督的个人经历、中国与那些大国的外交关系。

这本回忆录并没有触及那些欧洲大国感到头痛的中国问题。我的个人意见，和那些环球旅行家一样。影响民族性格或者社会发展趋势的那些因素，从不轻易外露，往往难以察觉，唯有坚韧不拔、见解独到，才能有所洞察。

次日早晨，"博奇郡"号彩旗招展，10点，总督的驳船拖着我们的临时游艇顺流而下。参加完甲板上的仪式，总督和国王一起进入休息室，品完茶后，总督继续发问。侍从给国王帮腔，总督时常转过头，冲他们抛出尖锐的问题。国王表示，自己得到日本天皇的盛情款待。总督回答说，日本人并不可靠。他还说，很抱歉找不到合适的地方招待国王，不过邀请国王次日晚上前往汽船公司的空场，他将在那里为国王举办晚宴。之后，他和国王起身，一起慢慢走到舷梯边上；两人身高相仿。

次日，民众蜂拥而至，推推搡搡，挤到码头边缘，顺着蒸汽船的舱门和窗户向里面看。甚至有人几个小时一动不动，因为他们看到，那位总督的客人，不仅是个"番鬼"，还是个黑番鬼。有些父亲抱着孩子来到码头，好让孩子也能见到这令人惊叹的一幕。

当天晚上，我们步行穿过一条街道，来到那片空场，总督先于我们抵达。他身着华服，我们选择身着全套的制服前来赴宴。总督在入口处欢迎国王，领着他进入接待大厅。天津城的中外杰出人士都前来面见总督和国王。品过茶后，我们进入饭厅。总督安排国王坐在他的右手边，让我坐在他的左手边，我旁边是他的儿子，这位年轻人还在学英语，他的英语有些磕磕巴巴。他们提供的，全是中式餐盘和菜肴，不过至少为我们这些外国人搬来餐桌，摆好筷子。餐具做工精美，是总督从自己的官邸带来的。房间里布置着丝质帘子和绣品，上面绣着摘自中国古典文学的道德言论，很像早年新英格兰家庭墙壁上出现的宗教警句，只不过随着家庭兴旺发达，他们觉得那些警句招人厌烦、不切实际，又全都给揭了下来。

平民得以获准进入空场，透过窗户观看来宾用餐的场景。有些人站在别人肩上，或是别人背上；有些人顺着竹竿向上爬，只见窗户的玻璃上，挤满了不动声色的面庞，一直顶到上窗框。从这一幕来看，中国人可以说是享有民主生活的。席间，总督时不时还会提问题，但是李师爷坐在远处，不太方便为他做翻译。他向我提问，让儿子翻译："国务大臣一职为何不由当地人担任？""当地人是否实力不济？""你们是否害怕美国人？""那些传教士做过多少好事？""你是否认识格兰特将军？他可是个伟人。"

我坐在这位大名鼎鼎的官员身边，一丝厌恶感油然而生，因为太平天国运动过后，就是他命人斩首关押在广州的八万中国人。不过比起拿破仑，简直是小巫见大巫，拿破仑在提尔西特（Tilsit）签订和约时，对梅特涅（Metternich）说，"如果他们挡了我的路，100万条性命对我来说算得了什么？"

看到晚宴上那些中国商人和官员面色红润，表情坚定，让人不禁产生钦佩之情，不过60年前，学者德·昆西（De Quincey）出于对中国人的无知，写道："不得不说，中国人还处在孩提时代。"德·昆西没有预见到，未来这些孩子的工业实力和经济水平，会让他那伟大的共和国的公民感到惊恐。李师爷告诉我，

MENU.

DINNER GIVEN IN HONOUR OF
H. M. KING KALAKAUA
OF HAWAII
BY THE VICE ROY LI
AT TIENTSIN
ON THE 1ST OF APRIL, 1881.

Bird's nest soup.
Fish, stewed and fried.
Shark's fins.
Meat balls.
Mutton Cutlets.
Fried Pork.
Quail paté.
Cold Chicken
Ham and mushroom Pudding
Roast Turkey
Boiled Ham.
Roast Mutton.
Chocolate sponge cake.
Jelly, white & red.
Plum pudding &c.
Ladies finger cakes.

燕炸魚巴羊炸白凉羊燒蛤火五大牛
菜魚翅地排紫鴿拌厘大火羊腿色提刚
魚燴肉骨盃布雞路鷄腿肉蛋這子餅
圓肉向肉糕厘匈布餅

李鸿章设宴款待卡拉卡瓦国王的菜单

总督意识到，中国需要开展政治重建，但是他的举措不能太过超前，否则那些臣民无法接受，自己会名声扫地。他理解伯克（Burke）的警句："领导者很大程度上必须是追随者。"

晚宴结束之际，总督、国王和来宾返回接待大厅，国王和总督道别。那是我们最后一次会见这个人，他命中注定无法力挽狂澜，掌控中国人民，而只能在惊涛骇浪中漂浮，随波逐流，将来会在某处无名海岸登陆，就像所有伟大的政治家那样，被民意这股浪潮卷到岸边。

我们登上"博奇郡"号，国王发现里面摆放着茶叶和丝绸，那些贵重的礼物是总督派人送给国王的。

第十二章

返回上海——盛情款待——中国的餐后习惯——前往香港——中国的迷信说法——传教士产生误解

次日清晨，我们的蒸汽船沿着海河航行。我们抵达海河的入海口，只见堡垒的土墙上面挂着中国国旗，国旗绵延一英里，向王室致敬的21响礼炮声传出来。起航的第三天，我们在上海登陆，受到J. J. 凯斯维克（J. J. Kiswick）先生的欢迎和款待，他是英国大型商行怡和洋行的掌柜。我们出席了道台为我们举办的晚宴；那场晚宴很像总督和中国的驻旧金山总领事举办的那些宴会。晚宴结束之际，我们再次见识到中国文明的用餐习惯，不过，就像在日本那样，问题得以圆满解决。用过晚餐，我们返回接待大厅，没过多久，有些仆人不请自来，拿来我们的上衣和礼帽，递到我们面前。中国人相信，享用美食后，应该好好休息；动物进食后，需要睡个觉，而不是活动一下。他们避免像用过欧式晚宴那样，酩酊大醉，唠唠叨叨。客人无权选择自己何时离开，那样也许会拖拖拉拉，于是慈悲天使化身仆人，拿着礼帽、上衣和雨伞进来，免得主人餐后出丑。

次日，我们登上"西藏"号，前往香港。国王在中国"吮吸到"一些有益的知识；对于没能见到紫禁城，他现在颇有些安之若素。那些欧洲大国的大使，即便获准觐见中国皇帝，他们也必须额头触地九次，国王出于尊严，必然不会自取其辱。高贵的主人未经深思熟虑，就前往那座不容侵犯的城市，在皇宫门口隔墙张望，已经把手举到门铃上面。但是，拉响门铃前，他发现天朝的皇室在门口挂着一张告示，"小心有狗"，正如我警告过他的那样。他放下举到门铃上面的那只手，转身离开，没有强烈要求进入大门。从此以后，只要欧洲大国"去拽中国皇室的鼻子"，他就会为天朝受辱而感到欣喜。

与我们同行的几个英格兰人和美国人，像其他白人那样，甚是高傲自大，认为中国人的许多特质，能够证明他们信仰异教，还处在孩提时代：如果心愿没应验，他们就会鞭打神像；他们祖先的坟墓前面，摆放的是木头猪和木头鸭子，而不是实物；他们白天奉上食物，夜里偷偷拿回来；他们相信恶鬼出没人间，但是无一例外只能沿着直线运动，因此把花园的小径弄得曲曲折折，以便欺骗恶鬼，住宅的屋顶也弄得极不规则，好让沿着屋顶运动的恶鬼迷失方向，只得撤退。然而，那些自鸣得意的西方人，忘记了本国还有几百万民众，虔诚地相信"宣传工具"进行的"政治示威"，这些言论同样相当稀奇古怪，带有迷信色彩；这些宣传工具就像中国寺庙里的僧侣那样，收到现款才会透露超自然世界的秘密。

即便是中国最为极端的迷信说法，也比不上基督教世界新近的信仰那样滑稽可笑。这种信仰判处数亿亚洲佬永世受苦受难，只不过是因为他们不接受一种从未听说过的宗教，而且这种信仰至今仍未被完全摒弃。来到亚洲的游客，以及贸易商和经销商，忘记了19世纪的西方文明，也正如爱默生所言，"仍然在襁褓里"。如果从整体而不是从局部来看，西方文明是以一种非常拙劣的方式拼凑而成的。即使是最为睿智的慈善家，也不会建议中国人予以全盘接受，而是会推荐他们去其糟粕、取其精华。如果自竖立十字架后漫长的1900年中，上帝的智慧也仅仅做到了不紧不慢地将欧洲文明引入到如今这种不健全的状态，结果以陆军和军舰为代表的蛮力反而在很大程度上成为国家进步的象征，那么中国也许有理由断言，本国文明不应该经历任何剧烈变革，而应该走上渐进发展这条标准而又稳健的道路。

传教士在中国遇到的困难与在日本出现的问题相同。他们的学说，内容倒是十分明智，值得称赞，但是有可能颠覆整个基督教世界认可的一条政治原则，即任何外国人都不应该在任何国家宣传有可能削弱最高政治权力的学说。传教士在中国宣传的学说，并不直接攻击那种权力，但是确实攻击祖先崇拜的思想，这种思想正是政治权力生存的基础。我此前已经提到，传教士不可避免会成为政治改革家。他们迫不及待；他们希望基督教在远东崛起，就像那个玩杂耍的印度教徒变出的树苗那样不断生长：他铺开自己的席子，在上面摆放一个花盆，在里面种上一颗种子，把自己的魔杖举到种子上方，种子生根发芽，抽出叶子，长成树苗，展开枝条，直到果实落地，只消一个小时的光景。基督教正是因为如此急于见到"果实"，才无法根据现有条件调整方法；更确切地说，无法接纳"科学"，即那些促进发展的绝妙方法；只能毁灭现有的东西，无法逐步加以完善。人们尚未发现，中国人的思想中，有什么无法逾越的障碍，挡住前进的道路。没有一个阶层，顺着这种思路研究下去，试图理解这种思想。这就好像保险柜的钥匙丢了，锁匠态度谦恭，不去尝试利用普通的钥匙开门，而是研究保险柜的组成，为那些错综复杂的装置压出模子。

如果传教士提着精神的灯笼四处探索，事先并不了解中国人的思想有何神秘之处，就会设计一种方法，往里面灌输最有益处的真相；就像一位极富才干的传教士所言，最重要的是，他们不会破坏中国宗教中的优点成分，而是予以保护，加以完善。他们不会消灭祖先崇拜，而是循序渐进，启蒙思想，改良思想，随着时机的成熟，最终把这种思想同化成真正的信仰，无论这种信仰的具体内容是什么。

第十三章

抵达香港——国王在总督府成为维多利亚女王的客人——同香港总督交谈——堡垒和军舰发射礼炮——使用英语和汉语两种语言发表声明——有艘不定期的货轮直航暹罗——美国领事莫斯比上校——宴会和其他活动——库克船长不冷静——接见中国贸易商——香港的重要性——英国统治——国王在晚宴上打盹——女士的计策——中国人如何接受基督教

"西藏"号停靠在香港港口,已经到了晚上,太阳早已下山,因此我们没赶上发射礼炮的时间段。由于这里和夏威夷王国存在大量的贸易往来,国王委派一位地位显赫的英国贸易商担任驻香港总领事。他赶忙登上蒸汽船,以便带着国王前往他那精致典雅的官邸,因为此前国王在上海收到了他的电报,并欣然接受了在他那里下榻的邀请。但是,港督亨尼西爵士(Sir John Pope Hennessey)的十二桨驳船突然到达舷梯,总督的私人秘书埃特尔博士(Dr. Eitel)带来港督的请柬,以英国女王的名义,邀请国王成为他的客人。国王不得不违背对自己的总领事做出的承诺。然而，他身处英国的势力范围，他的总领事就是英国人。他违背承诺的理由是，在社交活动中，女王的愿望应该摆在第一位。总领事和私人秘书为了此事，在蒸汽船的甲板上争论不休。我像所罗门那样，提出解决办法，即国王的行程可以分为两部分，一部分用于会见女王的代表，另一部分则用于会见总领事，但是这一提议没人响应。我们登上女王的御用驳船，共有十二个人负责划船，他们身着宫廷制服。到达登陆处，我们坐上轿子，抬着我们的苦力，同样身着宫廷制服。我们的目的地是总督府，总督府位于一座俯瞰市区的山冈上，地理位置绝佳。总督就在官邸门口迎接国王，领着他进入他的会客室，国王的侍从在那里面见亨尼西夫人。北京那条五爪小金龙的所作所为，更确切地说，是无动于衷，使得我们的王室访问告一段落，这场王室欢迎会，算是此次访问的一个延续。

港督是个机敏睿智的人，国王离开后，他听我们讲述在天津的奇遇。得知国王试图会见"天子"，侍从竟然没有上前劝阻，他感到颇为惊讶。但是有人提醒他，一旦高贵的马匹咬住嚼子，就几乎没人能阻止，他便向我们表示同情，表示我们同李鸿章总督的会面，足以弥补没有见到紫禁城的损失。

次日早晨，我们喝着咖啡，只见堡垒和七条军舰按照惯例发射了21响礼炮。总督府的阳台俯瞰市区，我们凭栏远眺，只见下面有股浓烟，不断翻腾，飘向内地，礼炮的亮光闪烁其间；每艘军舰的主桅杆顶上,都飘扬着夏威夷国旗;那些商人也希望亮出旗帜,于是升起王旗。这般景象令人赏心悦目,甚是热闹,宛如一场战争。

官方报纸刊登了一份声明,编排成汉语和英语对照的形式。

我们得知,有艘不定期的货轮不久将离开香港,直航暹罗。乘坐这艘轮船,我们就能避免途中折返,不用首先前往新加坡,然后再走回头路。虽然这艘蒸汽船不是客船,对我们也没什么吸引力,但我们决心利用这次机会。我们把自己的想法告知亨尼西爵士,他说自己希望举行两场国宴,好向国王表示敬意,国王将能够会见英国和其他国家主要的海军指挥官、管理要塞的英国军官、领事团以及杰出人士。照顾到我们必须尽早启程,他承诺两场宴会连续举行,中间尽量不多耽搁。

不久之后,那些客人前来拜访,其中包括美国领事约翰S. 莫斯比(John S. Mosby)上校,几十年前他是南部联邦的游击队员,南北内战期间,曾经侵扰华盛顿周边的北部联邦军队,弄得林肯总统不得安宁。他纵身一跃,跨过南北双方"血腥的深渊",又幸运地获得格兰特总统的垂青,他才能获得这个联邦政府的职位,现在他对美国国旗忠心耿耿,比得上所有当时忠于联邦政府的老兵。

为了向国王致敬,富商切达(Chetar)先生特意举行午餐会,这顿午餐设在大陆上的九龙,那里与市区隔海相望。各国人士云集于此,包括支持自由贸易的英格兰人,支持贸易保护主

THE HONGKONG GOVERNMENT GAZETTE, 16TH APRIL, 1881.

GOVERNMENT NOTIFICATION.—No. 131.

His Majesty the King of HAWAII arrived in Hongkong on Tuesday evening, the 12th instant, and was welcomed to the Colony by the Governor, in the name of Her Majesty Queen VICTORIA. His Majesty, the King KALAKAUA, was accompanied by His Excellency W. N. ARMSTRONG, Minister of State, and Colonel JUDD, Chamberlain.

By His Excellency's Command,

FREDERICK STEWART,
Acting Colonial Secretary.

Colonial Secretary's Office,
Hongkong, 16th April, 1881.

第一百三十一號

署轆政使德輔謹將
爲曉諭事照得
夏威夷國大君主加拉
哥阿臣啩土富及司儀長參將
隨帶
來於本月十二晚抵
香港總督卽敬用
大英后帝威克多利阿名迎接登
岸爲此特示俾衆週知

一千八百八十一年四月
十六日 示

香港报纸摘录

义的美国人，四肢发达、貌似精明的"中国佬"①，澳门的葡萄牙人，孟买的帕西人，从法国圣城巴黎流亡至此的法国人，以及养成西方习惯的日本人。那些人来到这个大型免税港，是受到贸易往来的吸引，就像鱼儿进入渔网，是受到火把光芒的引诱。

用过午餐，第一句祝酒词就是"向女王致敬"。我们看到那些英国殖民者慷慨激昂地向他们的女王表示忠心，正是因为这种向心力，英国殖民地星罗棋布，宛如镶嵌在英国王冠上的钻石，让英国成为世界的主角。随后，港督向国王敬酒。他声明，英国势力保护井然有序的国家，不会侵扰或是吞并；这些年来，女王陛下的王国和三明治群岛出现过问题，不过在两国关系中，那些都是微不足道的小事。譬如国王陛下的先辈曾在自己的岛屿上处死库克船长；有个英国船长后来俘获国王一伙人，以英国女王的名义罢黜国王，但是很快又帮助国王复位；而且还是英国政府首先主张，大国应该承认并且保护那个王国的独立，因为王国不受外国势力控制，有利于贸易往来。

国王起身回应，感谢总督以女王的名义，对他如此彬彬有礼，热情好客。他说自己从不发表讲话，不过有一位大臣随行来访，负责代表自己发言。听到这里，我这个国务大臣说，国王和他的侍从，都回想起1842年的事情，英国炮艇"卡里斯堡"（Carysfort）号，占领夏威夷群岛，将其纳入英国的版图。此后

---

① "中国佬"是19世纪后半段产生的对中国人的贬称。本书根据原著译出该词，但加引号以示区分，望读者识之。——编者注

的三个月，国王和他的侍从都变成英国的臣民，不过是那种极端不忠诚的臣民。最终，英国海军司令自愿把那些岛屿归还给土著君主。最初，英国对这个国家横加干涉，命令库克船长"发现"这些岛屿；但是他的行为超出授权，因为他发现那些岛屿后，土著居民把他当作许久没有现身的神灵，顶礼膜拜，他却听之任之，利用这种方法，弄到肉猪、肉鸡和蔬菜。但是后来出现争执，土著国王为了测试他的神力，用一根棒子打他，就是这个试验置他于死地。因此，这是独特的个案，一位没有裤子穿的君主，竟然违背了国际法；这是个严肃的问题，国际法专家从未对此做出定论。库克船长自己装神弄鬼，通过这种方式搞到肉猪和肉鸡。根据英格兰法律，冒充他人非法获利，算是犯罪行为，但是在以罗马法典为开端的浩瀚如烟的法律文献中，从未出现一个类似的案例提到有人像库克船长那样，因为假冒神灵受到指控。尽管失去一位伟大的航海家，英国政府仍然宽宏大量，拒绝对夏威夷早期的国王宣战；两国一直保持友好关系。1810年，赫赫有名的卡美哈梅哈国王雇佣一个名叫坎贝尔（Campbell）的英国水手，担任他的造船顾问。那个水手向国王介绍本国的君主乔治三世。国王问道，乔治三世有没有对外宣战。坎贝尔给出肯定的回答。"告诉他，"国王说，"等你回国，就马上告诉他，如果他再次卷入战争，无论如何，我都会过去帮他。"国王那番表态慷慨大方，时隔两年，乔治三世对美利坚民族宣战。然而，无论英格兰还是美国的历史学家，没有一个人提及这番表态，否则英国也许能够消灭美国海军。此刻，国王即将访问一些英国殖民地，他希望见到几位政治家，了解他们如何确保英国统治在遥远的土地上决策英明、地位稳固。

用过午宴，国王一行人返回香港，抵达总督府，一些同夏威夷人做生意的中国贸易商前来觐见。当地共有数千名苦力移居夏威夷，前往糖料种植园充当劳工，虽然他们在中国属于最低的阶层，但其中不少人在夏威夷发了大财，不过没有享受公正的待遇。这些贸易商告诉国王，自己的同胞居住在他的王国，完全效忠他的政府。

虽然只是走马观花，但我们还是领略到当地的迷人之处。然而，这里背靠大山，因此习习凉风无法吹过来。

两场极尽奢华的国宴间隔很短，一场接着一场，提供的餐盘和其他餐具、葡萄酒，与伦敦英式餐桌的摆设没什么两样；但是一些苦力勤奋地扇着蒲葵扇，搅动不流通的空气，再加上菜肴十分油腻，让人感觉昏昏欲睡。来宾包括现任海军上将、将军、知名人士，还有模样标致的"中国佬"，德·昆西笔下的"孩提"状态在他们身上丝毫显露不出来。这个港口为贸易大国的商船提供补给；追逐利润的商船，定期航行至此，就像觅食的鸟儿那样，从北方飞到热带。除了那些中国人，没有一位客人会把此处视为"家乡"，尽管这些人来来往往，然后同胞再过来接替他们，但是英国势力依然持久稳固，法律维持现状，社会井然有序，使得此处成为仅次于伦敦的世界第二大免税港。

在这本回忆录中，我必须谈谈第二场宴会期间的一个小插曲。我祈祷不要因为我叙述此事，国王就是做鬼也不放过我。数不清的欢迎会，每次都要搞到深夜，弄得国王睡眠不足。他的眼皮耷拉下来，我们落座不久，我就注意到，他握着餐叉的那只手软弱无力，他油光锃亮的脑袋微微晃动。这次晚宴，和所有的王室宴会没什么区别，既不风趣幽默，也不热闹欢快；房间里洋溢着端庄得体的氛围，让人感觉单调乏味。港督的夫人坐在国王的右边，我坐在她的旁边。我唯恐国王继续打瞌睡，最后呼噜打得山响，就想了几个预防性措施。这是一次紧急事件。我把自己的担忧，悄悄告诉港督的夫人，请求她帮忙，防止国王有失身份。想到要突破国王周身神圣的光环，她有些犹豫不决，但是她看到，一场危机近在眼前。她机敏地摇着扇子，故意碰到国王的肩膀，却装作是无意的，于是国王睁开眼睛。我操着母语说：

"陛下，小睡可不太安全。"

他回答说，"天气太热了；我如何才能脱身？"

他顺着长长的餐桌，上下打量一番，看看是否有人注意到他刚刚在打盹。但是热浪滚滚，菜肴油腻，没过多久，国王握着餐叉的那只手再次垂下，继续闭目养神。此时，王室的尊严朝着下风岸飘去，很快就会落到岩石上面，国王即将在细碎的浪花里挣扎。港督的夫人很是机灵，她朝我耳语："有没有什么特别的音乐能够唤醒他？"

我回答说："只有我们的国歌；如果那样也不起作用，我们就别无他法了。"

她悄悄吩咐管家，片刻之后，阳台上面的军乐队开始奏乐，《夏威夷之子》的旋律响彻云霄。国王清醒过来。事后，我建议国王向这位女士授勋，幸亏她抛来救生索，王室的尊严才能逃过海难，得以生还。

宫廷的规定冷酷无情，客人要想离开会客室或是餐桌，必须先请王室起身离开。我展开想象：国王坐在椅子上面，陷入沉睡状态，晚宴到此结束；客人等待他起身；有人嘀咕说，"陛下睡着了"；受到冷酷的规定约束，客人无法离开座位，最后疲惫不堪，也一起睡过去；一名海军上将从椅子上面滑了下去，一名外交官陷入一场疯狂的噩梦，一个梦游症患者沿着家具的边缘行走，大部分来宾都不敢放纵自己，不是靠在椅子上，就是趴在桌子上，等待着公鸡啼叫，唤醒昏睡的君主，放他们回去。按照中国人的说法，《夏威夷之子》"帮我们保住了面子"，多亏这位女性机敏行事，我们得以摆脱险境。

我们来到总督府高高的阳台上，凭栏远眺，俯瞰下面的港口，各式船只星罗棋布，包括小木船、舢板和蒸汽船，既有战船，也有商船，巨大的堡垒为贸易往来保驾护航，这个亚洲城市共有20万人口，其中英格兰人总共不到3000人；但是从重要性来看，这个港口在英国港口中位列第三位。登高远眺，让人意识到英国的主权地位稳固，使得此地和那个陌生的伟大帝国关系紧密，中间仅仅隔着狭窄的海洋。那里不仅仅是个大型贸易港。对于中国人而言，那里是个显而易见、永不失效的实例，展现了法制和秩序的优越性。

这个港口的象征意义，不只局限在良政领域。它宛如温暖的太阳发光发热，将西方文明之光播撒到远东，亚洲这个巨大的冰川，将从边缘处慢慢融化。欧洲人没有研究过"中国佬"，对他们知之甚少。欧洲人描绘中国人，完全根据内心深处的意识，把虚构的形象和真实的形象混为一谈，过去300年间，英格兰人和法兰西人，便是如此看待彼此，他们不了解对方究竟怎么样，只是想象对方应该怎么样。无论中国人到底怎么样，他们的改革或者说重建，都将会是内生的，而不会是外生的，日本人实行的便是自我改革。基督教世界自身就迫切需要规模宏大的改革，并不会对中国大众产生多大影响，基本相当于使用一个三英寸口径的管子，不断向大海里面注水，希望借此增加海水总量。等到时机成熟，中国人会通过自己的方式，依赖自己的同胞，按照自己的理解，心甘情愿地接受纯粹的基督教；最不可能的情况是，一个国家的国民，一边在本国的教堂里大声吟诵《福音要遍传》，一边通过法律规定，信奉基督教的"中国佬"不得进入本国的版图，中国人仍会接受那个国家传播的基督教。听到传教士慷慨激昂地宣传，基督教给自己的祖国带来何种巨大的好处，那些充满智慧的"中国佬"回答说："等到你们的国家遵从基督的教导，公正地对待我们，再来找我们吧！"

第十四章

我们登上"基拉尼"号,前往暹罗——爱尔兰船长与德国男仆——交趾支那——国王从船长那里听到海盗的故事,深感不安——进入暹罗湾——抵达湄南江的入海口,受到暹罗官员的欢迎——乘坐御用游艇,抵达曼谷——御用驳船——我们受到热情接待——暹罗仆人——"珊瑚礁之酒"

过去四天的时光,全部花在王室欢迎会、午餐会和游园会上面,无论是在军营还是在码头,我们一概欣然前往,国王多次检阅军队,接受的致敬不计其数。此刻,他登上"基拉尼"(Killarney)号,前往暹罗。

港督在舷梯前面同国王道别,他告诉我,国王的仪态举止,可以和任何君主相提并论;自己只是道出香港这个国际都市的心声。那些中国贸易商主动向国王表达感激之情,因为他的王国维护公平正义,司法中立,遇到这种情况,任何国王也许都会感到骄傲。

"基拉尼"号的船长是位爱尔兰人，他从代理人那里得知，有位君主将会成为他的乘客，感到震惊不已；以前有个船长的经历和他很像，那个美国佬有天早上发现，自己的单桅帆船撞上了一座卫理公会礼拜堂，康涅狄格河洪水泛滥，结果礼拜堂和地基脱离，顺流而下，漂到海里。他把船舱打扫干净，装载好补给品，来到舷梯前面，卑躬屈膝地迎接国王——这位自己在这片边远海域意外撞见的流浪汉。他要运的货物，主要是中国人的补给品，装在许多大桶里面。如果货物按照气味计费，他这次航行的利润定然不可估量。

　　最近这一阵子，男仆罗伯特一直尽职尽责，似乎已经甘心接受那个卑微的职位。然而，港督的私人秘书是位学识渊博的德国人，而且认识他在普鲁士的亲戚，证实他所言不假，确实是位男爵。我们登船之前，罗伯特喝得酩酊大醉。只见各色船只和堡垒发射礼炮，烟雾从炮筒冒出来，国王和其他侍从全都站在蒸汽船的后甲板上面，望着滚滚浓烟随风飘动。突然，我们听到下面传出争吵声。船长身兼数职，同时担任乘务长、乘务员和执行官，因此负责给罗伯特分配铺位，但那个房间很小，这让罗伯特很不愉快。于是，罗伯特开始针对船长的爱尔兰血统大放厥词，作为回应，船长使用一些生动活泼的语言，形容"该死的德国人"。随着我们驶离香港，壮丽的景象越来越模糊，我们心中不免依依不舍，却让这番争论打断了思路；此时此刻，我们悲痛的心灵，本来应该充斥着凄美的柔情，现在却一反常态，把注意力转移到下面那场突如其来的内部骚乱。管家负责处理内部事务，因此立刻走下去，为冲突双方进行调解。船长倒是不难安抚，但是罗伯特有意维护贵族应有的特权。于是管家表态，他此时的身份是男仆，而且由于我们正在公海上航行，可以给他戴上镣铐，以违反规定的名义关他禁闭。罗伯特便又对管家心生不满。看管一行人的行李，是他的分内之事，不过他时不时使唤别人来帮忙。行程初期，管家拿钱给他，以便向那些人支付报酬；但是，这样的情况没有持续多久，因为男仆总是把钱花在自己身上，用来购买烈酒。因此，罗伯特好几次都没有钱打赏为他看管行李的人，其中有人操着粗俗的洋泾浜英语对他说，"上面的人，没你这样的，去死吧！"（"上面的人"一词，相当于"贵宾"或者"名士"。）

此时此刻，我们的货轮沿着交趾支那的海岸航行，那里从前出产一种非常丑陋的大鸟。后来交趾支那成为法兰西民族的无底洞，为了在那里建立殖民地，他们简直挥金如土。我们驶过西贡，这片蔚为壮观的法国殖民地，展现给我们的，包括一座罗马天主教大教堂，一支以踩踏中国人脚趾为业的卫戍部队，一个销售巴黎香水的交易所，尽管那个民族其实更加喜欢本国那些发出臭气的酱汁，以及散发香气的薰香。

为了讨好高贵的乘客，这位爱尔兰船长，讲述自己在这片海域航行的经历，若干年前，他曾经多次参与抗击马来西亚海盗的斗争。他还告诉我们，就在我们破浪前进的这片海域，有艘船的船长曾经受到非人的待遇。听到他回忆往事，国王满心欢喜，不过他接着评论说："那些海盗，如果得知陛下乘坐这艘船，就会抓住您，拿到大笔赎金，才会放您走。"国王慌张起来。他回想起"博奇郡"号，以及上面的武器装备，私下里指责侍从没有预测到这种风险，弄得他只能束手就擒。与我们同行的，只有一些中国船员，倘若遇到袭击，完全没有还手之力。尽管这种可能性微乎其微，真的到了那个时候，也许不得不反抗。国王对自己的定位，不是什么热衷冒险的骑士，而只是一只高贵的蜜蜂，飞到世界各地的草地上，"吮吸"荣誉和经验之花的蜜汁；此时，他发现自己身处海盗有些猖獗的水域，这艘船却没有任何武器。他想象的风险，有些言过其实，他声称，国王非得乘坐军舰不可。他这种人，深受周围那些谄媚者的影响，总是提心吊胆，相信自己的性命要比芸芸众生宝贵，为了保护他的生命，应该采取非常手段。我向他提议，我们倘若遇到军舰，也许可以升起预警信号旗，利用国际礼让的原则，要求船长让他上船，载他前往暹罗。侍从私下里找这位满口大话的船长谈话；此后，他讲到自己那些航海悲剧时的措辞大为改观。此时，他向国王保证，只要海盗船露面，自己就会伸脚踢船；此外，他运的货物散发臭气，那帮海盗隔着两英里都能闻到；这种货物，不是海盗想要的东西。他说，英国炮舰紧追海盗不放，就像追逐大老鼠的小猎犬那样，基本没有海盗胆敢在这片水域袭击船只。

离开香港的第四天，我们进入暹罗湾，停靠在湄南江的沙洲附近。我们的王国并没有同暹罗王国签订条约，因此这里没有常驻外交代表，我们也就没有指望暹罗政府以礼相待。我们怀疑，暹罗政府并不知道夏威夷的存在，即便有所耳闻，也会归入"遥远陌生的国家"这一清单，而即便是博闻强识的暹罗人对这个清单也可能闻所未闻。我们手上有位旅馆老板的地址，国王希望能够通过他从远处看看我们听说过的白象，然后前往新加坡。只见一艘蒸汽拖船游弋在沙洲上面，我们把船租下来，一行人准备乘船逆流而上，航行20英里，前往曼谷。我们不断接近海关，只见有艘蒸汽游艇，快速朝我们驶来，游艇上方飘扬着暹罗王旗。游艇围绕拖船的尾部航行，有人这样问道，"夏威夷国王是否在船上？"我们给出肯定的回答，游艇继续前行，只见五名官员身着全套的制服，登上拖船，请求面见国王。自我介绍之后，其中一位会讲英语的官员说，他们奉暹罗国王的旨意，欢迎陛下，邀请国王成为他的客人。国王当然会给予御准，于是我们换乘御用游艇。暹罗的驻香港领事，写信通知政府，夏威夷国王在当地成为英国女王的客人，近期有意乘坐"基拉尼"号前往暹罗。因此，暹罗宫廷做出决定，无论国王究竟是谁，都有权充分享受暹罗的盛情款待。我们乘坐的是艘英式游艇，陈设颇为豪华，船身为黄色，显得十分扎眼。空旷的甲板上，支着一顶凉棚，我们就在那里享用欧式午宴。我们逆流而上，看到两岸耸立着一丛丛高高的椰树，我们大喊："我们到了夏威夷！"就像水手经过长途航行，终于见到一家酒馆孤单地立在海滩上面，狂热地大叫"终于到家啦"，因为我们喝惯了椰青汁，希望暹罗王室热情好客，诚心地款待我们，命人送来大量椰子。

我们穿过堡垒，突然传出向王室致敬的 21 响礼炮声；我们刚把锚抛入贯穿城市的河里，就见御用驳船离开登陆处，朝着游艇驶来。这艘驳船又长又窄，船头和船尾高高翘起。共有二十四个人负责划船，舵手"嗨呦，嗨呦"地喊着号子，帮助他们掌握节奏，他们先是让桨轻轻接触水面，然后把桨高高划到空中。靠近船尾的地方，立着一顶华盖，上面点缀着黄色丝绸和金色刺绣，华盖上方还飘扬着暹罗王旗。我们登上驳船，抵达登陆处，岸边铺着地毯，顺着附近一条街道延伸，一个营的士兵列队迎接，他们全光着双脚，身上的制服霉味很重。我们坐上御用马车，车夫身上的衣服，由红布和金布制成，上面镶着黄边，头上的丝质礼帽很是笔挺；他们露出双腿，光着双脚；有群骑兵护卫我们，他们纷纷骑上小马，把马车围住，作风懒散，令人生厌。我们进入一座宫殿的庭院，宫殿属于一位王子，现在分配给我们使用。宫殿规模宏大，房间不计其数，天花板都很高。家具颇为奢华，但是风格各异，包括英式、中式、日式、暹罗家具，此外还有用本地稀有树种制成的物件。宫殿的外围，是一座大花园，花园维护得不错，种着大量本地植物和花卉。透过房间的窗户，我们看到佛教寺庙密密麻麻，总共超过 500 座，真是江山易改，本性难移，民众不求上进，在那里对佛陀顶礼膜拜，那是当地的主业。他们一边咀嚼槟榔，一边毫无变化、永无休止地重复

"佛陀"一词，这种祷告方式，十分适合这帮懒人，根据这种信仰，只要无休无止地重复"佛陀"，他们就能从罪恶之海中探出头来！我们刚刚进入宫殿，便有几位王子来访，这个王国的王子真是不少；我们注意到，他们基本遵守欧式礼仪，只是按照当地情况，做出几处修改。其中有几位王子会说英语；还有几位曾经游历欧洲，但是显而易见，在中华民族和大和民族面前，那个民族便相形见绌。考虑到我们旅途劳顿，天色已晚，有位暹罗王室官员安排两位国王次日会面。

我们进入自己的房间，发现有人给国王派来八个仆人，还给他的每个侍从派来五个仆人。这些年轻人出身名门，能够执行这项任务，他们深感荣幸；但是，他们完全不了解外国习惯，只会讲自己的母语。不过，有位官员会讲英语，负责指导他们，为我们做翻译。

我感觉自己受到他们的控制，对此无能为力。在他们眼里，面对我这位外国的国务大臣，自己的义务是，想我所想，办我所需，但是他们理解的我所想，有些滑稽可笑。我正在洗脸，他们把我团团围住，有个人拿着毛巾，有个人把肥皂塞给我，有个人拿来梳子和刷子，尽管我暂时还用不上，有个人捧着我的上衣，有个人举着我的裤子，方便我随时更衣；他们鞠躬哈腰，十分碍事不说，还都抽着卷烟。我坐下来写日记，有个人拿着墨水瓶，有个人递给我一支钢笔，有个人捧着吸墨纸，有个人一手把信纸递过来，一手举着信封。我无论是发指令，还是打手势，他们都根本不能理解。我打开箱子；接着，有个人取出我的外交制服，有个人拿出我的宝剑，他们在我面前站成一排，举着两样东西，没看出来我只是希望把东西挂起来。我无法摆脱他们；他们不断地骚扰我，但是对我毕恭毕敬。我就寝时，已经到了深夜，那个五人小组没有离开我的房间，在沙发上和椅子上酣然入睡，把我的衣服、靴子、礼帽全部小心翼翼地摆放在我的床上。有个人睡姿优雅，怀里抱着一个托盘，上面摆放着一瓶香槟酒，一瓶威士忌。

我们都渴望喝到椰汁。我拿出一张纸，草草画出椰树，特意突出上面的果实，然后指给他们看。他们不断抽着卷烟，讨论我画画的目的，有个人茅塞顿开，领会到我的意思。于是他们立刻全部冲了出去。不到半个小时，宫殿的庭院里就出现一大堆椰子，个头很大，也很新鲜，椰肉香滑软嫩，椰汁甘甜可口。我把此事告知国王，我们在旅途中第一次喝到"珊瑚礁之酒"，以前我们品味这般美味，都是前往国王靠近首都的小型夏宫，待在"延伸到海边的草地"上。男仆想尽办法才让我们那一大群仆人离开房间。国王用小调吟唱一首歌颂水的夏威夷歌曲，过去那些首领和祭司都崇拜水。我们这些人自愿背井离乡，来到曼谷这个暹罗古城，却唱起一首来自遥远的热带圣城的哀怨之歌，怀念那里一丛丛的椰树，那些充满生命之水的椰壳。

第十五章

宝塔——水上城市和水城居民——达尔文的错误——会见暹罗国王——国王的对话——欢迎会因为猫中断——拜访二号国王和暹罗国王的长辈——同外交大臣共进晚餐——王后和皇子都溺水身亡——王室成员不容侵犯——极尽奢华的火葬——御用小教堂——暹罗国王、二号国王、王子、公使团依次来访——御用大象——宫廷剧院上演戏剧——暹罗舞蹈演员吟唱传教士的赞歌——同暹罗国王共进晚餐——勋章授予仪式——榴莲——两位国王相互道别——保护蒸汽船的佛教仪式——中国人在暹罗——暹罗政治家不懂基督教世界——收到水果

次日，有位王子来访，领着我们来到一座宝塔。那些僧侣剃着光头，竟然为了拜佛脱去外衣，所以衣衫单薄，他们反复念着"佛陀！佛陀！"那尊巨大的神像，脸上露出千百年来未曾改变的笑容，坐在莲花宝座上面，耐心地倾听，我们从他身边穿过，

似乎听到他在说："一千年来，他们没完没了找我讲话；我感到厌烦；这里可不是极乐世界。"这种信仰虽然充斥着根深蒂固的迷信说法，但是至少能够充当脚手架，保证信徒不会掉到地上，就像所有伟大的宗教那样，充满着高尚的道德规范，如果那些信徒在生活中予以落实，即便是基督教世界也无法以自己的信条规范对他们指指点点。

124　　湄南江贯穿整个城市，只见江岸附近，漂着轻型木筏，上面搭着很不牢固的房屋，许多暹罗人在此出生、生活、逝去。至于这种生活产生何种影响，如何改变了那些水城居民的骨骼、双手和双脚，生物学家从未开展过相关研究。按照达尔文的说法，环境影响、决定所有生物的生理特点，如果此话不假，这些人应该最终长出脚蹼，就像扬哈斯本（Younghusband）船长所言，由于骑马时长期使用马鞍，某些鞑靼部落的双腿变长。然而，我们并未发现，暹罗人的双脚出现严重变形，或是他们的身上长出发育不全的背鳍，根据这点推断，要不然就是我们无法胜任生物学家的工作，要不然就是达尔文和他的追随者有些言过其实。

　　次日下午四点，一大群骑兵前来护卫我们，露出双腿的车夫驾驶着礼仪马车前往暹罗皇宫，宫殿的外围是一座占地大约四英亩的公园。一个团的步兵在庭院里列队迎接我们。地上铺着红地毯，地毯从马车的台阶处延伸到皇宫的入口处。入口两侧挤满了王室成员，他们身着华丽的制服，有些样式相当古怪。大门附近站着十个人，表情严肃，露出双腿，但是上身衣着华丽，他们全部手握古老的战斧。暹罗国王朱拉隆功穿过大门，走上前来，使用英语欢迎夏威夷国王。接见国王的侍从之后，暹罗国王走在前面，领着夏威夷国王进入接待大厅，这个房间很大，陈设颇为豪华，摆放着欧式地毯、沙发和椅子。墙上面挂着暹罗君主的画像，基座上摆着许多外国君主的半身雕塑。暹罗国王不希望讲英语，主要通过翻译进行交流。他郑重其事地询问，夏威夷国王为何能说一口流利的英语；他说，自己的宫廷中，有许多人都在英格兰生活过，但是没有人能够像他那样滔滔不绝。"国王所有的臣民是不是都说英语？"他问道。其他国家也有人提出相似的问题，我们的国王，再次给出同样的答案：他年轻时学过英语，他的臣民大部分也能说英语，因为公立学校教授英语。

　　暹罗国王面容和蔼，眼睛很黑，炯炯有神，目光睿智；他的举止朴实无华；他以前攻读欧洲文学，业余时间搞搞化学实验。他还研究过欧洲政治学，但是他心存惋惜地表示，那些臣民的风俗和思想根深蒂固，要想改变他们，自己感觉十分困难。他们安于现状，不求上进，只要满足日常需求，便不会再有赚钱的欲望。暹罗国王询问夏威夷国王，他的人民是否喜欢工作，是否发展多种产业。说老实话，这两位君主治下的臣民，同样不知节俭，懒懒散散。但是，谈到本国的人民，夏威夷国王不愿意吐露实情。他承认，那些人生产不出什么产品，不过都是世界公认的优秀水手。暹罗国王问道，他的人民是否修建大型宝塔，譬如他在城里见到的那种。夏威夷人修建的宗教建筑只有神坛，那是一

126　种简简单单的石头平台，四周围着做工粗糙的栅栏，从结构来看，比海狸的水坝好不到哪里去，因此国王回答说，外国人带来了新式教堂建筑。暹罗国王问道，他的臣民信仰哪种传统宗教。国王再次欲言又止，他不能说他的臣民信仰的宗教已经消失，因为那样就等于承认那种宗教一无是处。于是国王回答说，他的政府鼓励人民信仰各种宗教，他同样不限制人民的信仰自由。暹罗国王说，那样做很不错。

　　两位君主这样坐着交谈，那些朝臣，还有国王的侍从站在一旁，毕恭毕敬，默不作声。突然，阵阵刺耳的尖叫传出，只见靠近皇宫的地方，有两只猫跑到屋顶上面，相互发起进攻。在这个佛教国度，逝去的暹罗勇士可能真的经历转世附体在猫身上，而此时此刻，他们正在进行一场古老的决斗。这场庄重的王室欢迎会，因为两只猫的争斗，中断了好几分钟。

　　这位年轻的暹罗国王了解太平洋岛屿的地理位置。他说，自己知晓夏威夷王国未来的重要性。他询问国王，是否同外国人存在矛盾。我们此后得知，告知暹罗国王白人势力怀有敌意的，是两个白人侍从，而不是当地人。他对夏威夷国王身材魁梧感到惊讶，于是询问国王属于哪个民族。得知夏威夷人具有马来血统，他回答说：“暹罗人也有马来血统；我们是亲戚。”

127　暹罗国王邀请这位君主兄弟在自己的国家逗留，访问内陆地区；如果夏威夷国王愿意，还可以为他捕猎大象。他从未接待过君主兄弟，但他表示自己已经命令官员，尽量满足贵客的要求。

面对这般热情好客的邀请，我们考虑到不会久留，于是婉言谢绝，但是提到参加王室晚宴，我们欣然接受邀请。我们慢慢走出庭院，注意到矗立在周围的建筑，阴阴森森，古香古色。这些就是没有文字记录的历史，记载千百年来的阴谋、悲剧、行刺，那些墙壁倘若是留声机，定能娓娓道来！

不久之后，我们拜访了二号国王。从前，官方承认五位国王，从理论上讲，现任君主没有皇子传位，其他国王可以立刻即位，但是他们无时无刻不在"忍受对方的胯下之辱"，谋划怎样才能杀死对方。现在，只有两位国王。二号国王的职责，就是顺应自然，确保现任君主寿终正寝。暹罗现行的双国王制，还算差强人意，没有受到挑战，二号国王从未显出狼子野心。

二号国王沉默寡言，仪表堂堂，全心全意研究天文学和近代政治史。他希望了解夏威夷历史。他正在阅读华莱士（Wallace）博士的《马来群岛自然科学考察记》（The Malay Archipelago），他说，所有波利尼西亚人都属于马来人种，其中有些人很友善。他认为，从制造好东西这方面来看，暹罗人无法和中国人或者欧洲人相提并论；因为他们不会制造铁器。

接着，我们拜访了暹罗国王的长辈，然后返回我们舒适的住处，立刻派人再拿一些"珊瑚礁之酒"。

晚上，我们乘坐御用驳船，沿着湄南江航行，前往外交大臣的官邸，只见长长的船桨，一次又一次升起来，富有韵律，蔚为壮观。这场晚宴，彻头彻尾属于欧式风格。

外交大臣智慧超群，对西方思想持包容开放态度；但是那些暹罗客人却没有那些日本客人或者中国客人思维敏捷。

我们进入宴会厅前，一些仆人端来托盘，上面摆着茉莉花编成的镯子，他们把镯子戴到客人的手上，还把芳香的花束放到客人的手里。早在史前时代，这种风俗就在夏威夷盛行，然而，我们跋涉成千上万英里，直到抵达马来半岛，才发现其他地方也有这种风俗。鲜花终年盛开的地方，这种风俗自然长盛不衰。到了比较寒冷的地方，这种礼节只能时有时无。

我们来到外交大臣官邸的阳台，极目远眺，俯视湄南江流经的这座水上城市。江水对岸，平房一座接着一座，延伸到内陆地区，中间露出寺庙高耸的塔尖，多得数不清。有位客人指着已故暹罗王后遇难的地点，对我们低语。就在去年，由于两船相撞，她的驳船发生倾覆，这位国王最钟爱的妻子和她的孩子，都在江岸附近溺水身亡。当时，江岸上站着成千上万的民众，任凭王后在江水中挣扎，即便距离江岸只有一条船的距离，也没人胆敢接触她，因为王后陛下的身躯不容侵犯。王室成员周身神圣的光环，并不能充当救生圈，她和自己的孩子一起溘然长逝。次日，我们探望火葬地点。就在那里，有人使用珍贵的沉香木搭建起一座高高的宝塔。宝塔里面装着两人的遗体，随着宝塔不断燃烧，其中的香料散发香气，弥漫整个城市。这场火葬仪式，消耗了大量沉香木，据说成本总计超过 50 万美元。

我们受邀参观御用小佛堂的内部，有幸目睹暹罗国王加冕之前斋戒、拜神的房间，格兰特将军也曾经获此殊荣。这座建筑装饰极尽奢华，里面立着一座佛陀的塑像，眼窝那里镶着宝石，造型端庄美观，前面立着个架子，上面摆放着用彩带制成的绢花，钻石点缀其间；但是绢花布满灰尘，因为按照风俗，每年只能打扫一次。御用宝塔周围，还矗立着六座宝塔，其中一座里面，挂着一幅画像，反映暹罗国王从童年到现在的经历。每座宝塔里面，都立着佛陀巨大的塑像，佛陀黑黑的大眼睛没有眼皮，永无休止地凝视着虚空。我们进入这些寺庙，那些王子屈膝下跪，十指紧扣，叩拜三次。

我们返回自己的住所，暹罗国王前来回访。不久之后，二号国王来访，他坐在轿子上面，头顶上方张着罗伞，伞面由红布制成，上面绣着金色花纹。行至距离宫殿的入口50英尺处，他下了轿子。按照礼仪，他不得在现任君主下轿的地方落轿。因此，落轿之后，他一路步行。他离开后，各位内阁大臣前来觐见，之后轮到领事团，其中美国领事霍尔德曼（Haldeman）将军格外显眼。在国王带着侍从短暂逗留期间，他可是帮了一些大忙。

二号国王来访期间，得知我是美国人，就问我美国人是否非常了解暹罗人。我回答说，公立学校的孩子全都会学习暹罗国家的地理知识。我没有吐露真实的想法，其实美国人相信，暹罗主要出产白色大象和连体婴儿，美国社会的宗教信徒把当地居民视为"可恶的异教徒"。与此同时，二号国王表示，暹罗人相信，美国人都是游牧部落成员和流浪汉；暹罗人坚信，如果一个民族不咀嚼槟榔，就必定不知快乐为何物。

然后，有人牵着御用大象来到门前，那些大象不是白色的，而是灰色的，背上披着制作精美的饰物。我们用梯子骑上大象；国王骑的大象，体格健壮，那是暹罗国王的专用大象。我们的管家，肥头大耳，刚刚爬到一半，便把梯子压塌，结果挂在半空中，他紧紧抓住座椅，坚持到有人搬来第二把梯子。见到这个"学生"出了意外，那头大象呼噜作响。

晚上，我们来到一位王子的小型剧院，那里将上演一出戏剧。获准进入剧院的，都是宫廷成员。共有十二个女孩表演，其中六个反串男角，她们随着暹罗音乐翩翩起舞，一展歌喉。她们来自王子的后宫，容貌和身段都很出众；她们从来不现身公共场合。这出戏剧主要依靠肢体语言；那些贴满小亮片的紧身衣，显现出她们婀娜多姿的身段，她们的举手投足都淋漓尽致地表现出诗情画意。她们不断旋转身体，其间时不时吟唱歌曲，但是因为长期咀嚼槟榔，她们的牙齿发黑，嘴巴宛如丑陋不堪的黑洞。突然，我们听到一首熟悉的歌曲，那是基督教世界古老的赞歌。在这座"异教徒"的剧院，十二个佛陀的追随者优雅地随着暹罗舞蹈的节拍起舞，但同时唱着自己并不理解的歌词：

> 你要保证所有油灯状态良好，燃烧不息，
> 因为你的新娘，会在午夜时分抵达此地。

有位暹罗王子在英格兰生活过，他说，这些女孩的音乐教师曾经在印度听到这首歌曲，那些演唱者受到传教士感化，皈依基督教，这些后宫佳丽就是这样学会了那首歌曲。

我们准备继续乘坐"曼谷"号前往新加坡，按照暹罗国王的旨意，这艘蒸汽船的起航日期推后了一天，以便我们能够出席他在皇宫举行的晚宴。

我们再次进入庭院，只见士兵沿着庭院四周呈一字排开；他们手中的火把多得数不清，火光从他们的头顶照下来，显得离奇古怪。我们穿过铺着地毯的过道，走到入口，那些王子一路陪伴我们，我们身后还跟着一群仆人，他们举着烛台，露出双脚，身穿美丽的衣服，上面微微泛着黄光。暹罗国王前来迎接我们，领着我们进入接待大厅，乐队演奏夏威夷国歌。这首歌曲的乐谱由国王在前一天写好，并用钢琴演奏给乐队指挥。之后，暹罗国王用轻柔悦耳的声音说，自己希望向国王这位太平洋岛国的君主致敬，为他佩戴"暹罗一等勋章"；然后他转过身，面对着我和管家，向我们颁发暹罗二等爵士勋章。作为回礼，国王授予暹罗国王卡美哈梅哈大帝勋章，那些王子同样获得这种勋章，不过等级要低一些，那些勋章会从巴黎运来。

宴会桌上面摆放着沉重的银器，表面装饰着黄金的树木和植物；两位国王的面前，立着特制的酒杯，上面镶嵌着珠宝；他们用的餐盘和其他餐具以及葡萄酒，一概都是欧式的。夏威夷国王请求军乐队演奏典型的暹罗音乐，并且感觉这种音乐与本国人民的音乐颇有几分相似。

我身旁坐着一位王子，他抛给我一堆有关夏威夷的问题："国王是否受制于外国人？""为何他不带着族人来访，而是选择带着白人？""他会听从你的吩咐吗？"我怀疑，宫廷里有人传闲话，认定国王受到某个外国宗主国控制。暹罗国王询问他的客人："您的陆军规模有多大？"此时，我们的军事家丑被再次提起，我们的回答，暹罗国王听得云里雾里，于是迅速转移了话题。

晚宴接近尾声之际，有人端上榴莲。这是热带地区最为可口的水果，但是如果打开果壳，里面就会散发一股刺鼻的臭气；就像恶臭无比的肥料之中，长出娇嫩欲滴的玫瑰花。

133　　我们返回接待大厅，有人把茉莉花编成的花环戴在我们的脖子上；国王脖子上的花环是由暹罗国王亲手戴上的。我们还得到一些贵重的礼物。我们参观了珠宝陈列室，里面摆满世间罕见的宝石。两位国王再次落座，接待大厅的另外一侧，传出凄婉哀怨的歌声，那是合唱团操着母语为我们演唱，她们同我们之间由一排屏风隔开。她们都是暹罗王室成员，这些亚洲人的歌声，像夜莺一样动听，她们用小调吟唱阴暗沉郁的歌曲，这在亚洲和大洋洲非常流行；这是那些没有精神自由或是道德自由的民族表达情感的方式。人们很少能够听到迷信的民族演唱滑稽可笑的歌曲。

两位君主相互道别。暹罗国王说，他这位来自夏威夷的贵宾

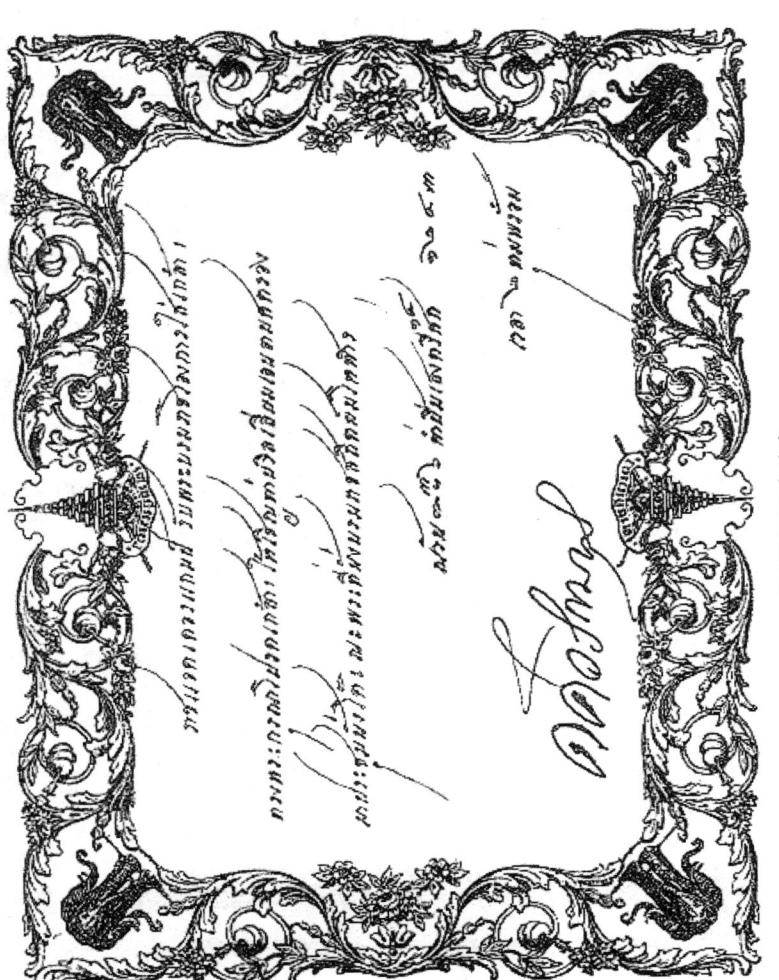

暹罗国王宴会请柬

实在幸运,因为他统治着一群良民,即使他不在国内,那些人同样安分守己;自己最大的愿望,就是访问欧洲和美洲,但是不能放下自己的人民不管。他倘若真的敢于吐露心声,就会说,自己不敢出国,旨在防范竞争对手抢班夺权,趁机抢走自己掌控的船舵。

次日早晨,应暹罗国王的请求,国王和侍从拍照留念。此后,国王一行人前往登陆处,途中一切礼仪照旧;御用驳船载着他们,驶向"曼谷"号蒸汽船,二十四支船桨上下翻飞,蔚为壮观,那些王子在舷梯向我们告别。一些僧侣代表暹罗船主,绕着船身传递一条白绳子,在休息室里面挂上一些花环;他们屈膝跪下,十指紧扣,多次重复佛陀的名讳,祈求平安;然后,他们大吃特吃咖喱饭,摇摇摆摆返回小船。堡垒发射礼炮;那500座宝塔,那一丛丛椰树,渐渐淡出我们的视野,我们向新加坡进发。

在暹罗,中国人比较强势;他们在曼谷赢得商业利益,人数在当地占三分之一以上。他们并未受到侵扰,因为他们没人从政或者参与公共事务。他们逐渐摒弃祖先崇拜,不过却保留了某些宗教信仰;他们渴望成为当地的永久居民,因为他们在那里发家致富。

对于暹罗政治家而言,基督教世界像个谜题。传教士的意思,他们不能理解。他们无法调和《福音》的教导与本国民众行为之间的矛盾。传教士在传教过程中,宣称是他们的宗教创造出了基督教世界伟大富强的国家,然而,来到远东国度的商人和旅行家,作为那些国家的主要形象代表,却犯下骇人听闻的暴行。

但是，如果传教士试图向他们解释，大恶与大善难分难解，对于个人、社会、民族而言，两者并行不悖，相砺相长，就会发现即便是头脑敏捷的亚洲人，也无法理解这点。通过外交部，我认识了一位睿智的暹罗人，他对我说："欧洲文明是否真的应该归功于基督教？"我回答说，这个问题很难回答，但是至少那些教堂的领导者这样宣称。"那么，"他问道，"如果基督教造就了欧洲的发展，那么是否同样造就了那些舰队和陆军，使得他们能够消灭对方？"

蒸汽船的休息室由我们一行人独享。我们从上甲板向下望去，那些暹罗人懒懒散散，心满意足地咀嚼槟榔，就像吃草的山羊；那些中国人坐在干净的席子上面；那些穆斯林始终无精打采地蹲着，日落时分，他们终于变得精力充沛，开始祷告、拜神，姿势别具一格。

暹罗国王热情好客，命人送来山竹、榴莲和椰青，把蒸汽船的贮藏室堆得满满当当，这些水果将作为我们的主食，直到我们抵达北纬1°17′。

第十六章

抵达新加坡——国王厌倦王室礼仪——会见总督，总督回访——乘坐马车，横穿新加坡本岛——新加坡的重要性——巨型传教站——国王和老虎——国宴——热带"气候"对英国人的影响——会见柔佛大君——大君富丽堂皇的宫殿——仪仗剑和巨大的罗伞——男仆与羽毛斗篷——同大君共进午餐——两位君主发现对方身上的"红色胎记"——国宴——梦到深居在大理石殿里——月光和当地歌曲——早晨的一幕——告别新加坡——男仆再生事端——丢失羽毛斗篷——前往加尔各答

我们绕过马来半岛的东南角，沿着海岸航行，途经许多植被茂密的岛屿，停靠在新加坡，那里也是大不列颠重要的免税港。福康宁和一些俄国军舰发射向王室致敬的21响礼炮；新加坡总督弗雷德里克·韦尔德爵士（Sir Frederick Weld）的助手登上蒸汽船，带来总督的请柬，邀请国王成为他的客人，国王的领事随

行觐见。但是天气炎热，国王更希望下榻宾馆，那样能够享受自由，不拘小节。对于在总督府下榻的邀请，我们"有礼有节地"婉拒了。那位梦到"深居在大理石殿里"的诗人，从来没有当过国王，或是国王的大臣。虽然各国宫廷都说"国王可以随心所欲"，然而真相却是，国王就像戴着锁链的动物，在锁链覆盖的范围以内，才能享有巨大的自由。西藏的大喇嘛，拥有绝对的权力，能够适度随心所欲，但是那种备受崇敬、风光无限的生活就像锁链一般，宗教仪式一个接着一个，他的生活圈子十分狭窄，不得不出席各种千篇一律、索然无味的场合，坐在黄金宝座上面，无法脱身。即便他坐得双腿疲劳，后背疼痛，也不能做蛙跳游戏来缓解疲劳。根据传统和风俗形成的礼仪，要比君主的意志还要强大。如果人们了解宫廷秘史就会知道，那些王子和国王时不时地会费尽心思逃离单调乏味的环境。

因此，我们在当地的旅馆投宿，这里没有仪式和仆人给我们带来压力，可以无拘无束。然而，我们的这种安排也许是天性使然，我们活泼好动，粗俗无礼，再加上很少接触文明社会，无法很好地控制住自己。

然而，当天下午，总督的马车载着我们前往总督府，士兵在庭院列队迎接，他们身穿白色制服，头戴白色头盔。总督在入口迎接国王，领着我们穿过一座宽阔无比的楼梯，进入用鲜花装饰的客厅。只见两边警卫手持步枪，沿着台阶呈一字排开。在这里，我们见到了总督的夫人和女儿。许多年前，总督曾经访问夏威夷，研究那里如何形成火山。他风趣幽默，讲述自己在夏威夷议会旁观一场辩论时遇到的小插曲。那是前一任君主路纳利罗（Lunalilo），他即位以前是位贵族院议员，人称"比尔王子"。他虽然是个土生土长的夏威夷人，却能讲一口流利的英语，我此前已经提到，他喝醉酒之后，必定改用英语。他对时任国王不满，于是在这次辩论期间，他冲着皇宫摇晃手指，大喊："戴着王冠的'该死的'家伙，活得不耐烦了！"

宽敞的客厅炙热难耐，因为那个港口周围空气的湿气很重。由于我们身着厚重的制服，汗水顺着身体往下流淌，所幸访问时间得以缩短。我们返回旅馆，不到一个小时，总督乘坐礼仪马车前来回访。

晚上，我们乘坐马车横穿市区，由于史丹福·莱佛士爵士（Sir Stamford Raffles）的英明决策，英国人兵不血刃就买下了新加坡本岛；这里只有少量几位英国和德国销售商；大部分销售商是中国人，他们人数众多，许多人拥有大量财富，没有沉迷于祖先崇拜；这里还有印度南部的克林人、马来人、日本人、阿拉伯人、巴布亚人、穆斯林、印度教徒和帕西人；这里有中式神龛、佛教寺庙和基督教堂。许多民族云集于此，进出口贸易源源不断，但是，英国势力无声无息、无所不能地施加影响，这个庞然大物，来到东方传教，利用坚船利炮维护法制和秩序，避免成千上万不共戴天的宗教信徒相互残杀。新加坡并不是传教站，而且表面上没有神灵，只有贸易，但是事实上，这里的传教工作，最为声势浩大。由于贸易往来，许多民族和部落聚集在亚洲的交通枢纽，这个港口成为那些枢纽的中心，西方文明的思想从这里慢慢传遍各地。

次日早晨，总督带着我们乘坐他的双层马车，沿着岛上一条路况良好的道路行驶。这座岛屿上分布着许多小小的山冈，中间生长着植被茂密的丛林，丛林里老虎横行。据说，岛屿上每年都有超过300人葬身虎口。我们在自来水厂附近下了马车。我们站在堤岸上面，朝着丛林望去，总督指着不远处，没心没肺地说："顺便说一下，那片丛林里有只老虎，但是从不攻击白人。"这话存在肤色歧视，国王听得出来。我注意到，他很不自在。国王很快提议我们原路返回。驶向旅馆的路上，他仔细观察那片丛林。海上有海盗，路上有老虎，他可是"吮吸"到了很多处世经验。

晚上，我们出席国宴，宾客如云，军乐队演奏乐曲，锡克族警卫身穿白色制服，蒲葵扇搅动不流通的空气，英式生活在热带地区完美再现。那些男人面露倦意，那些妇女面容憔悴。每个人都渴望返回英格兰度假，结束殖民生活。但是，这场晚宴期间，我们发现英国人的膳食很不健康。抵达欧洲之前，我们每次参加晚宴，都会出现这种问题，因为他们的习惯和口味已经根深蒂固，即使当地人在经年累月的实践中因地制宜发展出了热带健康膳食，英国人仍然固执地加以拒绝。学者们常讨论"欧洲人能否在热带地区人丁兴旺"，但我注意到，讨论过程中，没人考虑到一个事实，那就是这个问题的答案主要取决于他们的饮食。那些欧洲人，尤其是英格兰人，来到赤道附近，却坚持食用只适合英格兰凉爽气候的肉类；这就好像爱斯基摩人站在太阳底下，却仍然要求食用鲸鱼的脂肪。外派热带地区的英国人在任期结束时，身体普遍不如从前，他们把责任推到气候上面。但是，旅行期间，我遍访各地的医生，询问他们为何衰弱无力，那些医生无一例外地回答说，因为那些欧洲人拒绝采用当地人那种简单的膳食，即只吃水果、蔬菜和鱼肉，不得饮用酒精饮料，那样能够避免胃部负荷过重。那些欧洲人背井离乡，来到热带地区，有些与世隔绝，他们继续采用祖国油腻的膳食，并以此为乐，还宣称如果水果蔬菜变成主食，自己简直生不如死，尽管那些东西最合热带地区富人的胃口。我们的祖国夏威夷就是一个试验场，检验白人的生活方式在热带地区是否行得通。因为条件所迫，那些传教士生活简朴，采用当地人的膳食，他们从来不会因为气候变得衰弱无力。他们之中大部分人丝毫不会因为气候而身体不如从前，而是仍然像新英格兰的先辈那样充满活力。但是，生活富裕之后，他们的后代不再像先辈那样过朴素的生活，因此身体不如从前，这种迹象越来越明显。

这场晚宴期间，总督向国王敬酒。他说，自己见过许多波利尼西亚人，他们天性善良，侠义心肠，其中新西兰的毛利人最为引人注目，他们的语言和夏威夷人的语言有些相似。他说，当地曾经发生内战，其中有支军队耗尽火药，于是亮出休战旗，趁着双方暂停作战，派人送信给敌军，请求暂借火药一用，承诺战斗结束后，立即做出补偿；得知对方遭遇不幸，敌军宽宏大量，立刻表示同意。

柔佛大君阿布巴卡苏丹殿下，邀请国王访问自己的王国，一个英国的附属国。我们乘坐他的蒸汽游艇"潘带"（Pantie）号，前往他的领地，那里距离新加坡十四英里，两地之间隔着塔布罗海峡。游艇的上甲板上，支着一顶大大的凉棚，我们就在那里享用早餐。在这个热带地区，椰树的长势最为喜人；一丛丛的椰树，从海岸边缘向内陆延伸，绵延好几英里，岸上立着一片片的小屋，那是当地人的村庄。我们刚抵达登陆处，向王室致敬的21响礼炮声就立刻响起；只见宽宽的台阶，从登陆处顺着一座山冈向高处延伸，山顶矗立着大君富丽堂皇的宫殿。苏丹的兄弟阿都马吉和阿普杜拉前来迎接我们，领着我们穿过码头，那里建有一座高耸优美的竹子建筑，上面装饰着鲜花和旗帜。宽宽的石阶铺着地毯，坡度很是舒缓，我们拾级而上，经过长途跋涉，抵达皇宫；当地的士兵，顺着台阶两侧呈一字排开。我们一行人检阅一群马来人，他们身穿本国光鲜的制服，手中握着长长的长矛和宝剑，头上戴着红色的土耳其毡帽。队伍大踏步前进，最前面的那个人，握着一把巨大的宝剑，外面套着镀金剑鞘；有个人紧紧跟着我们，举着一顶巨大的红色仪仗伞，上面装饰着大量金色的花边。大君站在雄伟的会客室的入口处迎接我们，热情友好地同国王握手；锡克族警卫举枪致敬；朝臣鞠躬致敬；两位君主登

柔佛大君（1881）

上高台，坐在那里交谈。国王的侍从先被引见给大君；接着，最高级的马来首领，高级政府官员，被引见给国王。宫殿外面挤满了当地人，他们在旷阔的草坪上面，盘腿而坐，身穿色彩亮丽的纱笼，不断咀嚼槟榔，他们守候在那里，只为看一眼同他们肤色相同的外国国王。

有人领着我们走出会客室，进入大君的皇宫，那座宫殿建成不久，宏伟壮观，正面长达300英尺。接待室毗邻一座巨大的舞厅；两间房屋的顶棚都很高。整体结构构思巧妙，不必使用玻璃，却能遮着帘子，把热浪挡在外面。两间房屋富丽堂皇，里面摆放的主要是法式、英式和日式家具，但是那些马来人摆放家具的技巧，比不上大多数更为发达的民族。

会客室外面的走廊，又宽又长，空气清新，通向许多套房。分配给我的套房有三个大房间，高出地面20英尺。卧室的角落里建有一座镀金悬梯，通向楼下的一个大浴室，里面铺着瓷砖，中间放着一个巨大的大理石浴盆；每套房间的下面，都有一个这样的浴室。洗澡水就像水晶一样清澈，不是从水龙头流出，而是顺着大理石水槽倾泻下来，冒着气泡，溅起水花，那些大理石浴盆很大，人们简直可以在里面游泳。

每间套房的门口，都站着马来仆人，他们身穿黄色的制服，头戴华丽的礼帽；要想召唤他们，我们只需拍拍手，但是双方进行交流，主要靠打手势。那些仆人和其他东方国度的仆人没什么区别，他们如果听不懂你的话，就会认定你想要白兰地、苏打水或是香槟酒，并立刻端来那种酒水。

得知将要会见统治着一百个民族的君主，国王再次尝试利用羽毛斗篷"造势"。他没有同自己的侍从商量，而是再次警告男仆罗伯特不要犯戒，不知节制，命令他身着羽毛斗篷，做到举止端庄、头脑清醒。我们走下大君的游艇，男仆走上前来，手戴白色手套，头顶白色头盔，肩披华美的羽毛斗篷。这种装扮很能造势，但是，大君的官员立刻认定，他身居要职，安排他与王室成员同行。国王忘记可能出现这种麻烦，命令男仆跟在后面。男仆退后一段距离，但是，马来官员依然相信他身居高位，安排他与低级官员同行，他在官员的簇拥下，迈着大步，抵达雄伟的会客室；与此同时，他负责看管的那些行李却全部搁在游艇上无人看管。

那件斗篷色彩亮丽，独一无二，引起大君的注意；他命人把斗篷递过来。他对斗篷赞不绝口，询问在国王的国家，拥有什么头衔才有资格穿那种斗篷。国王回答说："最高级的首领才有资格。"大君接着问道，现在穿着斗篷的那个白人，拥有什么头衔。国王再次陷入窘境，有些犹豫不决，但是片刻之后回答说，举行某些国事活动，仆人可以替首领披斗篷。大君询问国王，他的人民能否制造精美的东西，是否也像日本人那样心灵手巧。国王谦虚地回答说，他的臣民从事农业，基本没有发展艺术。

午餐期间，大君安排国王坐在他的右边，我坐在他的左边，希望了解波利尼西亚人的血统。他听说，波利尼西亚人是马来人的后裔，如果情况属实，两种语言应该拥有相似的词汇。因此，我们开始对比两种语言，结果一目了然："火"在马来语中是"api"，在夏威夷语中则是"ahi"；"眼睛"在马来语中是"muta"，在夏威夷语中则是"muka"；"五"在马来语中是"alima"，在夏威夷语中则是"lima"；"二"在马来语中是"dua"，在夏威夷语中则是"alua"。相似的词汇很多，表明两个民族的祖先相同；但是，人类学家认为，这并不足以令人信服，也许只能表示两个民族早年存在贸易往来。

这些人类学的"红色胎记"使得两位君主融洽相处，他们其实也愿意相信，他们这些"失散已久的兄弟"在此重逢。

当天下午，我们乘坐马车游览皇宫景色优美的庭院，穿过枝繁叶茂的榕树丛，圣洁的海芒果树，不断绵延、娇艳美丽的王莲，无穷无尽的兰花，瞥见不计其数的棕榈树和蕨类植物。

居住在新加坡的人士受邀参加国宴，晚上，大君的游艇载着他们返回柔佛，来宾共有大约70人，包括领事、英国殖民官员、贸易商和海军指挥官。

大君头戴一顶小小的土耳其毡帽，正面镶嵌的钻石组成一弯新月，凹陷处镶嵌的钻石组成一颗硕大的星星；他的衣领也镶满钻石，手上戴着钻石组成的镯子，前襟上面挂满镶嵌着宝石的勋章；甚至他上衣的纽扣都是硕大的钻石，他的剑柄和剑鞘都装饰着名贵的宝石。相比他那极尽奢华的宝剑，我们其貌不扬的仪仗剑就像是个穷亲戚。

餐桌上面摆放着沉重的镀金餐具。每件餐具都刻着阿拉伯人物；这些餐具肯定造价不菲。

虽然欧洲的葡萄酒种类繁多，欧洲人饮酒也无拘无束，但大君是位穆斯林，因此从不品尝葡萄酒。他举起酒杯，祝愿国王身体健康，嘴唇只是轻触酒杯。国王询问他："您不饮用葡萄酒吗？"他回答说："不喝，我们的信仰不允许；喝酒不好；在我们这种地方，欧洲人如果喝酒太多，就会活不长。"接着，他还说："您一定要尝尝我们的咖喱；我们马来人都喜欢吃。"有人端来装有米饭的金碗，之后端来的金碗，装有各种肉和蔬菜，漆器碟子里面还装着30种不同的调料。

晚宴接近尾声之际，大君起身发言。他的英语有些磕磕巴巴，时不时地需要依靠翻译。大君转过身，握住国王的手说，他祝愿国王身体健康；他非常高兴能够迎接国王，国王来自十分遥远的国度，但是国王治下的臣民，与他自己的臣民很相似；他为自己的英语比不上夏威夷国王表示歉意；他希望国王能够安然无恙地回国，记得他的小王国柔佛。夏威夷国王回答说，他现在发现，自己的人民是亚洲人，他希望亚洲各国未来变得富强，能够相互支持。

此后，有人领着我们来到皇宫宽阔的大理石阳台，凭栏远眺，可以看到那些庭院，以及大陆地区暗淡无光的森林。抬头仰望，空中挂着一轮明月。森林里面，有群人操着马来语演唱凄婉哀怨的当地歌曲，树叶遮住我们的视线。转过身去，月光照着巨大的大理石宫殿,那些宽阔的走廊光线充足。只见锡克族警卫顺着大道来回踱步,他们戴着白色头巾,枪管擦得锃亮,月光透过浓密的树叶照在上面,闪闪发光。我此前提到的那位梦到自己深居大理石殿里的诗人,他的面前便展现出这般景象。

两位君主相信自己的祖先相同,相互讲述了一些相关的传说,之后产生倦意,离开阳台,在大理石大厅里面就寝,而不是去做黄粱美梦。那些客人,本来待在富丽堂皇的房间里面,此刻不见踪影。警卫从剑鞘里面抽出宝剑,在两位君主的卧室门口走来走去,这些马来人就像天使那样,保护着熟睡的君主。

破晓时分,国王召集侍从前往他的套房,在豪华的阳台集合。我们在巨大的喷水池里面沐浴,然后在柔软的地毯上面休息,此刻只是穿着睡衣。马来仆人端来咖啡和山竹,他们与我们的习惯非常相似。太阳慢慢升起来,空气清新,光线柔和,一片寂静;鸟儿长着鲜艳的羽毛,轻轻掠过榕树茂密的枝叶;海峡另一边,生长着辽阔的椰树林,上面长着羽毛状的叶子。这座富丽堂皇的宫殿孤零零地矗立在高地上面,视野宽阔,可以看见海水、森林和庭院,艺术和自然在这里完美地结合,在我们访问过的东方国度中鹤立鸡群。

大君同我们共进午餐,在接待大厅举行欢送仪式后,他领着国王,从一排排的当地士兵中间穿过,抵达码头,那里仍然装饰着藤蔓和鲜花。他同我们这些客人道别,他的游艇载着我们前往新加坡本岛。我们抵达登陆处,大君的双层马车载着我们,横穿这座岛屿，沿着路况良好的道路行驶，经过许多丛林，国王密切关注那些丛林，提防碰到贪图口福的老虎，以防万一它们堕落到喜欢吃黑人肉，从树丛里面跳出来，吞掉夏威夷王朝。

我们途经新加坡，在总督府短暂逗留，同总督道别。

就在我们乘坐双层马车，横穿这座岛屿的时候，罗伯特接到指令，携带羽毛斗篷，乘坐游艇返回旅馆。得知可以暂时离开主人的视线，他决定夸大自己的职位。与他同行的那几个欧洲人告诉我们，他时不时地举起斗篷，朝着斗篷鞠躬，仿佛那是一件圣物，给马来的低级官员和仆人留下深刻印象。他下达命令，派人专门看管这件世间罕见的珍宝。此外，他告诉游艇上面的几个欧洲乘客自己是位男爵。他无视伊斯兰教的禁欲戒律，等到他抵达市区，那件斗篷早被忘在脑后，他落下斗篷，独自返回旅馆。国王发现斗篷失踪，命人四处寻找，结果发现斗篷在游艇上面，得到柔佛王室两位马来官员的严密保护。罗伯特因此再次丢掉要职。

此刻，我们登上"麦加"（Mecca）号蒸汽船，前往加尔各答和沿线的港口。弗雷德里克·韦尔德爵士带着全体职员陪同国王到达码头，许多领事团成员也随行前往。国王离开的时候，军舰和堡垒按照惯例发射向王室致敬的 21 响礼炮。柔佛大君考虑周到，命人送来热带水果，堆得蒸汽船满满当当，还有人奉他的旨意，使用花环装饰船舱。

第十七章

在马六甲短暂逗留——抵达槟榔屿,副州长前来迎接——一个"中国佬"的豪宅——舞女的表演——印度的种姓制度——毛淡棉——储木场的大象——动物的智商——缅甸婚礼——仰光——佛塔——缅甸的妇女解放运动——东方庆祝英国女王诞辰——英国势力无处不在——做祷告的穆斯林——进入胡格利河——"恒河!恒河!"

我们乘坐蒸汽船前往马六甲,右面是若隐若现的金山,距离我们越来越近,传说那是所罗门国王的财富之源。太阳从东方升起,阳光洒满山峰两侧。

常驻马六甲的英国官员登上蒸汽船,在此短暂逗留期间,她带着我们前往一座古老的大教堂,葡萄牙人1520年修建了这个教堂,后来被荷兰人夺走,英国人又从荷兰人手中夺走教堂,现在已经荒废。那里有一座巨大的教学楼,几个国家的孩子混在一起,他们来自马来半岛、中国、印度和欧洲;所有的孩子都在学习使用英语读书、写字；英国势力在东方四处播撒生命力旺盛的文明之种，这便是其中的一颗。对于那些民族的迷信思想而言，这种语言知识就像毒药一样，毒性要比任何宗教宣传更加猛烈。

我们抵达槟榔屿，副州长麦克奈尔（McNair）上校前来迎接我们，我们乘坐马车，前往政府大楼，共进午餐，然后沿着林荫道行驶，穿过棕榈树和王莲，抵达一个"中国佬"的豪宅，在那里短暂逗留。那座巨大的建筑，设计十分巧妙，不必使用玻璃，只需调整质地轻盈的百叶窗的开度，角度恰到好处，那些墙壁就会变得不见踪影，整座建筑好像一个鸟笼，空气流通自由，没有任何阻碍。住宅里面摆放着奢华的家具，名贵木材的气味扑鼻而来。

大量中国人漂洋过海，来到这里定居。他们通过自己的努力成为贸易行家，祖先崇拜曾经把他们同中国紧密联系起来，但随着他们年龄的增长，这种纽带逐渐消失。在亚洲这一地区，这个民族前途光明，这点显而易见。他们寻求保护，并不需要依靠国旗或是炮舰，因为英国势力在那里维护法制和秩序，那些好战的部落能够自我克制。即便是英国贸易商也无法和他们竞争，只能通过转口贸易和批发贸易获得利润。以前出没在公海上的海盗已经销声匿迹；英国军舰在此公海巡逻，而且在必要的情况下，不惜推行"铁血政策"以传播维护秩序的思想。据说，如果野蛮人去拽英国人的鼻子，第二天炮舰就会现身，报复这种无礼的行为。

第十七章

在此耽搁六个小时后,我们设定了向毛淡棉进发的航线。前客舱的乘客,有位带着随从的舞女。她让一个乘务员递给国王一张便条,请求国王赏光,观看她的舞蹈。这张便条上面,写着以下内容:

怀着敬仰思慕、受宠若惊之情,我想对您说,您御驾亲临,这是幸运女神对我的眷顾,万能的主对我的保佑,让我感到无比自豪,荣幸之至。因此,我殷切希望,能够为阁下献艺,借此表达我的敬意,恳请陛下圣裁。

舞女
伊玛姆苏·亚胡

她的随从,负责布置舞台,他们用绣着花纹的地毯遮住主舱口;把灯笼吊在固定船帆的绳索上面,还把一串旗子挂在主舱口的内侧。那个"舞女"粉墨登场,里面穿着拖地的裙子,外面套着贴满小亮片的短上衣,衣襟前面绕着披肩,光着双脚,脚踝围着银铃;她举起双臂,只是不断摆动肘部,晃动手指;接着向前迈步,开始伴着叮叮当当的铃声,摆出各种姿势,她扭动腰身的样子很像夏威夷舞蹈。四个露出双腿的印度教徒为她伴奏,他们用食指敲击一面鼓,拨动一把单弦琴的琴弦。然后,她拜倒在国王面前,称呼他为"苏丹",最后绕圈跟观众要钱,这种"拿着帽子收钱"的风俗通行世界各地。

待在客舱甲板上面,俯视前面的乘客,人们可以看到,那些印度教徒死板地遵守种姓制度；那是社会停滞不前的外在表现。属于某个种姓的一个乘客，拒绝食用任何在蒸汽船上烹制的食物，拒绝饮用为乘客提供的优质饮用水。属于另外一个种姓的乘客，购买岸上制作的米糕，小心翼翼地保管起来，以防遭到别人玷污，他们使用罐子盛水，避免沿途受到污染。有位船长说过，即便是印度的猴子，都会遵守种姓制度，只喝特定的容器里面的水。他说，猴子能够帮上大忙；他目睹一群猴子爬上高耸的椰树，在人类无法触及的高度摘椰子；只见一条条长长的绳子，一头拿在主人的手里，一头系在猴子的腰部；等猴子碰到一堆堆的椰子，主人便拉动绳子，指挥猴子采摘椰子。

我们的蒸汽船慢慢驶向毛淡棉港，准备在此短暂逗留，我们注意到，河岸上面建有一些木材厂，大象正在搬运木材。来到这里，我们便有机会验证孩提时代学习的地理知识；大象是否能够灵巧地工作？我们请求船长，不要去通知英国治安官国王已经到达毛淡棉，这样我们短暂逗留期间，就有机会研究动物的智商。我们毫不声张地在河岸登陆，前往那些木材厂，尽量抛开王室礼仪，坐在一大堆木材上面，观察储木场的那些大象。有只大象正在工作，背上驮着一个鞍子，上面坐着饲养员，饲养员握着一根短短的铁棒，指挥大象工作。大象挽具的缰绳是沉重的锁链；大象按照命令推动一根原木，运到木材厂的平台旁边；接着转动身体，把长牙放到原木一端的下面，把原木举到平台上面；然后，再次转动身体，把原木举到预定的位置，用鼻子来防止原木滑动。如果原木的位置不对，大象显然能够发现误差，还会把头低下，用脑袋或是长牙顶住原木，校正原木的位置。原木锯好后，大象使用长牙顶起废料，使用鼻子把木板搬下平台，然后运到垃圾堆，鼻子好像手指一般灵活。大象把锯好的木料或者木板聚拢到一起，直到达到搬运定额；大象把鼻子放到这些木头下面，把木头运到堆好的木头旁边，放在最上面，调整好位置。大象显然能够扫视这堆木头，如果位置不正，就会校正木头的位置。大象圆满地完成任务，显示出超凡的智慧，这点显而易见。但是，大象总是听从饲养员的指令，饲养员坐在大象的耳朵后面，可以随意使用自己的棒子。因此，饲养员的行动，也许才是这种动物真正的智慧源泉。

然而，通过另外一件事情，我们注意到，大象似乎能够思考问题。有只大象正在等待分配工作，苍蝇落在大象的腹部和腿部，引起皮肤瘙痒。大象伸出鼻子，收集一些小石子。然后它冲着那些苍蝇扔石子，动作十分灵巧。接着，大象找到一根长长的树枝，把树枝的一端放在脚下，折成两段。大象用鼻子卷起比较短的一段，就像手握短剑的人那样，摩擦瘙痒的那条腿。

我们乘坐马车横穿毛淡棉城，注意到有对下层的新婚夫妇，在一座非常简陋的房子里面招待亲朋好友。只见新娘的母亲戴着一只巨大的黄铜圆环，圆环穿过她的鼻子，遮住她的下巴，她光着双脚，脚踝围着白银圆环。这种打扮似乎十分流行，那些女性喜欢把这些个头太大、带来不便的装饰品，戴在鼻子和耳朵上面，以及脚踝周围。我们的车夫是个当地人，他向我们讲述了结婚典礼的情况。我们在房子门口停留片刻，观看婚宴的情景。

国王指示车夫召唤新娘过来。她毕恭毕敬地走到我们的马车前，那些客人跟在她的身后。国王递给她一枚英国的金币。她接受赏赐，看着金币，一脸诧异，但是深深鞠躬，接着带着国王送的嫁妆，返回那座房子。

154　　我们返回蒸汽船，之后换乘"彭巴"（Pemba）号蒸汽船，那艘蒸汽船当时即将起航，前往仰光和加尔各答。有个戴着白色头巾的锡克族士兵来访，带来孟邦文职指挥官达夫（Duff）上将的口信，表示上将得知国王抵达的消息，希望觐见国王，进行正式访问。不久之后，上将来访。为了避免他感到尴尬，国王表示，自己此前一直隐姓埋名，即便他有所照顾不周，也应该是自己来负全责。

离开毛淡棉后，我们的蒸汽船抵达仰光，在伊洛瓦底江（Irrawaddy）停靠了几个小时。英国特派员巴纳德（Barnard）先生派人开来自己的汽艇，载着我们抵达江岸，他提出，准备按照惯例，使用军礼欢迎国王，国王婉言谢绝；但是，我们在指挥官的官邸共进午餐。我们乘坐马车，来到一片俯视市区的高地，那里建有一些佛塔；那些佛塔的圆顶，在日光下闪闪发光；佛塔数量很多，证明佛教在那里兴旺发达。这些佛塔旁边建有英式房屋，立着英语路牌，英国势力的痕迹，颇为浓厚，无处不在。那里的公立学校教授英语，那些缅甸孩子已经成为英国的臣民，学习西方思想以及那些大国的情况。

支持"妇女解放"的那些人来到缅甸，肯定会见识到最先进的思想。在这里，妇女解放运动取得巨大的成功，因为按照风俗和法律，妇女有权选择自己的丈夫。这种做法为何兴起，我无从得知，但是显而易见，这种惯例是对男权的颠覆。出现在街道上面的那些男人似乎并未露出凄惨的表情，如此颠倒社会秩序，也许真的能够促进家庭幸福。我们时不时地看到，有些男人额头上面画着符号，那是用赭石涂上去的；我们认定，他们属于受到鄙视的阶层，永远没有妇女愿意嫁给他们。

我们当天留宿在政府驻地，次日动身前往加尔各答。那天是英国女王的诞辰纪念日，整个亚洲都知道。那天早晨，这条消息已经像小鸟那样，张开翅膀，飞到最遥远的角落。伊洛瓦底江上面，传出枪支发出的阵阵响声，飘出礼炮冒出的滚滚浓烟，就像在泰晤士河，或是莫西（Mersey）河那样。这般景象使人产生联想，相比女王幅员辽阔的领地，亚历山大大帝的帝国，就像是个菜园。

当地的英国特派员同样沉默寡言，和蔼可亲，衣着朴素，然而，他只需要把手指放到按钮上面，就能召集舰队和陆军。按照中国人的说法，他和其他令人钦佩的文职官员能够统治成千上万民众就已经心满意足，不会去"压榨他们"。那些官员人到中年就会得到养老金，返回英格兰，在美丽的家乡安享晚年。

有个滑稽的英国人告诉缅甸人，国王这位外国君主属于食人族，他出国期间，花费 300 卢比买来一个肥胖的"中国佬"，吃进肚里。登陆处挤满了人，他们只想看一眼食人者。人们也许会世代相传这个故事，现身缅甸的这个食人者，是位衣着考究的苏丹，他的国家与缅甸远隔重洋，但是他有着鼎鼎大名，甚至英国人都要发射多发礼炮，向他表示敬意。

蒸汽船的普通统舱里面，也就是前甲板上面，住着一些东方人，他们来自许多不同的民族，包括中国人、马来人、穆斯林和印度教徒。其中最具有个性的是那些穆斯林，他们在傍晚时分祷告：他们显得无比虔诚，但是他们引人注目却又毫无新意的动作就像在做体操，也许有些流于形式。《古兰经》不许他们拥有私人房间，因此他们随遇而安，在所到之处，营造自己设想的氛围。美国人会说，与安拉交流的时候，自己更希望得到五英亩土地。太阳就像火球一般，随着夕阳西下，有个穆斯林走到甲板上的一块空地，小心翼翼地放下他不值钱的毯子，不慌不忙地整理自己的土耳其毡帽，面朝夕阳，那是麦加的方位。他高高举起双臂，一动不动有一阵子；接着，他慢条斯理地屈膝下跪，双眼盯着太阳，双唇动个不停，然后，他起身站立，再次像塑像那样一动不动。接着，他的额头轻触甲板三次，不断重复某种仪式，样子始终十分谦卑。接着，他慢条斯理地起身站立，挺直身板，双眼紧闭，十指紧扣，放在胸前，喃喃低语，用阿拉伯语做祷告："真主最伟大！真主最伟大！"他再次屈膝下跪，动作引人注目，优雅得体，从容不迫，然后再次起身站立，用阿拉伯语不断重复

"万物非主，唯有真主，穆罕默德，乃主使者"。接着他收起自己的毯子，四下张望，扫视围观的人，然后"结束表演"。也许他虔诚的祷告更多是源于家庭的传统，而不是出于自己的诚心；也许他的动机并不单纯，无法分析。不知朗费罗（Longfellow）[①]是否解释过自己的祷告文：

> 安拉给黑暗之处带来光明，
> 安拉为痛苦之人带来宁静；
> 安拉让那哭得惨白的双颊，
> 再次显现些许红润的颜色。

见到穆斯林在做祷告，那些中国人、印度教徒和马来人全部无动于衷。一个世纪以前，这些不同宗教的信徒心胸狭隘，满怀恨意，相互残杀。但是，他们如今十分清楚，飘扬在桅杆顶上的那面旗帜，象征着法制和秩序。倘若《福音》里面写道"你们去吧，确保各国永世和平相处"，那些英国人显然正在履行这条圣训。

起航的第三天，我们进入一片浑浊的水域，那是胡格利（Hooghly）河。眼前的景象逐渐由蔚蓝的海水变成土黄的河水，突然，前甲板上的印度教徒大叫，"恒河！恒河！"他们张开双臂，伸向那条流经圣城贝纳勒斯（Benares）的圣河。

[①] 亨利·沃兹沃斯·朗费罗（Henry Wadsworth Longfellow，1807—1882），美国诗人、翻译家。——译者注

第十八章

在加尔各答受到热烈欢迎——英国文职官员——英国势力统治印度的秘密——对比美国的黑人问题和东方的民族问题——"圆顶礼帽"的流行——莫卧儿末代国王——躲开末代皇帝——敬语的经典文献——罗伯特再次努力恢复自己的世袭身份——动身离开加尔各答，前往孟买——火车的降温装置——一片荒芜的国家——灌溉需求——印度政治家的欧洲文明观——国王发明出一种新的功绩勋章——圣城贝纳勒斯——抵达庙宇和恒河——供奉猴子的寺庙和泰然自若的山羊——僧侣的逻辑——在孟买得到盛情款待——帕西人——寂静之塔——詹姆塞特吉·吉吉博伊爵士富丽堂皇的府邸

我们抵达加尔各答，刚刚准备下锚停泊，便有一位麦考利先生登上我们的蒸汽船，他是历史学家托马斯·麦考利（Thomas Macaulay）的亲戚，也是幅员辽阔的孟加拉邦的部长，他带来了总督阿斯特利·伊登爵士（Sir Astley Eden）的请柬，邀请国王

成为总督的客人，前往离加尔各答市不远的大吉岭，文职官员基尔希（Kirch）先生随行前往。每年的这个季节，总督都会搬到西姆拉（Simla）居住，以躲避平原的滚滚热浪，那些英国居民会搬到山上居住，总督府同样会搬到西姆拉办公，政府在加尔各答的社交生活暂时告一段落。尽管总督真心实意地发出邀请，但由于我们只会在印度短暂逗留，只能婉言谢绝他的盛情款待。国王已经厌倦东方的生活，迫不及待地希望游览欧洲。对于东方的那些重大问题，他没有丝毫的兴趣。对他来说，旅途中的场景和事件只不过是一些玩具，他现在感到有些厌倦，要想让他打起精神，必须向他颁发军功勋章，因为他回国后，可以展览那些勋章。

因此，他们安排我们在当地的旅馆住宿。他们表示准备按照惯例，发射向王室致敬的礼炮，举行阅兵仪式，国王婉言谢绝。天气温暖宜人，国王希望穿着睡衣。当地政府的代表对他彬彬有礼，在国王能够容忍的范围以内，保留了尽可能多的礼节仪式。

这些英国文职官员沉默寡言，富有才干，训练有素，为人谦逊，衣着朴素，他们管理孟加拉邦的6000万居民。他们能够承担巨大的责任，管理先辈在印度打下来的江山。通过胡作非为、敲诈勒索从当地民众那里攫取巨额财富的时代已经一去不复返了。印度现在的管理者都来自英格兰，他们自愿背井离乡，期盼在此达到规定年限，做出一些成绩后，能够回到宁静的家乡，安享晚年；尽管如果他们愿意，就能成为小专制者，统治超过两亿五千万民众。与我们同席的，就是这些意志坚定、清正廉洁的官员，他们熟读政治学，熟悉当地的语言。然而，英国依靠武力统治这里，武力就像一颗地雷，如果当地人懂得如何引爆地雷，英国势力就会荡然无存。我询问麦考利先生，五万名英国士兵如何能管理两亿五千万民众。他回答说："因为他们内部意见不合；如果他们能够达成共识，我们的统治就会立刻成为历史。"对于这些人而言，种姓制度和宗教信仰要高于爱国主义。穆斯林和印度教徒不能共用一首国歌。英国人很有管理头脑，知晓这种民族仇恨的力量，因此那些士兵不过拥有一个警察俱乐部的人手，却能管理世界五分之一的人口。美国人说，本世纪有个重大的挑战，就是管理本国的黑人社会。美国的八百万黑人使用英语，公开接受基督教学说，习惯服从强大的民族，利用这种形势，要比实行法制更加有效。统治、管理这八百万头脑简单的黑人，的确非常重要，但是相比重建两亿五千万民众存在缺陷的文明，这项工作就显得微不足道，因为那些民众的思想和文学之树仍然生机勃勃，只是因为存在历史悠久、一成不变的风俗和习惯，树干染上干腐病。

总督府的代表带着我们乘坐马车，访问一些宝塔、堡垒和监狱，还有一个广场，每天下午，英国居民和当地居民会徒步或者乘车，前往广场，共聚一堂。在这里，我们见识到"圆顶礼帽"的流行。无论高温酷暑，还是其他的气候条件，都无法终结那种时尚。英国的贸易往来席卷全球，就像展翅飞翔的鸟儿，绑在鸟儿翅膀上的圆顶礼帽，也就传遍世界各地。人们对待圆顶礼帽，就像面对国旗或者议会那样,怀有深深的崇敬之情。据说,有个马来海盗,曾经遇到一名英国治安官,治安官裸露着身体,只有头上戴着丝质礼帽。他宣称,那顶礼帽能够无可辩驳地证明,自己忠于英国女王。

　　国王访问新加坡期间,有人建议他前往加尔各答的郊区,参观莫卧儿末代皇帝的皇宫和动物园。这位被罢黜的皇帝每年都从英国政府那里获得50万美元,生活多姿多彩,拥有大约300位妻子,但是他声名狼藉,心狠手辣;他为了寻找乐趣,收集野生动物,过着放荡不羁的生活。国王希望会见他;但是出于政治原因,我们必须阻止国王。对于印度教徒而言,一位大名鼎鼎的国王得到英国人的同意,会见他们被罢黜的皇帝,能够表达国王的敬意。如果夏威夷国王访问他那被罢黜的君主兄弟,英国政府倒是不会加以制止,但是他们希望国王不要向其表达敬意。我们这些侍从建议国王不要访问那位皇帝,但是国王充满好奇,希望见到那座气势恢宏的建筑,因此变得顽固不化,下定决心出访。因此,我们打出一个幌子阻止此事。我们安排别人送来便条,声称末代皇帝的皇宫里突然有人感染麻疹。高贵的主人回想起自己的先辈在伦敦丧命,不少民众死于非命,再加上考虑到三明治群岛,只好放弃原定计划。看到这个幌子行之有效,我们后来如法炮制,至于事态发展,此处暂不赘述。受过加冕礼的那些人有句格言,就是自己凌驾于一切法律之上。由此得出一个推论,服侍国王的那些人,凌驾于一切良知之上。回国后,我们坦白自己的罪恶，得到国王的赦免。

对我而言，加尔各答令人向往的地方，就是克莱夫（Clive）和沃伦·黑斯廷斯（Warren Hastings）的故居。两人远离祖国，都是出于商业目的，但是他们举起宝剑，纯属机缘巧合，为英国势力的扩张开辟了道路，世界上这样一片幅员辽阔的土地，从此以后成为英国的势力范围。乔治三世国王和诺斯勋爵（Lord North）实行愚蠢的政策，抛弃美洲的殖民地，这两个人却在弃武从商，重新建立一个巨大的帝国。

有几个印度教徒曾在英语学校受过教育，他们通过信件，向国王申请在他的岛国任职。别人告诉我们，其中一封书信堪称敬语的典范：

加尔各答，1887 年 [①] 5 月 29 日

万能的苏丹阁下：

　　阁下虚怀若谷，慈悲心肠，光临商行的时候，曾经赏识我的工作能力，陛下的宽广胸怀，令我折服。能够握住您那只神圣的手，我深受鼓舞，倘若能够在您的大帝国任职，我将感到无上荣光。我的字字句句都在表达崇敬仰慕之情。我怀着无比的敬意，拜倒在威严的陛下面前。

　　　　　　　　　　　　　　您最为忠诚的"仆人"

---

① 原文如此。——译者注

谈到敬语的典范，达弗林（Dufferin）夫人举出一个类似的例子。有位杰出人士写道：

您对我和蔼可亲。祝愿万能的上帝，让您能够种瓜得瓜，种豆得豆。

罗伯特再次给我们带来烦恼。抵达加尔各答之后，他再次努力抬高自己的身份。在旅馆登记身份的时候，他写的是"男爵，宫廷侍从"，在没有通知我们的情况下，有人把他安排在高级套房。那些侍从安排他与国王同席，但是他没有露面，有位政府职员请求给出一个解释。我就把他带到一边，实话实说，向他讲述男仆颇为传奇的经历。那天晚上，国王起身离开后，我向这些绅士讲述罗伯特给我们带来的苦难，听到各种各样的趣闻逸事，得知羽毛斗篷的曲折命运，他们满心欢喜。他们承认，即便是总督府，也出现过同样荒唐可笑的事件。男仆彬彬有礼，个子高挑，肤色红润，谈吐优雅，给这些绅士留下深刻的印象，同时又带来无尽的困惑。

我们搭乘总督的专用车厢动身前往孟买，准备横穿印度，取道贝纳勒斯（Benares）；这节车厢的陈设颇为朴素；火车的另外一节车厢就像一只大大的圆桶，专用车厢的顶部有个大水箱，水从水箱流进那只大桶。窗框里面拴着枯草编成的轮子，那种植物叫作库斯库斯（khuskhus）。随着列车向前行驶，风呼呼地刮着，带动轮子飞快旋转。那些轮子上面有个水箱，从里面流出一股股细细的水柱，通过水汽蒸发，保证车厢里面空气凉爽。行李旁边放着一个箱子，里面装着冰块，上面写着某位先生的提供说明：

国王陛下，
卡拉卡瓦先生。

旅途期间，我们穿过数百英里干旱贫瘠的土地，因为雨季尚未开始。据说，如果在印度这片广袤的地区修建排水系统，恰当使用肥料，当地的人口也许会是现在的三倍，且依然能够依靠这片土地实现自给自足。我们极目远眺，在方圆一千英里的范围以内，只有晒得开裂的土地，丝毫没有绿色的植被。

据说，我们身处的这片土地的普通民众，命中注定忍饥挨饿，凄惨度日。但是我回想起海得拉巴（Hyderabad）的纳瓦布·迈赫迪·阿里（Nawab Medhi Ali）的言论，这位大名鼎鼎的印度政治家曾经访问英格兰，刚刚回到印度。谈到"两亿铁人"蕴藏着的工业力量，以及工业区依靠蒸汽动力驱动的英国机器，他流露出钦佩之情，接着对比英国和印度的情况；但是，他说："英格兰远远没有实现全民共享幸福，民众的贫困状况令人触目惊心，他们的凄惨境遇令人万分悲痛，仅仅就伦敦的一个街区而言，陷入这般境地的人数，就超过了整个德干高原，甚至可以说，超过了整个印度。"那么，基督教文明能在英格兰不断发展，是否有悖常理，荒诞离奇？1893年爆发革命以前，基督教文明是否基本上就是法兰西文明？因此，听到国王这个头脑简单的波利尼西亚人时不时地表示，自己本族臣民生活快乐，且快乐程度可以和自己旅途中遇到的任何民族相提并论，我并不感到惊讶。

我们按照计划横穿印度，旅途期间，国王开始厌倦注视窗外的景色，为了打发时光，他发明出一种新的功绩勋章，勋章以他的王后命名，称为"卡皮欧拉尼勋章"（Order of Kapiolani）。他说，自己渴望向几位知名的女性文学家授勋；他提到伯德（Bird）小姐和布拉希（Brassey）夫人。他所到之处，都会遇到有人请他授勋，这种请求数也数不清，使他感到恼怒万分，他认为，如果发明一种新的勋章，就能使自己现有的勋章更加稀有。于是，他大笔一挥，确定勋章的样式，巴黎那边立刻开始制作勋章。随后，他把这种勋章授予许多人，接受勋章的时候，有些人认为那是与众不同的象征，有些人则万分感激。

贝纳勒斯邦的英国税收官丹奈尔（Dannell）先生在贝纳勒斯火车站迎接我们，邀请我们成为他的客人，访问政府大楼。他还提出，准备举行阅兵仪式，发射向王室致敬的21响礼炮，面对这番美意，我们予以婉言谢绝，转而投宿当地的旅馆。当地的官员带着本地的知名人士前来觐见，当天和第二天，那些官员带着我们乘坐马车，在那座圣城四处游览。我们来到大君的皇宫，穿过景色优美的庭院，驶过狭窄的街道，各种令人厌恶的气味扑鼻而来，简陋的小屋前面，蹲着一群群底层妇女，她们的脚踝周围或是鼻子上面，戴着白银圆环，或者黄铜圆环；我们访问了供奉母牛的寺庙，那里的 30 只神牛正在反刍，信徒献上充足的草料，把神牛的肚子填得满满当当，神牛也就不会歧视那种宗教；我们参观饲养神牛的牛圈时，那只瞎眼的公牛，就像举着盒子乞讨的盲人那样，伸出舌头讨食吃。之后，我们登上驳船，顺着恒河来回航行。只见船身附近，有些前来沐浴的朝圣者，他们待在圣河里面一动不动，朝圣者的队伍顺着河岸绵延达一英里。两侧的河岸和俯视恒河的山冈上面矗立着花里胡哨的寺庙，河岸低矮的边缘有一些火葬场，人们就是站在那里，把死者的骨灰撒向恒河。我们把船停泊在水面上，眼前这般景象，体现出整个印度教世界的希望和救赎，我回想起自己的大学时光，曾经站在耶鲁的榆树底下，参加一场激烈的辩论，讨论这样一个问题："倘若良知告诉一位印度教的母亲，必须把她的孩子扔进恒河，她是否应该按照良心办事？"此时此刻，我注视着两侧的河岸，不计其数的幼儿，就是让人从这里扔进恒河。倘若那位印度教的母亲按照良知办事，她是否有罪？倘若她的罪恶，就是愚昧无知，她是否应该为圣十字从未照亮过自己承担责任？以前那些神学家信心满满，认为她应该永世受苦受难；采取"高等批判"的那些神学家对此则暂时不做评论，因为面对这个世界的道德难题，他们对于自己的知识缺乏足够的信心。

我们抵达市内一座供奉猴子的寺庙，有位僧侣在此迎接我们，他毕恭毕敬地化缘，以便献给那些神猴。"如果猴子成为神仙，僧侣应该成为什么？"愤世嫉俗的法国人问道。站在寺庙大门口的僧侣，为人类信众和猴子偶像充当使者，他显得头脑敏捷，也许可以给出令人信服的答案，解释神猴崇拜的真相。他领我们进入寺庙，那里的神猴多得数不清，不停地叽叽喳喳，有的顺着柱子向上爬，有的挂在椽子上面晃来晃去，有的挖出坚果的果仁，那是一大群信众奉上的贡品。那些猴子跳到信徒肩上，抢走他们手中的水果，没有丝毫犹豫。

庭院里面站着一只孤单的山羊，令人肃然起敬；至于山羊在这出"神圣的戏剧"里面扮演什么角色，我们无从得知；没人知晓，这种错综复杂的宗教制度是否需要一只替罪羊。但是，山羊的耐性的确无与伦比。三只活泼的小猴，坐在山羊背上；另外一只猴子，坐在两只羊角中间；还有一只猴子，拉扯羊的尾巴，但是山羊站在那里，泰然自若，只顾反刍，一副逆来顺受的样子，好像历经磨难的人，待在这座乱七八糟的天堂，希望得到永世的幸福。这些神猴在市区调皮捣蛋，成群结队地扑向穷人，抢走他们手中的食物，没有遭到任何抵抗，也不会受到处罚，那是猴子征收教堂税的方法。英国当局曾经尝试顺着恒河把猴子运走，但是猴子成群结队地登上河船，原路返回，因为没有船夫敢于骚扰猴子。等到猴子年老体弱，人们会把猴子送到一家庇护所；德国诗人海涅（Heine）[①]说，这种"功成名退"模式，应该成为法兰

[①] 海涅（1797—1856），德国著名民主诗人。——译者注

西科学院的规范。人们可以想象，一位虔诚的印度教徒，到了弥留之际，能够给他带来慰藉的，只有永生的猴子，其他聊以慰藉的东西，全都离他远去，他握着这朵信仰之花，在黑暗之中，最后一次依靠花朵的芬芳振奋自己的精神。

我询问那位英国"税收官"，他是否规劝过那些信众，让他们理性地看待神猴崇拜。他回答说，自己的确试过，但是有位聪明伶俐的僧侣"把他的观点全部推翻了"。这种信仰来源于一些圣典的言论；如果你质疑那些圣典的权威，那位僧侣就会回答说："你缺乏的是信心，如果你有信心，就会相信这种言论；你对本国的宗教有信心，因此你相信那种宗教；请对我们的宗教有信心，这样你就会像我们一样，相信这种宗教。"

善于变通、灵活机敏的英国统治，必须宽容、保护这种制度，以及一夫多妻制。这些制度，在人们的风俗和思想中深深扎根，就好像根深蒂固的奴隶制度受到美利坚合众国的政治制度保护。

介绍这座城市绝妙之处的书籍共有 100 本之多。作者采取多种多样的笔法，把我们的所见所闻完完整整地描绘出来。

我们马不停蹄地向孟买进发。天气炙热难耐，国王的耐心已经"蒸发殆尽"，他完全没有心情再去了解东方。他和普通的游客没什么两样，首要愿望就是能够走马观花。

孟买邦副州长詹姆斯·弗格森爵士（Sir James Ferguson）在火车站迎接我们，邀请国王一行人前往默哈伯莱什沃尔（Mahabheshwar），访问他的避暑府邸；但是我们婉言谢绝了他的美意，因为国王并不准备久留印度，更希望在孟买短暂逗留。

那些文职官员、领事团成员、当地的知名人士，不论印度人还是帕西人，全都前来觐见国王，一连三天，国王都受到热情款待。他参观了那些码头，阿拉伯马的马厩，卡赤的银器，造型奇特的象岛石窟，见识了里面巨大的石像，那是三位一体的大神梵天、毗湿奴、湿婆，还访问了七座寂静之塔。这些宝塔位于一座海岬的顶端，海岬高耸入云，俯瞰大海。那些宝塔就是帕西人死后的归宿。大门口建有一座寺庙，里面燃烧着拜火教徒永不熄灭的火种。

据说，那些帕西人背井离乡，来到印度，就好像犹太人；他们都是琐罗亚斯德（Zoroaster）的追随者，富有才干，头脑敏捷，掌握孟买的经济大权。我们访问印度期间，有位帕西人前来觐见国王，他是詹姆塞特吉·吉吉博伊爵士（Jamsetjee Jeejeebhoy），印度第一位土生土长的准男爵，还是一位百万富翁。国王为了能够目睹他富丽堂皇的府邸，微服出巡，进行回访。他待在一个宽敞的大厅里面迎接我们，那是座画廊，里面陈列着大量外国和本地艺术家的画作。房间里面摆放着极尽奢华的欧式家具，家具旁边的摆设是做工精致的印度工艺品，大厅周围的庭院里面，栽着各种印度的稀有植物。我们起身离开之时，有人把茉莉花编成的花环戴在我们的脖子上，还把百合花扎成的花束放到我们的手里。吉吉博伊爵士劝说国王参加一场晚宴，但是因为时间有限，我们婉言谢绝了他的美意。

离开印度之前，国王提议，我们应该把某些当地的纪念品带回国去。我向他建议，我们可以像虔诚的印度教徒那样，只在头顶的正中央保留一小缕头发，以便上帝之手引他们上天堂。听到我这位国务大臣的建议，国王立刻予以否决，转而选择带走一幅引人注目的佛陀画像，我是后来才知晓他的意图，那样他可以向他的人民证明，某些文明高度发达的民族，和夏威夷人没什么两样，同样崇拜多种偶像。他说，自己的人民绝不是旅行家和传教士所描述的粗俗下流的异教徒。

第十九章

离开孟买前往苏伊士——谦虚的英国英雄——坎大哈战役的逸事——男仆和国王的关系得到完满解释——亚丁——利奥诺不见芳踪——肤色黝黑、头发发红的阿拉伯男孩——潜水去捡硬币；国王和侍从的老把戏——西奈山——有个英格兰人评论自己的先辈——赫迪夫的官员赶到苏伊士，我们感到大吃一惊——赫迪夫邀请国王成为他的客人——苏伊士运河——齐格扎格车站的"三明治"——穆斯林的自我克制——穆斯林的基督教观

我们登上"罗塞塔"（Rosetta）号前往苏伊士，各色船只和堡垒发射向王室致敬的21响礼炮。

我们这样游历那个大帝国，行程十分仓促，只能算是走马观花，就像利用一个小望远镜观察月亮。但是，这次旅行属于王室出访，"国王可以随心所欲"。即便是阿格拉精妙绝伦的陵墓，印度的"令人魂牵梦萦之地"，也不能让高贵的主人感兴趣，延长自己的出访时间。随着好奇心变淡，他已经失去激情，开始感

到厌烦。至于英国人在印度遇到的亟待解决、惊天动地的问题，他认为，英国人荒谬可笑，竟然会陷入这种困境，现在不得不想尽办法，尽量全身而退；他还认为，英国人是在干涉其他民族的内政，结果引火烧身。这么多东西都是他旅行期间"吮吸"到的。他的思想之中，也许真的有些金玉良言。

次日，这里刮起西南季风。只见乌云密布，狂风大作，带来形成雨水的尘埃，贵如油的雨滴降落下来，阵雨光临整个印度。我们的船上挤满了准备回国的英国军官，他们刚刚参加了坎大哈战役。他们头脑简单，身体健壮，为人谦逊，勇气超群，使得其他的帝国臣服。他们谈到山口发生的战斗，仿佛那些都是无足轻重的冲突；他们丝毫没有夸大自己的职位。他们没有讲述任何英雄事迹，尽管那场战役中有很多人英勇作战。有位上将为我们讲述他们的一次撤退经历。他们一直在山区作战，当时顺着峡谷撤退，他命令一群士兵保护纵队的后方。他们不断受到侵扰，一群群阿富汗人分散在山腰各地，使用步枪向他们射击。他们的军队面对的是来自一个部落的雇佣军，哪一方出钱，他们就为哪一方作战。他的一位属下看到有个怀有敌意的部落成员，从山腰处朝着英国士兵狂轰滥炸，军官召唤自己这边的一个部落成员，"你看没看见朝我们开火的那个人？""哦，看到了，"他回答说，"他是我的爸爸。我已经冲他开了三枪；再打一枪，我就能打死他。"此外，英国军队曾经捕获一些阿富汗俘虏，但是没有足够的兵力看守俘虏。英国军队释放他们，条件是他们承诺不会同英国人作战。其中一个人回答说："我的宗教要求我永远战斗。""那么，我们必须绞死你。"那位英国军官说。"随你的便。"俘虏回答说。于是，他被绞死。英国军队常常捕获俘虏，然后释放俘虏；第二天，他们便成为英国军队的车夫，做事尽职尽责，擅长寻找草料。按照那些英国士兵的说法，看到大炮和枪支把人打死，那些亚洲人无动于衷，但是看到有人举着刺刀发起进攻，他们便失去还手之力。见到那些仪表堂堂、充满活力的英国敌人，他们无法保持镇定。

根据从国内寄到孟买的信件，国王的侍从现在发现，国王和罗伯特之间存在稀奇古怪、颇为神秘的关系。当地的一个报社有位多才多艺的编辑，私下极力劝说国王记录旅行见闻，经过编辑的润色加工，那些经历就会变成国王光辉灿烂的旅行传记。由于那位编辑反对其他侍从的政治观点，于是建议由男仆罗伯特承担额外的职责，负责如实地记日记。国王在其他侍从不知情的情况下，给予御准，因为那位编辑保证用尽溢美之词，描绘他的"光辉万世"之旅。想到罗伯特的种种缺点，他感到有些尴尬；然而，他认为如果表示拒绝，就会失去一次载入史册的绝佳机会，于是怀着耐心，宽容罗伯特的不守规矩。后来证明，尽管罗伯特假模假样地如实记录各种事件，但他根本就是玩忽职守，因为他没有摆脱那个卑微的职位。

我们的蒸汽船停靠在亚丁（从来不会下雨的地方）期间，英国总督来到船上，邀请国王登陆，同他共进午餐。亚丁好像一个哨兵，守卫着从英格兰到苏伊士的航道。海滩上面有些拴着锁链的骆驼，阿拉伯小贩按照伦敦的价格，叫卖鸵鸟羽毛。来到"远离祖国"的亚丁，我以为自己会在这里见到"天使称呼她为利奥诺的那位皮肤白皙、活力四射的少女"，但是，无论借助望远镜，还是单纯用双眼，都不见她的芳踪。取而代之的，是一些满脸皱纹的妇女，她们全都蹲在沙滩上面，根本没有听过她的芳名，而是表示她可能居住在一个内陆的村庄。沙滩上面，还躺着一群群阿拉伯男孩，他们长着黝黑的皮肤，橘黄色的头发。头发的颜色变得这般稀奇古怪，是因为他们曾在头上涂抹厚厚一层黏黏糊糊的泥土和石灰，其中的酸性物质把黑色的头发弄成橙色，为了顺应这种时尚，许多小男孩无论走到哪里，都戴着又重又脏的泥巴帽子。

　　国王从蒸汽船的甲板上面向下望去，只见一群群皮肤黝黑、头发发红的男孩正围着船身游泳，这时英国总督说："陛下，请您注意那些黑小伙，您朝水里扔一枚硬币，他们一个猛子扎下去，就能把落到水底深处的硬币捡回来。"他把几枚银币抛到海里，那些顽童就像铅块一样沉到水底，然后迅速拿着银币浮出水面。国王回答说："的确非常机灵，"接着，他转过身，朝着自己的侍从，操着母语说："30年前，你们和我在火奴鲁鲁港，也能做到这样出色。"他提到我们的孩提时代，当时我们收入有限，也会一个猛子扎下去，拿着硬币浮出水面，那些硬币都是美国捕鲸者顺着甲板扔下去的。这种把戏的原理就是，一个人把硬币扔到水中，硬币不紧不慢地下沉，划出弯弯曲曲的轨迹，另一个人动作娴熟地潜水，以超过硬币的速度下沉，然后掉转方向，往上面看，在硬币不断下落、尚未触底之前抓住硬币。

我们的蒸汽船逆流而上，驶向红海，滚滚热浪从阿拉伯沙漠刮到这里，两岸的土地晒得开裂，随着我们接近苏伊士湾，两岸之间的距离越来越狭窄。天色透亮，东面的西奈山遥不可及，若隐若现。当一个基督教信徒第一次亲眼看见凹凸不平、山石裸露的山峰，那个人类接受十诫的地方，他一定会对大山产生敬畏之情，仿佛大山那里仍然存在着某些超自然奇观；甚至灌木丛中的那团火焰仍然燃烧不息，溅起点点火星。有个站在国王身旁的英格兰人说：

  西奈山落在那一大群僧侣手中，真是令人扼腕叹息，他们思想激进，偷盗成性，骗取基督教游客的钱财；耶路撒冷也是这种命运。那些该死的土耳其人，控制着所有的圣地。

国王就问他结识的这个英格兰人，基督教世界为何没有占领、守卫那些圣地，用来纪念人类历史上最为值得纪念的事件。那位说话直白的朋友回答说：

  这点轻而易举，你知道，就像马士提夫獒犬，把大老鼠抛到空中；但是，这样只是感情用事，不能带来任何好处；如果你在西奈山或者伯利恒（Bethlehem）发现金矿，基督教世界会立刻让那些穷凶极恶的土耳其人滚蛋；如果纳尔逊（Nelson）或者惠灵顿（Wellington）葬在那里，我们就会立刻占领那些地方。

通过这种方式，国王这位波利尼西亚人见识到了欧洲对圣地所持有的道德观。他阅读过十字军的故事，就问这个外国人，十字军已经诞生将近200年，为何遭到解散。这个外国人告诉他，那些穆斯林声称自己应该遵循真主的旨意守卫那些地方，至于他们说的是真是假，他有些不太肯定；但倘若是基督教国家占领了那些地方，必定会为了争夺所有权发生混战。

这个外国人的种种言论，给高贵的主人留下深刻印象。他说，基督教国度的人民对那些圣地漠不关心，似乎还比不上自己的民众；无论如何，他们没有像国王想象的那样，表现出足够的敬意。

我们的蒸汽船停靠在苏伊士镇附近时，已经到了深夜；我们得知，船将在凌晨三点进入苏伊士运河。我们制定计划，准备先等到那个时候，然后离船登陆，换乘火车前往开罗。

我们事先没有自行通知，也没有请求别人转告埃及赫迪夫[①]我们有意访问埃及，而是坚持安全第一，就是避免自找麻烦，即遭到拒绝或是怠慢；我们怀疑那位阁下也许根本没听说过夏威夷群岛；此外，我们的王国并没有同土耳其签订条约，我们没有资

---

① 赫迪夫（Khedive），源于波斯语，意为"主人"，等同于当时欧洲的总督。——译者注

格享受任何礼遇。

大约凌晨两点，国王在下面的特等客舱睡得正香，我正坐在折叠椅上面打盹，这时船上有位工作人员把我唤醒，他对我说："先生，有群外交官，代表赫迪夫来访。"我站起身来，揉着眼睛，四处望去，一片漆黑，上面挂着一些灯笼，发出昏暗的光芒，我依稀可以看到我的面前站着六个人，他们身着全套制服，头戴土耳其毡帽。见到这些金色的花边和土耳其毡帽，我感到大吃一惊，困惑不解。其中有个人自报家门，告诉我说，他叫萨米帕夏（Sami-Pasha），其中两位同伴，名叫阿巴蒂贝伊（Abbati-Bey）和阿里·萨鲁迪贝伊（Ali-Saroudi-Bey），他们奉赫迪夫的旨意，从开罗赶到苏伊士，邀请国王在逗留埃及期间，成为那位阁下的客人。萨米帕夏以前在伦敦担任赫迪夫的代表，能讲一口流利的英语，尽管他不再担任公职，还是奉旨同其他人一起接待国王。阿巴蒂贝伊，也是大名鼎鼎的总督府官员，阿里·萨鲁迪贝伊，则是铁路局局长。

我叫醒管家，管家命令男仆唤醒国王，国王当时躺在沙发上面，酣然大睡。过了几分钟，高贵的主人才被晃醒，得知有群外交官登上甲板，代表赫迪夫来访。男仆为他更衣，他抵达甲板那里，不过尚未完全清醒。在昏暗的光芒下，他倚靠着休息室的墙壁站立，那些外交官被依次引见给国王，他们向国王递交赫迪夫的请柬，他接受邀请，举止还算得体，不过还是昏昏欲睡，意识不大清楚。他开始站着打盹，但在我们全都走进餐厅，喝过咖啡后，也就清醒过来。领头的外交官说他们刚刚抵达这里，一路上搭乘赫迪夫的私人车厢，他们请求国王先在苏伊士享用早餐，然后搭乘那节私人车厢，车厢会一直恭候他的大驾。于是，等到破晓时分，我们登上使馆的游艇。由于当时还是凌晨三点，还要等几个小时才能开始供应早餐，于是我们的蒸汽船在苏伊士运河行驶一英里后，原路返回。黎明时分，空气清新，红海两岸的山脉，连绵起伏，若隐若现，山石裸露，杳无人烟，东面的西奈山高耸入云，周围群山环抱。太阳慢慢升起来，突然，一抹阳光掠过天空，使得那些非洲的山峰染上紫色。这时国王已经清醒过来，希望了解古代以色列人如何取道穿越红海。别人告诉他，许多人曾经研究过那个问题，但是无法就路线达成共识；拿破仑远征埃及期间，曾经听取仆人的建议，试图追寻那条路线，但是最后差点葬身大海；根据阿拉伯的传说，他陷入困境，十分凄惨，被人从水里捞出来；根据法国人的说法，他天资过人，随机应变，依靠自己得以生还。

我们极目远眺，那片沙漠就像大海那样无边无垠。不远的地方，有一座贝都因人的营地，帐篷周围拴着一些骆驼。再往东面，可以看见两个巨大的绿点，那些就是著名的"摩西井"，千百年来，这里始终一片寂静。

在苏伊士登陆后，我们抵达一座旅馆，在那里享用精心烹制的早餐，那些厨师和仆人全都是从赫迪夫位于开罗的宫殿出发，搭乘那列火车来到这里的。我们登上那节御用车厢，里面装饰着丝绸和刺绣，后面挂着另外一节车厢，用来运载仆人和行李。

铁轨顺着苏伊士运河修建，延绵好几英里。随着我们不断前进，眼前的景象甚是奇怪，只见巨大的蒸汽船突破沙漠的阻隔，正在艰难地前进；这是因为运河的水位低于沙子的平面，水面显不出来。

我们抵达齐格扎格车站（Zigazag），遇到一个有趣的小插曲。我们在离开苏伊士之前得知，按照安排，我们将于下午一点在这座车站享用午餐。我们进入一个包间，看见桌子上摆放着一个大托盘，里面的三明治堆成小山。萨米帕夏阁下勃然大怒。他派人找来火车站站长，大喊："这是什么意思？我为国王陛下预订午餐；你给我们拿来三明治，呸！"那位火车站站长浑身颤抖，深深鞠躬，等到那位御前侍卫同意听他解释，他说自己接到一封预订三明治的电报。阿巴蒂贝伊大叫起来。有人拿来电报。他们在苏伊士做出指示："为三明治群岛的国王准备午餐。"站长收到的电报写着：

为国王准备午餐。三明治。

找到问题所在，他们大发雷霆，操着土耳其语或是埃及方言争论不休，我们听到他们多次提到"阿拉"。但是在这种场合下，需要运用语气更强烈的词语，现在英语已经成为发出诅咒的通用语言，英语朴实粗犷的优势，在法老曾经统治的土地上也得到充分发挥,所以我们还听到了一声"该死"。那些外交官向国王道歉,我们的火车延期启程,其间铁路交通中断,他们开始精心烹制午餐。死神是不是对波利尼西亚国王心怀不满?将近60年前,卡美哈梅哈二世国王访问伦敦,死神命人准备"皇家三明治",现在死神又心生邪念,唆使那些朴实的埃及人在国王面前摆放一大堆三明治,严肃地提醒国王,即使国王抵达金字塔的脚下,他也能大模大样地跟在国王身后。

我们再次乘坐火车,横穿沙漠,其间我们向窗外望去,只见西面的天空,出现几个圆点,圆点紧挨着地平线。

"请看这些金字塔,"萨米帕夏说,"这些不过是老古董,如果和大山相对比,这些东西根本无足轻重;但是作为人造建筑,这些东西还算宏伟壮观。请您明天前去参观。"

我们在盖着丝绸的沙发床上面休息,那些卑躬屈膝的埃及仆人按照惯例端上香槟酒和威士忌。那些外交官滴酒未沾。倘若自我克制是种美德,放纵自己是种罪孽,伊斯兰世界就吸收了所有的美德,基督教世界则无可争议地收下罪恶的桂冠。萨米帕夏说,尽管《古兰经》禁止人们饮酒,但是那些穆斯林自我克制还有一个重要原因,就是人民生活贫困,缺乏酿酒原料,无法生产廉价的烈性酒。他接着说:

"倘若阿拉伯人能够像爱尔兰人那样种植土豆,或者能够像俄罗斯人那样种植谷物,《古兰经》的命令就不会像现在这样得到严格遵守了,"他接着说,"但是,100年之内,欧洲人就会把这些穆斯林变成酒鬼。如果一个穆斯林露出醉意，即便他宣称自己是基督教徒，我也知道他已经放弃自己的信仰，不再受任何宗教的约束。我们都属于一神论派，都相信上帝并不会宽恕人们的罪恶；一个品行善良的穆斯林，如果喝醉了酒，弄出麻烦，根本不能通过祈祷能得到宽恕；但是，一个经常醉酒的基督教徒，只要表示忏悔，即便醉酒 100 次，每次都能够得到宽恕。他们也许犯下滔天大罪，但是只要表示忏悔，就无一例外地能得到宽恕；那些基督教徒信仰的是世界上最为宽容的宗教。"

我问他是否认为基督教会给接受伊斯兰教的民族带来福祉。

"基督教拥有许多优点，"他回答说，"但是，如果基督教在亚洲盛行，那些民众就可以不需要直接对上帝负责。那些欧洲的基督教徒，是否遵从基督的教导？我在英格兰生活过，在那里我从未见过真正服从上帝的人。伦敦的种种恶行——酗酒、伤风败俗、犯罪——要比整个小亚细亚，或者阿拉伯半岛和埃及还要严重。如果英格兰人就像我们那样，被迫遵从先知的教导，能够坚持 20 年，那里保持清醒、自我克制的人数，就会大大增加，整个民族面貌都将焕然一新。基督教适合他们，但是伊斯兰教最适合我们这个民族。我不否认基督的伟大和睿智；我相信他的教导；《古兰经》也没有谴责他；但是，穆罕默德传播的宗教，更加适合我们这个民族；那是真主的旨意。如果基督教对我们更有好处，真主就会传播基督教；真主最为了解我们的需要，带给我们最为合适的东西。"

这些便是一位见过世面、学识渊博的穆斯林的思想。另外一次谈话中，他说："欧洲人并不理解我们。宗教信仰和政治信仰密不可分；两者使教会和政府合二为一，但是基督教徒要求我们做到政教分离。我们坚持自己的信仰；我们允许所有的宗教存在；但是，西方宗教如果在我们的国家传播，会削弱人们对政府的忠心。苏丹是我们的精神领袖，他依靠民众对他这位领袖的顺从治理国家；那些传教士和美国人说，他并不是真正的领袖，这属于政治阴谋。"

我记得在《美国法释义》这本培养律师的著作中，肯特（Kent）大法官表示，美国政府的基础是基督教的原则；这位伟大的美国法学家的结论，与这位穆斯林政治家如出一辙，即政治信仰和宗教信仰相互交织，密不可分。

第二十章

开罗——斯通将军——金字塔——抵达赫迪夫的宫殿——埃及的毛驴——在开罗走街串巷——马穆鲁克士兵惨遭屠杀——博物馆与馆长——抵达亚历山大,得到赫迪夫热烈欢迎——"三号"宫殿——后宫——穆斯林的妇女地位观——国王回访赫迪夫——镶着钻石的烟具和咖啡杯——赫迪夫的婚姻制度观——埃及待在狮子的爪子底下——对于自己是不是神的后代,国王闪烁其词——同赫迪夫共进晚餐——政治骚乱——出现一夫多妻制,那是真主的旨意——麻风病——赫迪夫的马棚——设在拉斯埃丁宫的舞会——库克船长古色古香的"决心"号快速战舰——一个希腊美人——历史的痕迹:亚历山大大帝、朱利叶斯·凯撒、马克·安东尼和埃及艳后——动身前往意大利——总督的驳船

长途跋涉140英里之后,我们抵达开罗。我们下了御用马车,走在铺着地毯的铺石路面上。外交大臣前来欢迎国王,向他

引见一些高级官员。其中包括查尔斯·F. 斯通（Charles F. Stone）将军，这位参加过美国内战的老兵，现在供职于赫迪夫的陆军。我听说在内战初期，美国参议院的政治领袖干涉军事运动，导致他在没有罪名也未经审判的情况下被捕入狱好几个月；他最终获释出狱，官复原职。但是，经历过这般奇耻大辱后，他离开了自己的祖国，转而效忠赫迪夫。赫迪夫考虑得十分周详，委派他照顾我们一行人的生活。我们从一排排的埃及士兵中间穿过，抵达穆萨菲尔卡宫（The Palace of Kasr-el-Moussa），每年的这个季节，这座宫殿都会大门紧闭，但是现在重新敞开大门，欢迎国王这位客人。赫迪夫正在亚历山大避暑，他分配给国王一座宫殿，国王什么时候抵达开罗，都可以前往那里下榻。

我询问斯通将军，对于国王那个小王国，赫迪夫必定知之甚少，甚至一无所知，赫迪夫为何如此盛情款待国王。他回答说，赫迪夫的政府了解到，国王在东方得到盛情款待，尽管没有与夏威夷建立外交关系，但其他国家都彬彬有礼，他们也就跟着效仿。我们再次交上好运，因为这是我们始料未及的。我们游历亚洲期间，随着好奇心变淡，对于遍访各地的宫廷，我们已经失去激情。但是，现在我们同另外一个民族打交道，抵达尼罗河流经的土地，一块拥有金字塔的土地。

次日早晨，我们沿着一条路况良好的公路行驶，向金字塔进发。相比金字塔，国王更加关心的是拿破仑同马穆鲁克（Mamelukes）士兵的战斗；斯通将军站在小土坡上，向国王解释那场战斗中采取的行动和战略；他还指着一片空地说，那些英勇无畏的马穆鲁克士兵，就是在那里向法国步兵发动进攻。国王认为，那些马穆鲁克士兵的指挥能力应该受到质疑；斯通将军表示赞同。我们动身离开金字塔，前往狮身人面像，按照惯例，我们一路上骑着非常矮小的毛驴。国王身材魁梧，再加上衣服盖在毛驴身上，人们根本无法认出他骑着的是毛驴；国王的双腿几乎触到地面；从不远处望去，好像某个新物种正在四处游荡，样子稀奇古怪，与其说是像野兽，不如说更像是人，共有两个脑袋，六条大腿和一条尾巴。走到狮身人面像面前，那头小毛驴和驮着侍从的同伴一起大叫；狮身人面像没有露出微笑，但是，人们如果仔细观察，也许就会注意到，那座石像轻轻抬起一只眼睛，注视着那个动物大家庭的新成员。在开罗的街道上，我们的御用马车享有优先行驶权。两个阿拉伯人身穿白色衣服，套着绣着花纹的短上衣，头部戴着头巾，双腿从膝盖往下全部裸露出来，他们跑在马车前面，迈着大步，体态优雅。看到街道上面有人挡住路，他们就用又长又细的杆子，敲打那些人，冲着所有人大声喊叫，声音很是刺耳，好为赫迪夫的马车让出通道。我们的所见所闻和参观古城的游客常常见到的景象没什么两样；民众就像《天方夜谭》中的人物那样，过着如梦如醉、不可思议的生活；满载货物的骆驼，脑袋高高抬起，小心翼翼地穿过狭窄的街道；乞丐身体残疾，挑水工人几乎全身裸露；苦行僧样子疯癫，不断举起双臂；戴着面纱的妇女步履轻盈，身上裹得严严实实；最为狭窄的街道挤满了毛驴和骆驼，给我们带来很大麻烦，我们煞费周章，才让那些动物为马车让出道路。那里有座城堡，上面建有一座汉白玉清真寺，宏伟壮观，俯视市区，有些圣人在入口处接待我们；有些仆人把鞋套套在我们脚上，用来保护油光锃亮的地板；有人领着我们，进入通向深处、光线昏暗的拱道，穿过色彩鲜艳、精致典雅的汉白玉柱子，进入那座古老的城堡。我们站在中庭里面，马穆鲁克士兵在那里惨遭屠杀，就是因为背信弃义的穆罕默德·阿里一声令下；想到这些士兵的先辈曾经一度统治埃及，他对这些出身高贵的士兵产生了恐惧之情，于是邀请所有的高级首领光临城堡，参加一场和解晚宴；他们骑着引人注目的阿拉伯马来访，坐定下来，享用菜肴精美的宴会，突然，大厅四面的帘子降落下来，穆罕默德的士兵，朝着客人射击。马穆鲁克首领中，只有一个勇敢的年轻人成功逃脱；他从桌子上跳出来，骑上自己的马匹，在那些士兵准备关闭垂花门之前，他趁机冲出垂花门，抵达外面的矮墙，策马越过矮墙，降落到漆黑的土地上，从骨头折断的马匹身上爬起来，消失在夜幕中。

等到我们用完午餐，国王起身离开，我跟随斯通将军前往他的司令部。斯通将军这位美国人，来自一个只有不到100年历史的民族，却在教授经历5000年战争之苦的那个民族如何斗争。埃及哨兵沿着石头通道不紧不慢地来回踱步，斯通将军开始描述政治风波和迫在眉睫的叛乱危机。

我们前去参观博物馆。那位大名鼎鼎的馆长滔滔不绝地描述

"木乃伊和各种物品"。他的生活，他的快乐，就是前往破败的寺庙，待在千百年来积累的瓦砾堆里，四处翻找东西。见到发霉的东西，他就会深受鼓舞；发现5000年前拉美西斯（Rameses）在孩提时代用过的古董盘子，他就会心满意足，连埃及重获新生在其面前都显得黯然失色；找到经过防腐处理的兔子，他就会高度重视，连保护尼罗河水与其相比都显得无足轻重；他正在丰富我们有关过去的知识，人们却对今日的埃及所知甚少；他唯一感兴趣的就是年代久远的东西，这就好像中国美食家认为，变质的鸡蛋堪称最佳菜肴。

次日早晨，我们登上御用车厢，动身前往亚历山大，我们抵达火车站时，已经是十一点了。铺石路面上铺着地毯，国王刚刚走出车厢，一年前继任总督的陶菲克（Tewfik）赫迪夫就同国王握手，领着他走到自己的马车那里。在一大群骑兵的护卫下，我们的马车驶向著名的"三号宫殿"，也就是蒙塔扎宫（The Palace of Mahmondieh）。那座宫殿距离市区大约三英里，宫殿周围的庭院宽敞明亮，井井有条。赫迪夫领着国王进入雄伟的会客室，寒暄片刻之后，委派萨米帕夏和阿巴蒂贝伊继续照顾国王的生活。那座宫殿铺着大理石地板，主要使用欧式家具；墙边摆着用料考究的沙发床。距离宫殿大约50英尺的地方，矗立着一座体积巨大、朴实无华的建筑，简直有好几层楼高。大楼建有许多窗户，但是上面的百叶窗全部紧闭，显得毫无生气。那些房门前面，坐着身材魁梧、体态臃肿的太监。据说这里住着大约300名妇女，她们都是前任赫迪夫的妻子。我们注视着那些百叶窗，时不时地可以看到不少百叶窗都出现缝隙，因为，那些住户对国王十分好奇，就像国王也对她们怀着强烈的好奇心一样。我们告诫国王，倘若他不去抑制自己的好奇心，也许就会有人把他推上绞刑架，或者把他的尸体抛进尼罗河。我们尊贵的同伴萨米帕夏告诉我们，现任赫迪夫支持一夫一妻制，那些妇女属于不大光彩的历史遗留问题；但赫迪夫心地善良，也不忍心让她们流落街头。听他的口气，似乎愿意与我交流看法，我就问他那些后宫佳丽过着怎样的生活。他回答说，那种生活一点也不艰辛；那是她们曾经望眼欲穿的生活；进入后宫是参与社交生活的基础；那些妇女安于现状，就像出生在笼子里的小鸟一样，没有可以对比的生活经历，否则她们就会渴望改变现状。"我想，"他说，"她们要是有机会享受一下无拘无束的欧式生活，也许就会变得心神不宁，感到伤心不已，但是，她们根本不知无拘无束为何物，因此也就心满意足。"我问他，那些睿智的穆斯林是否赞成变革后宫制度。他回答说，他们生活在这种环境，那是真主的旨意，如果变革能够带来好处，真主就会实行变革。他心态平和，相信命定论，就像某些严肃古板的加尔文派教徒一样幼稚可笑。他说，自己见过欧式特别是英式生活的方方面面，对当地妇女的生活状况洞若观火；基督教世界的确拥有许多令人骄傲的东西，但是还有更多令人惭愧的东西；就道德败坏的问题而言，伊斯兰世界比起基督教世界，简直就是小巫见大巫。"那些欧洲妇女，"他说，"并不显得要比穆斯林妇女心情愉快，当地贫困阶层的已婚妇女，也显然没有君士坦丁堡或者开罗的已婚妇女过得舒服。"他说，自己对此深信不疑，而且有些充满智慧的欧洲人同样持有这种观点，在某些方面，穆斯林妇女活得更加滋润。他说，一夫一妻制也许属于优秀的文明形态，但是真主知道什么才是最优秀的。根据《旧约》记载，真主曾经许可最优秀的男人实行一夫多妻制，如果真主表示许可，男人为何应该违背真主的旨意？

下午五点，我们出发回访赫迪夫。我们乘坐礼仪马车，前往位于市区的那座宫殿，只见车门上面装饰着阿拉伯纹饰。前来护卫的骑兵规模非比寻常，因为据说市郊仍然免不了遭到贝都因人侵扰。

赫迪夫在门口恭候国王，对这位客人表示热烈欢迎。他领着我们穿过几个大房间，里面摆放着欧式家具，没有体现埃及风情，但是极尽奢华；沙发床显然要比椅子更加流行。我们聚拢到一起，刚刚坐定下来，就有仆人拿来烟具，摆放在每个人面前，只见长长的烟杆连着烟壶，烟壶上面镶着钻石。每个烟壶旁边，跪着一个仆人，他们把烟草放进烟壶，然后点燃烟草。盛放咖啡的金杯上面，同样镶着钻石。赫迪夫身材矮小，相当健壮，肤色黝黑；他露出微笑，显得和蔼可亲；他和父亲长得不像，丝毫也不严肃古板、冷酷无情。相面先生也许会说，他优柔寡断，安于现状。周围层出不穷的政治问题，好像不绝于耳的滚滚海浪，但是他无动于衷；他显得心平气和，好像贝纳勒斯的那只山羊，周围的神猴调皮捣蛋，但是山羊泰然自若。他能讲一口流利的英语，不断询问国王游历远东的情况。见到国王拥有两个白人侍从，他就问两人是不是夏威夷人。国王回答说，两人都出生在他的王国，是他的臣民，不过是美国人的后代。赫迪夫询问国王，他是否任命本族臣民加入内阁。他回答说，他通常至少任命一位本族成员，但是一般来说，他会选择白人。听到这个答案，赫迪夫点了点头，不过没有作答；我怀疑，赫迪夫其实这样想："此时此刻，即便是天涯海角，也让那些白人玩弄于股掌之间了。"英国的统治弄得他也心神不宁。

听到国王说，他不准备久留，有意动身前往意大利，赫迪夫邀请他参加当天晚上的国宴和第二天晚上的宫廷舞会。不知不觉中，他们开始对比埃及人和夏威夷人的风俗。赫迪夫询问，夏威夷王国是否实行一夫多妻制，在国王给出否定的答案后，他说："我只有一位妻子；我相信这是最好的选择。那些欧洲人认为，这样对我们最好。"然而，他是位货真价实的穆斯林。他已故的父亲，是位冷酷无情、心狠手辣、挥霍无度的暴君，弄得农民无以为生，孩提时代，他听父亲说过："你为什么还是个穆斯林？快去投靠那些欧洲人。你跟着我学。我现在是个基督教徒。"他说，他的孩子正在接受英语教育。尽管他提到，英国就像一只狮子，把爪子放在埃及这片土地上面，自己根本没有什么实权，我知道，相比之下，他也许正巴不得待在狮子的大爪子底下，因为其他欧洲国家就像恶狼一样，围住那些金字塔，露出獠牙，不断咆哮。国王说，自己的船到过苏伊士运河，但是航行的距离不长。"是的，"赫迪夫说，"那是一项伟大的工程，但是带给我们许多麻烦。"我询问他，是否为自己睿智的叔叔塞伊德（Said）感到骄傲，那位已故的赫迪夫听从了德·莱塞普斯（De Lesseps）的建议，修建了苏伊士运河，尽管英格兰工程师说那项计划不切实际。他回答说，那些英格兰人不相信德·莱塞普斯的说法，因为他是个法国人。他转过身，朝着国王说："等你抵达巴黎，一定要拜访德·莱塞普斯；他可是个大能人。"

返回分配给我们的宫殿，我们扑向那些沙发床，有些仆人拿来烟草，于是我们抽着芳香四溢的烟草，听国王炫耀自己的埃及历史知识。他说，那些埃及人和日本人、中国人、暹罗人没什么两样，都相信自己的君主是神的后代。我询问他，是否相信自己是神的后代。他说，尽管自己这位国王是通过选举产生的，但自己能够当选，可能要归功于某些难以名状的原因。听到他这般闪烁其词，我意识到，他也许正在认真考虑这个问题。我告诉他，亚历山大大帝为这座城市选址的时候，也许恰好来过这里；就是在抵达这里之后，他开始怀疑自己的身世，因此向沙漠推进，前往阿蒙神庙（Temple of Ammon），强迫牧师宣布自己是神的后代。来到这里，国王便有一个千载难逢的机会，可以带着羽毛斗篷、罗伯特，骑着一头毛驴，向沙漠推进，前往那座神庙，"吮吸"出某些有关自己身世的信息；他可以带回一些古埃及的象形文字，或许可以通过解读象形文字，宣布自己是神的后代，也许赫迪夫会证明他所言属实。那么，他回国之后能够做的，不仅仅是向民众介绍好东西，提供一些基本信息，还可以提出一个重大发现，宣布自己是神的后代。听到这里，他没有作答，但是他后来告诉管家，国务大臣把非常重大的问题当成儿戏。我们涉及的这个问题，可是时不时地萦绕在国王的脑海里的。

当天晚上，我们同赫迪夫共进晚餐。在座的共有大约40位客人，他们来自不同的民族，其中有赫迪夫的内阁成员，还有亲密无间的朋友，以及英格兰、法兰西和奥地利的外交代表，那些外交代表，从赫迪夫的手里抢走相当多的政治权力。桌上的餐具使用纯银打造，当然，旁边还摆放着大量鲜花。

此时此刻，那些埃及人之中显露出政治骚乱的迹象，这是因为那些欧洲特派员相互勾结，主宰各项事务，陶菲克新晋继任埃及总督以来，天边已经响起隆隆的雷声；但是那位总督说，自己希望不要出现骚乱。我们出席这次晚宴之后，大概还不到一年的光景，阿拉比帕夏发动叛乱，那座城市遭到炮击，那座富丽堂皇的宫殿，我们共进晚餐的地方，被彻底烧毁。我后来追忆往事，回想起参加这次宴会的客人，他们来自不同的民族，沉默不语地围席而坐，天花板上挂着体积巨大、烛光闪烁的枝形吊灯，周围摆放着盛满鲜花的花瓶，庭院那里传出音乐；赫迪夫被那些大国玩弄于股掌之间，完全没有还手之力，但是仍兴高采烈地同国王交谈；国王的小岛国位于横渡太平洋的必经之地，其对于太平洋地区贸易的意义同埃及对于直航印度的意义不相上下；美洲的命

埃及总督（1881）

运已经不可逆转，国王也束手无策；这两位弱国的统治者成为白人军队前进的绊脚石。

我询问医务局长那些后宫佳丽的生活状态。这位虔诚的穆斯林回答说，他们认为，这些后宫佳丽的生活状态，要比那些欧洲的已婚妇女更好，欧洲妇女坚持要求丈夫留在家里，根本无法享受自由，结果简直变成家庭的奴隶；这些后宫佳丽相信《古兰经》的说法，因此心满意足。他还说，出现一夫多妻制，那是真主的旨意，要想让虔诚的信徒相信，那种制度违背万能的真主的旨意，可是绝非易事。

191　　各位来宾根据地位高低确定座位；但是，我现在参加过不少宫廷宴会，与我同席的那些客人总是让我感到索然乏味，我事先请求我们的挚友萨米帕夏不要考虑我的地位，而是安排我坐在某位熟悉埃及国情的客人附近。我的旁边坐着埃及政府的医务局长，我刚刚坐定，他就谈到夏威夷曾经流行麻风病，肆意诋毁我们的人间天堂。对于这种神秘的疾病，他提出自己的理论，但是这种理论与我们实地了解的情况存在不少出入。他认识在座的每一位来宾，一连三个小时滔滔不绝，不过他处事圆滑，时不时地有所保留，他告诉我，一场危机迫在眉睫，尽管他希望最终不要出现叛乱。

晚宴结束后，有人端上咖啡，咖啡杯上镶着宝石。端来咖啡的那个人上身套着奢华的制服，很像轻骑兵的短上衣。他一手举着一个黄金托盘，上面摆放着杯子；一只手拿着一个黄金架子，里面装着一个黄金咖啡壶，壶身很长，几乎触到地面。

次日，我们前往赫迪夫的马房参观阿拉伯马。见到那些出类拔萃的马匹，国王和管家欢天喜地。有人把马匹依次牵出马房，以便两人仔细观察。马房的主人宣称，几乎没人能够像两人那样，迅速地发现那些马匹的优点。听到这里，赫迪夫提出送给国王一匹马，要不是我们表示反对，国王就会带着那匹马，抵达美洲和夏威夷。

当天晚上，我们参加了一场气势恢宏的舞会，那场舞会设在拉斯埃丁宫（Palace of the Ras-el-Tin）；翌年，那座宫殿遭到英国人炮击，彻底毁坏。我们于十一点抵达，有位举止优雅的迎宾员前来欢迎我们，领着我们走上一座宽宽的大理石楼梯，抵达第一个楼梯平台，只见有些官员站成两排，我们从他们中间穿过，进入一个房间，里面站着两排高级官员。我们从他们中间穿过，进入雄伟的会客室，会客厅非常宽敞，呈半圆形，墙上的壁画精美绝伦。墙边摆着一些沙发床，地上铺着油光锃亮的黑色条形木头地板。硕大的枝形吊灯照亮那个大厅，尽管灯火通明，光线却并不刺眼。我们走上前去，赫迪夫同我们握手，安排我们待在他的右手边。就在这里，我们见到那些客人，他们依次进入大厅，被人引见给我们。他们来自世界各个角落；但是，意大利人和希腊人人数最多；还有许多土耳其人，他们身穿欧式服装，但是仍然戴着土耳其毡帽。那些中年意大利妇女长得不算清秀端庄，那些希腊妇女更是长得普普通通，但是她们全都举止优雅。

然而，舞厅的花魁是个希腊人，她是希腊领事的夫人。她那白皙的皮肤泛着一丝红晕，她的巴黎裙显得别具一格，因为裙子上的装饰品显露出浓郁的希腊风情。由于埃及宫廷妇女没有出席舞会，国王应赫迪夫的建议，选择了一位外国妇女陪他散步。国王自然选择那位美丽的希腊妇女，但是，他们只能默不作声地迈着大步，因为根本找不到两人都会讲的语言，只能打手势比画一下，他们显得很是无精打采。

那天是穆斯林的节日。我们待在宫殿高高的阳台上面，凭栏远眺，港口的景色壮丽恢宏，埃及军舰灯火通明，火箭弹突然爆炸，照得港口熠熠生辉。我顺着英国领事指示的方向眺望海湾，背阴处散落着残骸，那是一艘古色古香、十分笨重的燃煤船。他说，那是"决心"（Resolution）号快速战舰，库克船长就是乘坐这艘船发现了三明治群岛。这个有趣的小插曲再次把我们的小王国和我们访问的地方联系起来。那艘船停泊在夏威夷凯阿拉凯库亚（Kealakakua，意为"众神的小路"）湾，伟大的库克船长离船登陆，国王的先辈用一根长矛打他，最终致他丧命。现在那艘船停泊在这里，锈迹斑斑，已经解体，狮身人面像朝着船眨眼，眼神中流露出怜悯之情。然而，那艘船属于进入太平洋，而且是"历史上首次冲进那片波澜不惊的海洋的那批船只"中的一员。我提醒国王注意这点，国王带着那个美丽的希腊人来到一座阳台，眺望这艘古色古香的军舰，可算在海里找到一个大救星。

这种场合也许会让人产生这样美妙的联想。国王身处的那片土地，在历史上享誉天下，令他此前访问过的地方全都相形见绌。国王也许可以"投掷一片饼干"到亚历山大大帝驻足的地方，在那里他通过观察降落的一群鸭子，就确定了亚历山大市的所在地；就在不远处，朱利叶斯·凯撒曾经接见裹在毯子里面的埃及艳后；距离国王几步之外，有人曾经端着一个大盘子，把庞培的头颅送到凯撒的面前。也是在这里，三分天下的马克·安东尼，曾经"在中午步履蹒跚地走街串巷"，他迷恋着那位妩媚动人的法老，简直不能自拔，后来因为吃到败仗拔剑自刎。也就在不远处，矗立着一座陵墓，那位"举世无双的黑美人"，把同样三分天下的屋大维·凯撒挡在那座陵墓外面，她身着长袍，头戴王冠，却能利用"蝮蛇的毒牙"解开自己生命中的死结。就在这个充满悲剧色彩的地方，站着一位波利尼西亚国王，他挽着一个希腊美人，她也许是特洛伊的海伦的直系后裔；与此同时，海湾散落着船的残骸，那艘轮船古色古香，十分笨重，曾经运载着夏威夷王国的发现者。我当时注意到，这些景象与我们的桂冠诗人的描述存在惊人的巧合，但是，国王没有产生任何灵感。我试图帮助他感悟这些历史事件的浪漫色彩，但是，他的回答简单明了，颇为直来直去："你谈论的那些罗马人，为了一个女人，出尽洋相。"我毕恭毕敬地回答说，根据史书记载，各位君主出尽洋相，那是个显而易见的历史事实，倘若记录人间善恶的那位天使能够大发慈悲，允许他们在进入另外一个世界之后查阅那些记录，他们就会赞同这个观点。他认为，我试图诋毁他那些君主兄弟，并对此感到厌恶，他说，那些君主的大臣也常常出尽洋相。听到这里，我坦诚地表示赞同，但是，我表示，这点只能证明这个世界的统治秩序非常混乱，而了解我们身处的那个地方的历史事件，从中吸取智慧的结晶，堪称是具有深谋远虑、真知灼见的做法。赫迪夫也加入我们的谈话。我们指着古色古香的"决心"号，重复那艘船的故事。库克的发现之旅，赫迪夫闻所未闻。得知库克暴毙而亡的惨剧，他询问那些杀人凶手最后是否受到英国人惩处。国王说："让我们为那艘旧船干杯。"有人端来葡萄酒，只见国王站在富丽堂皇的阳台上面，火箭弹和灯笼把港口照得熠熠生辉，他举着酒杯说："为'决心'号干杯。"

凌晨一点，我们离开拉斯埃丁宫，由于我们准备清晨动身乘坐蒸汽船前往意大利，国王同赫迪夫道别。两人慢慢悠悠地并肩同行，穿过富丽堂皇的大厅，从一排排深深鞠躬的朝臣和侍从中间穿过，抵达总督的马车那里，就此相互告别。

一大群士兵策马疾驰，护送我们返回蒙塔扎宫。我们躺在那些沙发床上面，几个小时之后，也就是凌晨五点，有人端上咖啡，因为我们准备七点起程离开。我们离开宫殿的时候，按照惯例参加各项活动。附近那座体积巨大、毫无生气的建筑那里，不少百叶窗都出现缝隙，因为那些后宫佳丽仍然希望一窥国王真面目。凌晨六点，我们发现有一些海军军官在恭候我们。始终陪伴我们的萨米帕夏、阿巴蒂贝伊和斯通将军同行前往。我们登上一艘巨大的驳船，共有二十四个人负责划船，他们身穿红衬衫，头戴土耳其毡帽。船尾上方支着一顶丝质华盖,上面装饰着金色的流苏。蓝色的天鹅绒坐垫上面绣着金色花纹。地板上面铺着奢华的土耳其地毯。只见二十四支船桨不紧不慢地升起来,显得蔚为壮观,表现出王室的尊严。那些人的先辈也许就在这片水域划桨,当时那位埃及女王,坐在这样一顶华盖下面,她的驳船"就像一个金光闪闪的宝座,在热得发烫的水中漂浮"。

第二十一章

埃及报纸的评论——国王在共济会的地位——驶向那不勒斯——一颗彗星——加泰罗尼亚——夏威夷和西西里火山——岩浆流神奇阻断——在火奴鲁鲁的意式探险——他在那不勒斯重现并绑架国王——追回国王——会见意大利国王与王后——赶走了探险家——奉承外人的意大利诗歌——与前任埃及总督伊斯梅的会面——与旅店老板的麻烦事——接到加菲尔德总统遇袭的消息

意大利船长在舷门迎接来自皇室的客人。萨米帕夏和阿巴蒂贝伊同我们道别,碉堡和一艘埃及轻帆船还鸣了礼炮。年长的"决心"号躺在港口的另一边看着我们,眼神垂朽,嘴唇翕动,好像在说:"在大约百年之前,我发现了你们的国家,亲爱的国王朋友,看看现在的我,好像一个船上的煤斗。"

埃及的英文和法文报纸对国王的仪态和行为大加赞赏;有一份法国报纸称,国王智慧超群,博览群书,胜过许多欧洲的君主;还有的报道认为,国王是一个"有贵族气质,慈眉善目的人",而且"表现卓尔不群"。

亚历山大的共济兄弟会很关注国王的行踪,因为他在会里的地位很高。据说国王对这个团体的历史渊源知之甚深,有一次讲话时把所有人都吓住了。

海面波澜不惊,航船缓缓驶向那不勒斯。一天下午,我们看到左前方出现了西西里岛,当天晚上,一颗彗星划过浩瀚的夜空。开始时只见一颗大大的星星隐约拖着根尾巴,后来彗尾越来越明显,最后成了一把半开的扇子。彗星跌向地面,而彗尾一直指着天空。夜空中,彗星下埃特纳(AEtna)火山的轮廓依稀可见。我们停靠在加泰罗尼亚港,第二天早上去参观了阿拉贡国王的陵墓、圣阿加莎教堂和墓地、罗马温泉和本笃会修道院。埃特纳火山的岩浆流看上去很像夏威夷当地的。我们在那儿听到了一个关于火山爆发的传说,类似的故事在夏威夷也有。罗马天主教信徒们说,当时埃特纳火山的岩浆就快流到修道院了,这时哀求的修士们站成一队,举着圣阿加莎的面纱祈祷,而岩浆竟然在离他们十五英尺的地方奇迹般地停住了。正当我们在环球旅行的时候,宽约半英里的岩浆流从夏威夷的冒纳罗亚(Mauna Loa)火山口流出,流向大约三十英里外的市郊。教徒们恳求神止住岩浆流,不过无济于事。于是,一位年长的公主和一些迷信的人们朝着熔融的岩浆流跪拜,并向火山女神献上一口白猪作为祭品。岩浆流停住了——这故事说明了迷信的当地人对神力的崇拜,也表现了佩勒女神（Pele）对白人的蔑视。整个推理过程的因果关系浅显易懂，清晰可辨。

这座山的上坡长满了葱郁的植物，沟壑峰峦尽收眼底，山巅直插云端，埃特纳火山的轮廓看上去与夏威夷毛伊岛的死火山哈雷卡拉火山（Volcano of Hale-a-ka-la，又被称作"太阳屋"）相像。但是哈雷卡拉火山高逾2000英尺，方圆9英里，远远超过埃特纳火山以及世界上的其他火山。

还没到那不勒斯时，我和大管家就觉得上岸后可能会有麻烦。我们从王国启程前几个月，一个叫作莫雷诺（Moreno）的意大利探险家悄悄地从香港坐船来到火奴鲁鲁，瞒过了所有大臣的耳目，给国王阐述了"发展"国家、巩固王权的大计划。其中包括从中国获得大量贷款、接受大批中国移民、建造铁路和轮船，而最重要的是要压制传教士和国外势力对政府的影响。国王一向不喜欢白人提出的保守计划，但是对一切能提供大笔资金的计划都很感兴趣，因为这样他就不必再依靠白人了。因此莫雷诺的计划一下就俘获了国王的心。国王依然保留波利尼西亚人的思维方式，没发现这个计划完全是空中楼阁，毫无实用价值，也没意识到一旦实施将会带来的严重后果。他当即下令罢免了素有声望的部长大臣，成立了新内阁，任命探险家为外交部长。国内占有大量财富的、智慧的白人阶层愤然起义，再加上对莫雷诺颇有微词的外交官的帮助，他们公然挑战国王的权威，要求他罢免新外长。国王不情愿地妥协了，又组建了新内阁，任命我为其中一员。探险家被逐出夏威夷，但是国王依然信任他。应国王的要求，探险家带了三个夏威夷年轻人去意大利，让他们接受当地的军事和海事教育；学成归国后，这三个人将在夏威夷军队中被委以重任，如果白人大臣敢闹事，他们将率军予以镇压。我们在亚历山大时从国王的男仆那儿得知，国王已经收到了莫雷诺的信，信中说他会在那不勒斯与国王会面，还安排国王与意大利国王会见。虽然国王和我们这些随从关系密切，但是他明白我们反对一切和意大利的来往，因此他瞒着随从用"外交手段"解决。莫雷诺还提出了一个愚蠢的建议，让国王向欧洲统治者们确认，保证夏威夷永远独立，这样就能避免美国对夏威夷的侵略。虽然国王迫于压力罢免了无组织的探险家莫雷诺，但是他依然相信莫雷诺狂野的计划，而且想和他重新交好。即使他们的交往不会产生实质性结果，但至少可以让那些白人大臣明白，国王本人是很独立的，他很反感别人的干涉。

到达那不勒斯后，莫雷诺带领意大利海军上将、那不勒斯市长和很多官员在岸上迎接我们。探险家莫雷诺自恃和国王私交甚好，根本不用大管家引见，自己领着国王与岸上的贵宾见面。后来我们才知道，来迎接国王的贵宾们以为莫雷诺仍然在为国王做事，是那几个夏威夷年轻人的谋士和保护者。国王不想当面让莫雷诺难堪，毕竟他也是前任外长，而且当时我们一行人都不会讲意大利语。莫雷诺向国王一一引见意大利官员，那不勒斯市长热情地表示了欢迎。我们这群随行人员被丢在国王后面，都在琢磨怎么能挫伤莫雷诺的锐气，他实在太嚣张了，还回头向我们微笑，因为现在他俨然是整场仪式的司仪和翻译。

前任部长莫雷诺的朋友开始向国王朗读一封信，信中称赞国王为人英明、目光远大，感谢他任命了一位品格高贵的意大利人为内阁部长，并表达了意大利全国人民对前任部长被迫下台的遗憾之情。

国王有些疑惑，不过还是跟着探险家上岸去了外宾酒店，而把随从们留在了甲板上。随从们群龙无首，而且什么也听不懂。其实国王走的时候以为随从们会上另一艘船，紧紧地跟在他身后。

接下来的事情更加戏剧化了。我们下了船，换了艘小船，开始寻找被诱拐失踪的国王。我们听不懂当地语言，不认识当地的人，实在是有些艰难。我们猜测国王被带去了外宾酒店，就开车去了那里，发现国王和前任外长在一间密室里交谈，于是立即问他是否需要我们在场。国王让我们留在屋里，不久莫雷诺就离开了。我们告诉国王，如果我们把刚才发生的事传到国内，那么他的皇位可能就有很大危险。他回答说，并没有意识到事态有那么严重。国王让我们自己决断，我们要求，除非有我们在场，否则不允许莫雷诺出现在国王的房间。国王说，他想要点钱来资助那几个在意大利的夏威夷孩子的教育，我们让国王命令在汉堡的总领事来负责筹划。

意大利国王和王后当时恰好在那不勒斯，意大利国王还派了一个随从来邀请国王去他的府邸进行非正式拜会。我们看到了军队列列队欢迎，还听到了军乐。我们走进了安排好的房间，从这儿的窗户能看到著名的大海湾，看到维苏威（Vesuvius）火山顶喷出阵阵轻烟。

亨伯特（Humberto）国王和玛格丽塔（Margherita）王后走进了房间，热情地接见了国王，并同他到隔壁的房间谈了半个多小时。亨伯特国王和玛格丽塔王后穿着朴素，他们当时正在那不勒斯度假，而且表示非常高兴能与夏威夷国王会面。

双方国王交谈时，随从们与宫廷里的女士们交流起来。听到我们讲英语他们非常诧异，因为他们觉得我们会讲夏威夷语，本想找一个翻译帮忙的。皇后的姐姐说，人们都以为夏威夷国王是来探望在陆军和海军院校里深造的儿子的，觉得他心里肯定很高兴。我们告诉她，这几个年轻人与国王非亲非故，她们又一次诧异了。现在我们看出探险家的把戏了，他偷偷放出口风，想让意大利政府相信，他保护的是夏威夷国王的亲生儿子。

二位国王结束了谈话，回到屋里和我们聊了起来。王后的相貌并不出众，但是很有皇族气质，就好像调试过的灯光，恰到好处地展现自己的光芒。她既没有打扮得富丽堂皇，也没有咄咄逼人，而是有种质朴高贵的美。坐在她身边的是意大利王储，王后拉着他的小手，一脸的怜爱之情。意大利的皇室成员根据从夏威夷回来的大臣的介绍，多多少少了解了夏威夷国王；他们问起在意大利的夏威夷年轻人的情况。王后听说许多夏威夷人都是虔诚的天主教徒后，感到非常满意。

亨伯特，意大利国王（1881）

玛格丽塔，意大利王后（1881）

意大利王储（1881）

然后我们就退下了。亨伯特国王和我们的国王一起走到马车前，士兵们吹起喇叭，举着武器，列队欢送我们回到酒店。一小时后亨伯特国王就进行了回访。他说罗马的外长将向我们的国王表达敬意，并因未能到访而深表遗憾。他走了以后，国王告诉我们，在内室会谈时，意大利国王以为那几个夏威夷年轻人是国王的儿子，不过幸好他及时纠正，并且后悔听信了探险家的话。

莫雷诺这才放弃了攀附国王的打算，不过他要求作为一个老朋友陪同国王去罗马。同行的随从劝国王不要再和他有任何瓜葛，于是国王拒绝了莫雷诺的请求。

第二天我们参观了庞贝遗址，那确实是个迷人的地方。

意大利人有个习惯，喜欢向朋友或贵客吟诗来表达尊敬之情，而诗人的灵感经常来自对物质奖励的渴望。许多意大利人都想得到国王的称赞。有个诗人计划通过部长获得国王的称赞，他在诗里这样写道——

> 尊敬的先生
> 阁下——

诗人请求原谅自己大胆地表达对部长的赞誉之情；他说，要是自己能为夏威夷最著名的人物、同时也是世上最伟大的人之一的国王拉琴，那么全国的意大利人都能从琴声中读到这种感情。能称呼最受崇敬的人是一种莫大的快乐，他请求部长接受这忠诚的歌声。

一个叫贝纳杜斯（Beneduce）的人签了字，他第二天来了，献上名片，寒暄几句之后请求获赏。国王和管家接待了许多热情的意大利人。还有相当多的人并没有要求面见赐赏，而只是无伤大雅地表达他们的感情。

第二天，前任埃及总督伊斯梅（Ismail）与国王见面，他也是现任总督的父亲。他个子不高，身材发福，目光浑浊，头发微红。两年前的这个时候，军队逼他退位，因为他挥霍无度，而且镇压起义农民。于是他选了四十个美妾，带了宫中最华贵的家具，卷走了收藏的珠宝，搬到那不勒斯附近的寝宫。他当政时曾经把大笔的钱投入甘蔗种植业和制糖业。他说他听说了夏威夷的制糖发展情况，于是问了很多相关的问题；他相信埃及将成为世上最大的制糖国之一，但是退位之后他对这失去了兴趣。他希望国王能有机会到他那里去看看，不过他知道，现在他只是一个普通人，也许不配接待国王。

我们的麻烦来了，这些欧洲的酒店太黑了，跟我们漫天要价。虽然我们已经预料到要给小费，但是在东方酒店给仆人的小费甚至超过了酒店的房费。有张单子上面写明了需要小费的仆人名单，足有一百多个，而我们一共只有三个人。不过我们皇家舞会的时候给了风笛手很多小费。这些欧洲的酒店老板毫不留情地剥削我们。他们最拿手的就是扣着账单，直到我们走之前再给我们，到那时管家再找旧账可就有点儿麻烦了。我们的大管家负责打理这些事情，他觉得临走时是最烦心的时候了。我们得为没用过的房间付费，而用过的房间价格高得离谱，账单上标的酒是我们喝的好几倍，而用餐和服务足以支持一个军队了。男仆曾说他能帮我们避免这些勒索，不过他却没有给大管家帮任何的忙。国王并不知道这高额费用的事。也许我们本不该把国王等同于一个普通客人，尽管我们受到的待遇是同样的。有一次，西班牙的前任国王约瑟芬·波拿巴（Joseph Bonaparte）在新德里伯顿城的一个酒店里接到了一份账单，上面有一条写着"其他＄300"，于是他询问这是什么；酒店老板告诉他秘书，这也可以解释为"在您下榻时应付其他杂事"。而这次，这些欧洲酒店老板连这个理由都没有，直接要了我们天价的费用。

　　离开那不勒斯之前，我们听说了加菲尔德总统在华盛顿被古托射杀的消息。这是我们此行开始后第二个遭到暗杀的首脑。我在整理这些旅行日志时，想到这次会面过了二十年后，亨伯特国王也遭暗杀身亡。我很早就认识加菲尔德总统了，作为他的朋友，我为他当上总统感到可惜，他本可以选择更适合自己天赋和个性的职业。

第二十二章

罗马，红衣主教雅克布尼——谒见罗马教皇——友好会谈——红衣主教霍华德——美丽的景色——随从阻止国王造访圣彼得堡——取道巴黎前往伦敦——精明的荷兰人——穿过巴黎前往伦敦——违反了法国礼节

抵达罗马后，应国王之命，我向教皇的国务卿红衣主教雅克布尼（Jacobini）发去一份照会，请求觐见罗马教皇。红衣主教雅克布尼立即做出了回复，把最方便的觐见时间确定在了四点。我们随即穿好晚礼服驱车前往梵蒂冈。我们每走过一个连廊都有不同官员带领，最后上到了较高一层的房间里。宽阔的楼梯转弯处有瑞士警察站岗，身着昂贵的制服，手握投枪和长矛。红衣主教雅克布尼身材矮小，胖乎乎的，看起来和善而精明。他接待了我们，领我们穿过几个房顶刻有精美壁画的房间，最后来到了一个相对较小的房间里，这就是觐见的地方了。这个房间刻有精美的壁画，柔和的光线从彩色窗户射进来。所有红衣主教都静悄悄

地走进来，其中有高大的英国人红衣主教霍华德（Howard），他身高约有7尺，脸色红润，表情幽默，这都说明了这些高级教士并非一直是禁欲的。

门开了，一个身材消瘦、脸色极其苍白的老人走了进来，这就是教皇利奥十三世（Pope Leo XIII）。他慢慢穿过房间，走上一个几英寸高的台子，上面有一张椅子，而众人无不鞠躬致敬。教皇前面还有一把椅子是留给国王的，所有的红衣主教簇拥在教皇两边，我们这些随从则站在国王旁边。

教皇立即开始讲话，说的是意大利语，红衣主教霍华德担任翻译。教皇问到了许多关于夏威夷王国的事情，红衣主教们也问了一些相关的问题，显然，他们对夏威夷当地的天主教徒情况十分了解，知道那里的天主教徒和新教徒在人数上不分上下。

教皇对国王说："请介绍一下随从到访的各位官员吧！"

国王一一做了引见。

教皇问道："他们都是贵国本土人吗？"

国王回答说我们都是本土人，都是新教徒传教士的后裔。

红衣主教霍华德笑道："那么他们和我们是对立的了。"

教皇露出了微笑。会谈并不严肃，而是轻松欢快。

教皇问："我的信徒在贵国表现好吗？"

国王回答说："好，他们都是优秀的臣民。"

"他们要是表现不好，那我可要好好管理，"教皇接着说，"为何你的政府里有白人部长呢？"

教皇利奥十三世（1881）

国王无法用三言两语来回答，看了我一眼。我代国王回答说，夏威夷国王选用受过教育的白人，这些白人更能对付那些拥有夏威夷王国绝大多数财富的外国人。

红衣主教霍华德问道："贵国政府里有没有天主教徒呢？"

我回答说："没有。美国的新教徒早于天主教徒来到我国，一直掌控公共事务，但有能力的天主教徒绝不会因为自己的信仰而被排斥在政府高层之外。"

教皇不时欢快地眨着眼睛，说话时带着微笑。接着我想起了他纯真的祝福中的幽默之处。据说教皇在全基督教大会（Ecumenical Council）时把这种祝福送给了东方的主教们。按照惯例，这些东方主教本人并不是很干净。这些主教跪在教皇面前时，教皇会抬起具有代理意味的手，低声说道，"你们虽然肮脏"，接着很大声说，"但我赐予你们我所有的祝福。"

会谈持续了20分钟后结束，我们亲吻了教皇的手，站起身。

教皇对国王说："贵国距离遥远，祝你们安全返回。"

这个场景十分壮观。那个略高出地面的台子上坐着一位消瘦而安静、眼神和善的男人，他统治着大约2亿人，而这些人对教皇的信仰毫无条件、毫无保留、毫无区别。可以说，这是"世界上最强大的企业集团"，或者正如教皇庇护七世（Pius VII）的国务卿红衣主教帕卡（Pacca）所说，这是"一个人类政策的杰作，而非神的杰作"。这里只有一个人，而几亿人都向这个人寻求生命的指引和死后的救赎。尘世上的巨大权威面前坐着由众多渺小岛屿组成的王国的国王，就像雄伟大山和鼹鼠丘放在一起一样。

虽然海涅曾把这所宏伟的教堂称为"灵魂的巴士底狱"，但几百年来，这座教堂一直是一股维持政府影响的保守力量，不论是什么样的秩序；近千年来，这座教堂一直是文明世界的警察，不论捍卫的是什么样的真理。

随后，有人带着我们穿过了许多梵蒂冈的房间，来到圣彼得的房间（St. Peter's），很多国王都曾在这里向罗马的权威恭敬膜拜。

我们同红衣主教雅克布尼达成一致：教皇把某种勋章赐予国王和随从，而国王把自己的勋章授予教皇及其一干人等。

国王还未放弃去拜访圣彼得堡的想法，因为他希望能与沙皇交换勋章。随从们反对去圣彼得堡，其中有很多原因：不仅仅是因为如果去了，国王就不可能在这个季节抵达伦敦，而且说不定去了后会发现沙皇早已离开了圣彼得堡，而国王的时间却十分有限。国王固执己见，想立即起程前往俄国。于是我们略施小计让国王改变主意。早上喝咖啡时，我拿过一份意大利报纸假装阅读。国王的内侍按照事先的安排向我询问新闻消息。我于是即兴发挥，向他阅读胡编乱造的新闻："圣彼得堡最近再次爆发了民粹主义运动，对沙皇的攻击令人担忧。超过万人已被派去保护皇宫了。"这并非直接读给国王听的，我们也并非要吸引国王的注意力，但国王还是听到了。我随后把报纸递给国王，说道："或许陛下想看看报纸吧。"我知道国王读不懂意大利的报纸。内侍说:"要是陛下去了圣彼得堡,那些憎恨所有君主的民粹主义者会攻击陛下的。最好在启程前立下遗诏,以防不测。"我们都没再说话,但不到一个小时国王就告诉我们说,经过深思熟虑还是不去拜访沙皇了。

我们离开罗马,马不停蹄直奔伦敦,希望在这个季节结束前到达那里。

我们在快到巴黎的路上遇到一个精明的荷兰人,他曾在去往新喀里多尼亚(New Caledonia)的路上到我国待过几个小时。在国王身边没人时,这个荷兰人向国王毛遂自荐,精明地在国王面前提出了一个冠冕堂皇的发财计划,说国王个人从中可以得到很大的好处。这个荷兰人在新喀里多尼亚开发了许多的镍矿矿床,提出可以向国王的政府供应不足额的镍币,政府总共需要支付20万美元,而硬币的成本不会超过5万美元,获得的利益与国王平分。这个为了个人利益而把一种基础硬币强行投放到我们王国的计划打动了国王,国王很喜欢这个计划,就像大多数统治者和政客们一样,在这种事上鲜少从道德上考虑过。荷兰人随后将在巴黎制造出镍币的样本,并在国王回国后寄到国王手里。但是国王的白人顾问再次顽固不化,拒绝执行这个计划。随从十分怀疑这项交易的性质,警告荷兰人说他可能不会得到任何利益。但荷兰人坚信国王是本国的绝对君主,拒绝放弃这个计划。国王参与这个计划的理由是这样的:王国的第一大资本家,一个白人,早就以同样的方式引进银币,并从中获取了丰厚利益,因此国王没有理由不自己抓住这个做生意的好机会。

早上五点，我们到了巴黎，受到副领事和随从的接待。我们驱车几个小时穿过许多街道到达了去往布洛涅（Boulogne）的火车站。路过旺多姆广场（Place Vendôme）时，副领事向我们指了指巴黎公社期间被破坏的拿破仑纪念柱（Column of Napoleon）的遗址。

副领事说："那里曾矗立着一座宏伟的柱子，但是被邪恶的共产主义者推倒了。"

我回答说："我当时在这里目睹了这一切。我看到了那些工人在柱子基座上凿孔。"

"太不寻常了，"他说，"这难道不是国王一行第一次来欧洲吗？有人从贵国来过巴黎吗？"

十分巧合，在1871年的巴黎公社期间，我曾经是美国外交部长在巴黎的助理外派人员，就在凡尔赛的军队展开对共产主义者的攻击和屠杀前，我离开了巴黎。

我们起程前往伦敦，但却由于高傲违反了外交礼节，这将会在未来给我们带来麻烦。虽然仅仅是路过巴黎，但国王也应该委派自己的内侍去拜会爱丽舍宫，为法兰西共和国的总统留下名片，以代替谒见。我们随后得知，外交部把此疏忽看成是违反了外交礼仪。虽然在巴黎有一个毫无外交权力的总领事，但国王在法国政府中没有派驻外交使节。我们计划稍晚些再次访问巴黎，并且与法国总统相互拜会。

我们不喜欢法国。法国的外交人员和战舰都早已多次带着敌意来到我们的岛上。法国人以炮火轰炸我国首都相威胁，曾一度从我国政府那里敲诈了非正义的商业特权。并且在不久以后，法国不顾美国代表的抗议，武装登陆我国，摧毁了大量的政府资产，压制了要塞的枪火，把国王的舰艇开到南太平洋去了。

第二十三章

伦敦克莱里奇宾馆——皇室及内阁来访者——爱丁堡公爵对夏威夷的访问——威尔士亲王将国王塑造为社交界"名人"——皇室毫无保留地接受了国王——女皇将自己的马车借与国王使用——帕蒂在皇家意大利歌剧的表演——老同学阿姆斯特朗将军——议会——硬礼帽,英国权力的象征——温莎公园的志愿兵阅兵——德意志王储——我们处境中的新鲜事——威斯敏斯特宫——与查尔斯·贝拉斯福特勋爵一起游览泰晤士河

我们到达伦敦的时候,在驻英国总领事的坚持下,国王下榻克莱里奇宾馆(Claridge's Hotel),因为几乎所有名声良好,又没有应邀入住皇室宫殿的君主都会住在这里。

当时格莱斯顿(Gladstone)政府在任,格兰维尔伯爵(Earl Granville)随即拜访了国王,随后查尔斯·贝拉斯福特勋爵(Lord Charles Beresford)也来了,他曾在数年前与爱丁堡公爵一起乘"伽拉忒亚"(Galatea)号军舰访问过夏威夷王国。之后,

爱丁堡公爵（1881）

托马斯爵士（Sir Thomas）与布莱西夫人（Lady Brassey）也来拜访，他们也曾乘"阳光"（Sunbeam）号军舰访问过夏威夷王国。在国王的命令下，内侍大臣拜访了美国公使詹姆斯·罗素·洛维（James Russell Lowell），对加菲尔德总统遇刺身亡表示深深的哀悼。格兰维尔伯爵指派外事办公室的 F. R. 辛杰先生（F. R. Synge）照顾国王在伦敦期间的饮食起居。这位辛杰先生不仅聪明，还熟悉皇家礼仪，社交圈也广，小时候还在夏威夷住过，那时他的父亲是英国特派员。辛杰先生的到来解除了我们在礼仪方面的顾虑，他很有技巧地帮助国王完成了在伦敦的社交生活，我们私下管这叫作"笼中关有波利尼西亚雄狮的皇家马戏团"。

到伦敦时正是社交旺季，但已经到了七月，我们也没有期望得到女王的特殊优待，不过还是希望能一睹英国的上层生活，同时也希望能在宫中得到正式的引见，并能受邀参加一些社交聚会，好见见英国的大人物。但是国王十年前施的一些小恩小惠现在得到了巨大的报偿——他在还是一位王子的时候接待过来访的爱丁堡公爵和查尔斯·贝拉斯福特勋爵，主要就是以当地风格设宴款待他们，地点就在都城附近一个美丽的山谷，山谷两侧群峰耸立，投下深深的倒影。那里有赏心悦目的景色，大片土生的花草，还有土著女子翩翩起舞。这一切都是那样的让人着迷，以至于公爵回国后告诉皇室，在他乘"伽拉忒亚"号航行期间，对三明治群岛的访问是最为理想的。那次访问是那样令人愉快，媒体在不久后报道，威尔士亲王宣布如果自己也要远航的话，那他首先就会访问三明治群岛。我们到达英国的时候，爱丁堡公爵正在波罗的海指挥战舰，但他还是发来电报祝贺国王顺利抵达，而且我们还听说他要求皇室成员尽量保证国王此行愉快。

威尔士亲王作为英国社会的领袖，代表女王对接待国王的事宜进行了指点，或者更得体地说，规定了接待国王的标准等级，而国王也立即进入了社交"雄狮"闪闪发光的表演场地。贵族们很有幽默感地接纳了他，他们对新轰动总是充满了兴趣。国王会英语，在这一点上，他比很多其他来访的君主更具有优势；另外，他也没有表现出类似伊朗国王的习惯，后者住在白金汉宫的时候，将一间客厅变成了鸡屠宰场，因为根据伊朗的习惯，动物必须在国王面前屠宰、烹饪，以消除投毒的危险。国王在伦敦停留了不是两三天，而是十六天之久，其间，他备受皇家礼遇。如果说雄狮得到的关注越多体重也越重的话，国王离开英国的时候，体重也猛增了不少。

威尔士亲王很快来访，愉快地问候了国王；奥尔巴尼公爵（Duke of Albany）、康纳特公爵（Duke Connaught）、剑桥公爵（Duke of Cambridge）、泰克王子（Prince Teck）、首相及夫人、金伯利勋爵（Lord Kimberley）、迪斯戴尔上校（Colonel Teesdale）、威尔士亲王侍从武官、斯宾塞伯爵（Earl Spencer）、克莱伦登伯爵（Earl Clarendon）及夫人、布莱德班伯爵（Earl Breadalbane）及夫人、达尔荷西伯爵（Earl Dalhousie）及夫人、乔治阁下（Right Hon. George）和卡文迪许-本廷克夫人（Mrs.

威尔士亲王(1881)

Cavendish Bentinck)、柏代特·考茨男爵夫人（Baroness Burdett-Coutts)、外国驻伦敦大使及公使以及其他很多名人都拜访了国王，并致以热情友好的问候。国王的活动日程每天都和英国皇室的日程一起记录在宫廷动态上，该记录在细节上的小心谨慎不亚于美国报刊对死刑犯临刑前活动的报道。

直到我们离开，女王陛下的马车一直听候国王的差遣；马车夫和男仆白天穿红色的制服，晚上便换成黑色的。我们还收到了一张卡片，上面书有一道命令，保证我们在所有的道路上畅行无阻。

在到访的第一天晚上，我们出席了皇家意大利歌剧演出，国王在音乐方面有着敏锐的洞察力，他很欣赏帕蒂（Patti）的歌声。这在他的一生中算是一件大事，当他暗示想要拜访帕蒂时，帕蒂当即邀请他到后台去；国王送给帕蒂一束花，后者大方地收下了，不过这花恐怕很快就会被扔在一堆枯萎的花束中，这些都是二十年来王公贵族们送给她的。国王坐在女王包厢里，尽管剧院里四处都是向他举杯示意的人们，但只要帕蒂在表演，他就丝毫不理会这些；这对国王来说是至高无上的时刻，他很多年后回忆起这段经历，依然觉得很满足。

第二天早上，弗吉尼亚汉普顿师范学院（Hampton Normal Institute of Virginia）的塞缪尔·C. 阿姆斯特朗（S. C. Armstrong）将军拜访了国王。以前，他们不仅是老同学，还曾合作用夏威夷当地的语言办过报纸；国王和他的朋友开始用夏威夷的语言交谈，渐渐地，英国宫廷被抛诸脑后，两人好像又回到夏威夷的椰树下。

在爱尔兰国务卿福斯特（Foster）先生的陪同下，我参观了英国议会，这里是英国自由的摇篮，也是缎面礼帽之家。议会开会时，议员们戴着缎面礼帽，就像是权力的象征，同时，这帽子又无时无刻不在邀请王公大臣们将其打翻在地，唤醒沉睡中的人们的力量。中国人用孔雀的翎毛表示权力与等级，原始的印第安人则用雄鹰或公鸡的羽毛，英国人则选择丝绸礼帽作为宪法下最高权力的象征。假若一阵旋风在议会会议期间刮进威斯敏斯特宫，并刮走了这神圣的帽子，那大英帝国就会陷入政治混乱的边缘。这帽子代表的权力比人类历史上任何人掌握的都要大；在美国达到全盛之前，这权力便是将文明最大限度地推至全球的最大希望。虚弱或强壮，光荣或耻辱，大英帝国表现出人类所有的美德与罪恶。它侵占自己无权管辖的土地，推翻实力不够强大的政府，炮轰毫无防御之力的城市，残害妇女与儿童，轻视并背弃许多群体的权利。但从另一方面来看，它又在全球四分之一的土地上建立起法律与秩序，以及代表正义的明智的政府，它还在世界上与所有国家开通了安全的贸易；它没有为自己保留特权，而是在那些通过慷慨牺牲自己血肉与财富开通安全贸易的国家，让法国人、德国人、俄国人享有和自己一样的权利。在早茶的时候，我把这些想法告诉了国王；但他却像托尔斯泰笔下的老虎一样，只从自己的角度看世界，还问我："这对我有什么好处？"英国人与美国人终究是同根生，而在这两国永无休止的艰难竞争中，国王的王位又能保多久呢？显然，在这场大象的竞速中，国王就像一只蚱蜢，只要想到这一点，他就无法高兴起来了。

在我们抵达英国的那一天，女王向我们发出了参加第二天温莎公园志愿兵阅兵的邀请。快到公园的时候，一辆皇家马车接到了我们，把我们载去了布莱西勋爵的寓所。布莱西勋爵统领一团志愿兵海军，在他的寓所，我们和很多人一起用了午餐，并聆听了布莱西夫人回敬酒时简短却聪慧的讲话。之后，我们驶进了温莎城堡的领地，这里即便是贵族也不得入内。总司令剑桥公爵向国王致敬，并指定我们的马车停在英国贵族席位的前方。皇室家族的马车在皇家骑卫分队的护送下进入了人们的视野，一切是那样井井有条，我们的马车排在最后，也是唯一一辆非皇室成员乘坐的马车。陪在女王身边的是威尔士亲王和德意志王储。女王在旗杆处接受皇室级别的敬礼，50000多名志愿兵从女王马车前列队走过。德意志帝国王储弗雷德里希殿下（Prince Frederich）是一个团的荣誉指挥官，这个团行礼并从女王面前经过后，他立即离开队列，登上我们的马车，敬礼，并与国王陛下握手，他说：

陛下，我是德意志帝国王储，明天我会拜访您；但现在请允许我向您表示感谢，谢谢您在我的儿子亨利王子访问贵国时的热情招待。我的父亲，也就是德意志帝国皇帝，现住在加斯泰因（Gastein），但如果您访问柏林的话，我的儿子威廉王子将接待您。（威廉王子现为德国皇帝）

德意志帝国王储（1881）

随后，他便回到了女王马车旁边的席位。威尔士亲王的兵团经过时，王子殿下也登上了我们的马车与国王交谈，还说希望招待国王参加下周二在马尔伯勒宫（Marlborough House）举办的露天招待会。阅兵结束的时候，女王陛下的马车掉转方向，驶过我们的马车。尽管当时并未正式接见过国王，女王陛下还是向我们欠身行礼。贵族席位前拦有绳索，以防止有人进入马车停放的场地。阅兵之后，我们乘马车回到伦敦。

我曾经来过英国，对女王和贵族们有一些粗浅的认识。我曾经用二先令六便士换得守卫的通融，与一位王宫贵族同坐在火车一等车厢，为的是一睹不曾存在于美国体制的人物的真容。我也曾从低处仰望过处于权力顶峰的贵族们那美丽的双足，不过现在，由于这罕有的机遇，我真的获准和他们站在同一崇高的高度；是的，我甚至也可以呼吸这珍奇、芬芳的空气，这些社会及贵族中神一般的人物就是在这样的空气里接受英国大众虔诚的崇拜。和荷马（Homer）笔下的众神一样，他们也有很多缺陷，但他们终究是神，是一个伟大民族崇拜的对象。

阅兵后回城的时候，我们的马车在一个十字路口陷入了一场交通堵塞。一个出租马车车夫喝醉了，指着正襟危坐在皇家马车中的国王喊道："那是我父亲，他是个大人物呢！"一个警察大叫："这是女王的马车，快让开！"他随后指挥出租马车掉头。那醉鬼车夫挑衅地斜了那警察一眼，答道："我可是个贵族！"

第二天是星期天，我们参加了在威斯敏斯特宫举行的礼拜。

迪恩·斯坦利（Dean Stanley）因病无法出席；但他非常友好地传信给国王，还命人带国王参观威斯敏斯特宫中有趣的景点。

国王充满敬意地看着墓碑及碑石上的肖像。他的朋友说："葬在此地之人现在享有无上的荣耀，但五百年后，改朝换代，重修威斯敏斯特宫，那些死得重于泰山、现在却被刻意略去的名字将被奉为永垂不朽，而那些现在享尽荣耀的名字将被丢进历史的故纸堆。"

下午，国王乘贝拉斯福特勋爵的小艇逆流而上游览了泰晤士河。贝拉斯福特勋爵是国王真诚的朋友，这次聚会的客人大多是来自上流社会，他们的谈话大大帮助了国王对口语及习语的使用。贝拉斯福特勋爵又被叫作查尔斯勋爵，他是个幽默的英国人，有活力，脾气也好，这些使他成为威尔士亲王忠诚的朋友。我们在威廉勋爵位于梅登海德（Maidenhead）的宅邸用完晚餐后便回伦敦去了。

普鲁士公主(1881)

第二十四章

在格兰维尔伯爵宅邸与格莱斯顿先生及内阁成员一起出席午餐会——去温莎堡拜访女王陛下——女王陛下询问艾玛皇太后的近况——在温莎堡出席午餐会——德意志帝国王储来访——拜访马尔伯勒宫——威尔士亲王及王妃——在贝拉斯福特勋爵宅邸与王子殿下共进午餐——美国女人——贝拉斯福特勋爵在夏威夷的胡作非为——威尔士亲王访问美国——马尔伯勒宫的露天招待会——女王驾到——美国公使洛维先生——皇室及其朋友的一次非正式聚会——国王获得赞许——兰贝斯宫及坎特伯雷大主教——威尔士亲王及王妃在肯辛顿博物馆接待国王——斯宾塞伯爵的错误——皇室列队祈祷——令人厌倦的贵族生活

我们与女王的会谈现已提上日程。因此，我们第二天与格兰维尔伯爵及夫人一起共进午餐。格莱斯顿先生、查尔斯·迪尔克爵士（Sir Charles Dilke）、金伯利勋爵以及其他一些内阁成员也在场。出于礼节，世界上最大帝国的总理就坐在世界上最小王国总理的对面。格莱斯顿先生很少讲话，也没有什么令人惊奇的格言警句，但他吃了很多布丁，经过大自然神奇的转化，居然促成了他当晚在议会的一场有关德兰士瓦（Transvaal）简短却绝妙的演讲。

与格兰维尔勋爵的午餐结束之后，我们驱车前往帕丁顿（Paddington）车站，并从那里乘火车去温莎（Windsor）。皇家马车和一队皇家骑卫在那里等待我们，我们随即乘马车前往温莎堡，在那里我们将被正式引见给女王。

王室侍从在入口处接待了我们，然后带领我们来到一间有洗手池和镜子的房间，我们可以在这里整理仪容，以免使君主不悦。我们当时穿的是晨装。走过几间接待室和陈列室，我们来到绿厅。国王和格兰维尔勋爵单独站着，我们一批随从和辛杰先生站在旁边。一时十分安静，我们好像一群站在活板门前的犯人，即刻就要奔赴永恒；门突然大敞开来，英国女王走了进来，她走向国王，和他握手。陪在女王身边的有露易丝公主（Princess Louise）、比阿特丽斯公主（Princess Beatrice）、阿尔巴尼公爵（Duke of Albany）以及海瑟公爵（Duke of Hesse）。这与王室成员初次相见的时刻令很多受接见者感到害怕与战栗，这与美国的业余猎人初次试图射杀一头鹿时的紧张兴奋是一样的。但我们还在东方的夏威夷时，便早已习惯了这种皇室光彩夺目的氛围，于是并没有感到震惊。国王自然优雅地站在那里，显得泰然自若。他们一坐下来，女王就说起了爱丁堡公爵对夏威夷的那次访问，

维多利亚女王与比阿特丽斯公主(1881)

她说公爵常常提起，因此想必夏威夷群岛十分美丽。

交谈了一段时间之后，女王陛下起身将国王陛下介绍给其他王室成员，然后又转向随行人员这边，在格兰维尔勋爵的介绍下接见了我们。她对我说："国王陛下使用英语十分自如，他是怎么学的？"我回答说，他是小时候在传教士的学校学的。她又问起艾玛王后（Queen Emma）（她是之前某任国王的遗孀，曾访问过英格兰，也曾作为客人在温莎堡住过几天）："她是一位有魅力的年轻女子，我很喜欢她。"女王又问国王陛下是否愿意在堡内转一转，或是乘马车到弗吉尼亚湖去。国王陛下回答希望能参观一下温莎堡的内部。女王陛下说希望国王陛下访问愉快，又说自己对夏威夷很感兴趣，而且国王在伦敦也很受欢迎。随后女王陛下便离开了。

在海瑟公爵和阿尔巴尼公爵的陪伴下，我们在另一间可以俯瞰公园的房间坐下来吃午餐。我们参观了城堡里许多房间，两位公爵则一直给我们讲述每个房间的故事。在皇家骑卫的护送下，我们再次乘坐王室马车回到车站，搭乘火车回伦敦去。不久之后，我们得知女王在国王陛下拜访期间一直十分宽容迁就。尤其是国王的英语讲得好，又是英国口音，这让她十分高兴。其他访问英国的外国君主没有人可以把英语讲得如此流利。

由于与日本王室结盟之事还悬而未决，国王现在向英国王室提出结盟也就不切实际了，因此，即使国王突然秘密拜访温莎堡，试图取得英国对自己王位的支持，我们这些随从也不会感到惊讶。

我们在英国的日日夜夜都是在与英国社会及政治生活顶层人物的接触中度过的。但事实证明，即使地位再高，也无法避免生活中不愉快的事。王子与乞丐也有很多相似的地方。事实上，一位熟悉宫廷生活的人告诉我，虽然主要氛围还是愉快的，令人心生敬仰，但这里还是充满了怒气与苦难。

早上，德意志王储前来拜访，并再次感谢国王热情招待了他的儿子亨利王子。我们很快回访了白金汉宫，在那里，王储妃也接见了我们，她尽管生在英格兰，是女王的女儿，讲话时却稍有德国口音。听她讲话，让人觉得她思想活跃，关心公众事务；王储殿下则几乎是我们此次出行最敬佩的人；他的面容十分单纯，日耳曼人蓝蓝的眼睛里充满了友好与热情。

我们去马尔伯勒宫拜访了威尔士亲王及王妃；他们的孩子当时也在场，王妃说起了她常常听到的美丽的夏威夷群岛。站在她旁边，让人很容易便理解了丁尼生的关于英国人的诗句：

　　我们所有丹麦人都欢迎你。

在随从们的陪同下，王子与国王登上马车，前往伊顿广场（Eaton Square）查尔斯·贝拉斯福特勋爵的宅邸参加午餐会。在那里我们遇见了聪明的美国人曼德维尔夫人（Lady Mandeville），她现在是曼彻斯特伯爵遗孀（Dowager Duchess of Manchester）。

普鲁士的亨利王子（1881）

我曾在美国见过她,她很有讲故事的天赋;我们还见到了桑德斯(Sands)女士,她也是王子身边一群美国美人中的一位。午餐过后,我们在阳台上抽烟的时候,王子再次提起他的弟弟在夏威夷的访问,并表达了想要亲自看看夏威夷群岛的愿望。在他弟弟访问夏威夷的时候,贝拉斯福特勋爵还是"伽拉忒亚"号上的一名海军候补少尉,他在岛上常做一些匪夷所思的事来找乐子。一次,他趁夜把美国领事馆的标志移到了一家中国旧货铺的前面。这次鲁莽的行为惹怒了当地居民,美国人非常愤怒地抗议,最终贝拉斯福特勋爵为此道歉。我们当时做梦也没想到,当时埃及的政治骚乱会在第二年演变成炮击亚历山大港事件,当时接待我们的雄伟宫殿也化成了火海,而这些也是贝拉斯福特勋爵鲁莽地指挥战舰向埃及要塞近距离开火而导致的。

威尔士亲王18岁的时候,也就是1859年,曾和纽卡斯尔公爵(Duke of Newcastle)一起访问过美国。纽约音乐学院举办了一场舞会,那是当时美国土地上举办过的规模最宏大、最豪华的舞会,我当时也在场。现在,在我的提醒下,王子想起了那场舞会的一个独特之处,他说当时那让他感到非常尴尬。当时在场的年轻女士都非常希望能和王子共舞,但主办方却无法为他选择舞伴,因为他们不管选哪个,剩下的几百名女士都会不高兴。因此,主办方成员中一位精明的商人提议让王子自己选择舞伴。这个提议被采纳了,女士们为王子让开一条路,他害羞拘谨地从两列漂亮的女孩儿之间走过,当时王子真可称得上是一个"金苹果",他自己选择了舞伴,这样人们就不能指责主办方了。

晚上六点,我们再次拜访了马尔伯勒宫,一场露天招待会在这里的草坪上举行。很多贵族的马车在入口处等了很久,好轮到自己的主人下车,但国王乘坐的皇家马车则优先进入。威尔士王子和王妃在大门的附近接待客人,草坪上的葱葱绿树下已经支起了帐篷,有人宣布女王驾临,这是女王的丈夫艾伯特亲王(Prince Albert)去世后她参加的第一场露天招待会。王子把女王领到了一顶帐篷,露易丝公主和比阿特丽斯公主在那里陪着她。国王走进那顶帐篷,交谈了一会儿,退了出来,在一棵老树下支起了自己接待客人的帐篷。尽管英国最高贵的血统在此,但在我看来,最吸引人的却是美国公使洛维先生。他就像是一幅历史题材画作中的主人公,漫步在英国宫廷成员中间,正是这些人的祖先将清教徒驱逐出境,也是因为他们的鼠目寸光,才有了大洋彼岸一个伟大的独立共和国的诞生。洛维先生好像在默默地说:

我荣幸地代表"五月花"(Mayflower)号故地重游;尽管船上的人与各位一脉相承,但他们如今已骄傲地建起了另一个辉煌的国度。

但这是一次非正式的聚会。露易丝公主、比阿特丽斯公主、德意志王储妃、普鲁士的索菲亚公主(Princess Sophia)及玛格丽特公主(Princess Margaret)、康瑙公爵夫人(Duchess of

威尔士王妃(1881)

Connaught)、剑桥玛丽公主（Princess Mary of Cambridge）都先后加入了拜访国王的行列。如果一位聪颖的旅行家也在现场，并且完全不知道在场人士的等级地位的话，他一定会把他们描述成一群本性敦厚的人，举止淳朴、说话直接，各方面都和其他国家出身良好的人没什么两样。尽管统治着世界上四分之一的人口，他们端起茶杯时的兴奋劲儿，与城东的洗衣妇并无二致。谈话的内容多半是些愉快的流言蜚语；我从头到尾也没有听到这些高贵的人物发表什么高尚的思想。客人们没有被正式引见给女王，因为他们都认识。有时我无意中能听到客人们对国王的评论。内容都是令人愉快的，比如谈论他的大个子，他从容安静的举止，以及他让人称许的流利英语；他的肤色在这群人中间成了优点，他们对此并无歧视，也不能明白为什么在美国，一个黑人的出现能让整个社会不得安宁，就像舞厅里出现了一只耗子一样。

　　第二天我们乘女王的马车参观了贝拉斯福特勋爵的板球场、伦敦塔、圣保罗大教堂（St. Paul's），还从海德公园（Hyde Park）中穿过，晚上参加了兰贝斯宫（Lambeth Palace）的露天招待会，那里是坎特伯雷大主教（Archbishop Tait of Canterbury）的宅邸。大主教带领国王和随从们参观了一些房间，展示了英国的精神领袖的生活是多么显赫，这和大洋彼岸基督教堂里的精神领袖的生活方式完全不同，在那里，英国人的后人创造了一个没有君主的国家和没有主教的教会。

　　下午，阿尔伯特礼堂（Albert Hall）举办了一场音乐会。国王与随从们坐在格兰维尔勋爵的包厢里,很愉快地欣赏了帕蒂与阿尔伯尼表演的二重唱。

晚上十一点,我们参加了斯宾塞伯爵及夫人招待威尔士亲王及王妃的宴会,地点在肯辛顿博物馆(Kensington Museum)。斯宾塞伯爵接待了我们,并把我们领到了一个小接待室,王室参观者都聚集在那里,等待着进入大厅与 1500 名客人见面。在那里,我们看到了威尔士亲王及王妃殿下、露易丝公主、比阿特丽斯公主、德意志王储及王储妃、剑桥玛丽公主和剑桥公爵。我们在这个小接待室停留了一会儿,彼此间只是随意交谈。

斯宾塞伯爵一直忙于接待王室客人,和国王简短地交谈了一下,现在急匆匆地走进小接待室。他走向我们皮肤有些黑的内侍大臣,对他说:"请陛下——"这时内务大臣发现了他的错误,并打断了他:"我不是国王陛下,陛下在这边。"这个小错误让剑桥玛丽公主感到十分有趣。

伯爵和国王说了几句,国王便挽着威尔士王妃走了出去,后面跟着威尔士亲王、露易丝公主和其他人,其中还包括国王的随从,一行人便这样走进了大厅。成百上千的贵族和名流都在那里等着。这群王室成员沿着客人们走过的路线慢慢地走着,仪式结束之后,开始了一场座谈会。在我看来,这场座谈会主要就是通过克制、缓和的对话密切地关注王室的动态。

现场气氛严肃,没有人把这次活动看成儿戏;王室成员站在一起,和熟人们随意地交谈着,很多贵族女子似乎很想拉近和王室的距离。有一位女士,全身上下缀满了光彩夺目的钻石,我曾在露天招待会上见过她,但却记不起名字,她友善地提出向我指出一些大人物。我们四处走动的时候听到了一些对国王的评论:"我听说他有三十个老婆。"……"他的言谈举止还不错。"……"王子真抬举他。"……"他的王国在哪儿?是在美国附近吗?"……"他的祖父是不是食人族?"

有一个房间供应晚餐,但只有王室成员以及他们的侍从或是密友才能进入。陪同我的这位女士十分聪明,见多识广,向我指出了很多名人,比如政治家,名门望族之后,今天还在伦敦俱乐部享乐、明天就要奔赴喜马拉雅山山麓打仗或是在非洲丛林追杀野蛮人的军人,还有那些贵族中为数不多的美女,或是由于偶然事件在公众心中留下印象的充满个人魅力之人,也有那些祖上声名显赫之人。其祖先多已建碑立像,好让人无法考证其真正性格,美其名曰"保护死者的记忆"。屋子里的桌子上摆着沙拉、冰激凌、冷盘肉和香槟,与英国所谓的平民百姓吃的没什么不同。那些平民百姓从不抱怨,甚至是喜悦地接受了自己下等的社会地位。我对我的贵族陪同说,自己尽管在政治上有一定的地位,但生来就接受美国民主的传统,因此很想从一位像她一样社会地位崇高的贵族那里知道,这样的生活是不是给人一种狂喜的感觉,是不是这种平民触不可及的狂喜渗透了生活的方方面面。她回答说,生活是无聊的,无论对贵族还是平民都一样,不过是追逐浮华和影子而已。她问道:"你们一行人是不是因为游历了不同的国家、不同的宫廷,见到了不同的君主而感到狂喜?"我告诉他,我们并没有感到的狂喜,而是时刻盼望能回到岛上的椰林和山谷。

之后,有人召我去一开始的接待室服侍国王陛下,从那里,我们回到了寓所。当时已经是凌晨四点了,这时候,君主们、王子们、贵族们、伟大的军人们、公主们、美女们都已经戴着睡帽躺在床上,进入愚蠢的梦乡,准备第二天再次参加同样的盛事了。

第二十五章

海德公园营房的舞会——庄严的装潢——第二近卫骑兵团上校威尔士亲王接待客人——伦敦市政厅殖民地宴会——大英帝国的建造者——威尔士亲王与国王的演讲——国王冒犯了爱尔兰人——后果——布莱西勋爵在诺玛赫斯特招待国王陛下——在克里斯托弗·赛克斯爵士家与威尔士亲王共进午餐——圣三一公馆的晚餐——格兰特将军的错误——景点——美丽的犹太妇女——与柏代特考茨男爵夫人共进晚餐——盛装的国王陛下——国王陛下打扮女王与威尔士亲王——《笨拙》与国王——马尔伯勒宫的舞会——与泰克公爵及夫人共进午餐——"社交雄狮"离开英格兰——国王与英国政府

第二天晚上我们参加了在海德公园营房举办的舞会,主办者是第二近卫骑兵团,威尔士亲王是该团的上校。大舞厅的装饰和东方的一样华丽,却不及东方的精致。舞厅四周有着暗红色的墙裙，上方是骑兵们锃亮的头盔、银色的定音鼓和军旗；喷泉四周是充满异国风情的植物和鲜花；还有八盏富丽堂皇的路易十六风格的枝形吊灯，它们的基座是乌木镀金的。王室晚餐室装饰有精美古老的挂毯，地板上则铺着波斯地毯，桌上摆放有白花。

威尔士亲王以上校的身份接待了国王及其他王室成员。也许人们会好奇，王室成员每天在公共场合见面会不会感到无聊。但这就是他们的使命，是上帝赋予他们的。毫无疑问，他们卸任时也会感到满足，就像古犹太人通过食用祭祀牲口的某些特定部分来减轻自己的责任时也会感到安慰一样。

卫兵们站成两排，他们都很高，穿戴着锃亮的头盔和盔甲，客人们从中间通过的时候，他们站在那里，一动不动。大家翩翩起舞，却没有什么生机活力；英国人体格笨重，很难说动作有多么优雅；他们的最大优势主要在于隐忍，在于攻防，在于山间或是沙漠里的战役。英国女人们体格粗壮，很少有优雅或婀娜可言，但大都有美丽的红润脸色和强健中散发的从容。

第二天晚上我们参加了伦敦市长在市政厅举办的殖民地舞会，殖民地的显赫人物齐聚一堂。市长大人身穿华丽的礼服，在门口迎接国王，并把他领到了一间接待室，威尔士亲王已经在那里了。仆人的制服古老而奇特。其中一人大声宣布："殿下，陛下，市长大人，晚餐好了。"王子殿下站在市长右边，国王站在左边，三人一起走进大宴会厅，三百位客人正站在那里迎接他们。帝国许多杰出的人物也在其中。不管你提起地球上任何可以到达的地方，其中总会有人说自己去过那里。这些人就像珊瑚虫，在海外建造大英帝国的珊瑚礁。

宴会正式部分结束的时候，一个男女合唱团开始在高高的露台上唱主祷文。市长大人随即站了起来，他说："殿下，陛下，各位大人先生们，请举杯。"

然后他又祝女王身体健康，威尔士亲王也示意感谢。常年的实践已经让亲王成了一个老练、文雅，甚至可以称得上是模范级的宴会后演说家。发表公开演说是他的职责所在，但根据英国无法变更的不成文法律，他又无法真正"说"什么。作为女王的代表，威尔士亲王被紧紧地捆在政治的藩篱上，就像被缚在岩石上的普罗米修斯，他只能观望，因为他在政治问题上不能支持任何一方。作为英国的自由人，街头的小贩也许是狂热的党徒，但根据宪法奇怪的设计，国王在政治生活中却要保证不偏不倚，好像印度教中的佛一样；国民们崇拜他，亲吻他的手，手里却拿着大棒，在他启发民智的时候敲打他。

市长大人再次站了起来，他说：

"殿下，陛下，各位大人先生们，请举杯。"然后他简短地祝卡拉卡瓦国王身体健康，又说自己访问夏威夷的时候觉得那里的一切都是文明的体现。

随员们挑选了这个场合作为一个机会，好让国王可以公开表达对殖民地总督们及王室成员的感谢，感谢他们这段时间的款待和帮助。他的讲话将通过媒体传达到所有他访问过的殖民地。根据他的要求，我写了演讲稿，他准备在更衣的时候背诵下来。但是晚睡让他觉得困倦，原本很好的记忆力也大不如前。我发现他在宴会期间好几次眼睛都闭起来了。当时英国人对爱尔兰的土地同盟成员①有着很强烈的反感，国王对这个问题并不理解，他原本打算在前往美国之前访问爱尔兰。他站起来回应祝酒，并开始了他的讲话：

"王子殿下，市长大人，各位先生们——"

然后他迟疑了；他忘记了之前准备的演讲词，就像乘一艘露天的小船漂浮在即兴演讲这一多风且危险的大海上。他环顾四周，又看看天花板，又望一望同样也在看着他的三百名客人，但就和平常一样沉着冷静。他开始感谢王室成员及殖民地总督们的热情好客，又称在他的环球旅行中，在伦敦受到的接待是最令人愉快的，客人们对此报以热烈的掌声，他马上有了胆量，又继续说了下去。

他说："我自己的国家没有政党，也没有土地同盟（他那露天的小船开始在危险的海面上剧烈的摇晃），我也不会允许那样的人来搅乱民心。"

掌声十分热烈，因为他说到了英国人的心坎里。但一位坐在我旁边的知名政治家对我说："恐怕爱尔兰人要向他提起这件事了。"国王又说了一会儿，然后在热烈的掌声中心满意足地坐下

---

① "爱尔兰土地同盟"是19世纪晚期爱尔兰农民争取土地改革的组织。——译者注

了。亲王殿下隔着身形宽大的市长大人高兴地向国王点头，国王看看我，好像在说："你看，我自己可以照顾自己。"

很多年后，吉卜林[①]写了一首题为"土生的人"（The Native Born）的诗，非常符合当时在市政厅上演的这一幕：

> 我命令你们自己斟满酒杯——
> 我命令你们同我一起举杯，
> 祝福新生四国的那些民众，
> 还有海上诸岛的那些民众……
>
> 祝福我国人民同胞的家乡——
> 祝福他们破浪前进的大海，
> 祝福我们静寂高耸的祭坛，
> 大教堂让我们心往一处想；
> 祝福经年累月磨成的谷物，
> 祝福你我共同拥有的作物，
> 祝福那家普通信用证银行，
> 还有旅途沿线那座发电厂！

大家开始传递爱杯，亲王殿下和市长大人陪国王走到皇家马车处，国王一上车便睡着了。

第二天早上喝茶的时候，我建议国王放弃对爱尔兰的访问，

[①] 约瑟夫·鲁德亚德·吉卜林（Joseph Rudyard Kipling, 1865—1936），英国诗人、作家。——译者注

除非他准备好接受烂蔬菜的洗礼以及面对土地同盟的暴民。他说英国政府会保护他。我回答说:"那也许能给您一些金钱上的满足,但您得到的将会是一百个泔水桶里面的东西;您已经在无意间冒犯了他们,就算您愿意成为众矢之的,我也不愿意。"辛杰先生同意我的观点,于是爱尔兰之行被取消了。

几天之后当我们身在柏林的时候,辛杰先生转交给我了一份都柏林的报纸,其中一篇社论有着如下内容:

独立自主的西印度群岛黑人

夏威夷有名无实的统治者,霍其普其亚瓦其夫鲁姆(Ho-Ki-Po-Kia-Wua-Ki-Frum)的后代,食人族之岛的首领,日前访问了英格兰,以寻找下一餐的对象,他在伦敦市长官邸受到了狂热的国教教徒麦克阿瑟(McArthur)市长大人先生的款待;这位食人族的玄孙竟敢嘲笑爱尔兰。我们必须冒昧地对其进行口诛笔伐。

这些话后面还有一个小专栏,猛烈抨击了国王在殖民地宴会上的讲话。我把报纸拿给国王看,他说这不过是"爱尔兰的渣滓"罢了,我说:"陛下,您四处游历,增长见闻,遵循了培根大人的建议。不过伴随而来的也有一些不好的'渣滓'。"

由于曾经乘"阳光"(Sunbeam)号愉快地访问过夏威夷,托马斯爵士和布莱西夫人在他们位于黑斯廷附近诺玛赫斯特(Normalhurst)五千英亩的封地上热情地款待了国王,国王还在那里住了一晚。这处宅邸很大,可以同时招待几十个客人;作为封邑，这里有花园、森林和湖泊。黑斯廷地方政府还向国王递交了呈文，这是英国地方政府表达友善的方式，很平常，也很乏味。

第二天我们与克里斯托弗·赛克斯爵士（Sir Christopher Sykes）共进午餐，并再次见到了威尔士亲王以及他身边几位美丽的女性。晚上我们参加了贸易委员会在圣三一公馆（Trinity House）举行的晚宴。贸易委员会每年都会举办这样的宴会，该委员会是伦敦最有权势的组织，因为它主管海事。威尔士亲王和国王再次发表了讲话；王子的讲话直接简单，就像他作为女王代言人发表的其他讲话一样，但也有所不同，就像人们有着不同的长相。其他餐后演说家还包括威廉·哈考德爵士（Sir William Harcourt），他的讲话最有趣。据说格兰特将军两年前参加这一宴会的时候，因为邀请函上的地址是圣三一公馆，又没有加以求证，便以为宴会与促进教会权益相关；因此便发表了一篇宣传福音的虔诚演说。在场的客人都很惊讶，他们看待自己的宗教就像看待泰晤士河的水 —— 尽管这是篇很好的演说，但却不适合在宴会上发表。

第二天，我们游览了很多地方，像是杜莎夫人博物馆、伦敦塔以及国家美术馆。之后，国王在晚上参加了在政府商务官员霍夫农（Hoffnung）先生家举行的晚宴。这次晚宴非常特别，因为国王惊讶地看到了许多伦敦最漂亮的犹太女子。国王从未在其他任何国家看到过这么多美丽的女人聚在一个地方；她们原本深色的皮肤在伦敦的气候下显得更加鲜艳、更加好看了。

第二天晚上我们和柏代特考茨男爵夫人在霍利旅馆（Holly Lodge）共进晚餐。通往那里的小路上方有岩石遮挡，还装饰有贝壳、罕见的植物以及彩色的灯光；很像是一个热带洞穴；草坪和古树都由灯光打亮。男爵夫人长相和善、举止娴静，却有着引人交谈的天赋；她的腰带上好像带着很多不同的钥匙，她可以随意选取一把合适的来开启客人头脑上的锁。她让我们的波利尼西亚国王敞开了心扉，自由随意地谈起他的人民的风俗传统。客人中的一位女贵族问国王塔西提岛（Tahiti）是不是夏威夷的首都，其实该岛离夏威夷有两千英里远，又是法国属地。对此，一位名叫乔治·奥古斯都·萨拉（George Augustus Sala）的客人说，尽管英国人的贸易遍及全球，地理知识却很有限，这一科目在学校里也不受重视。

饭后，国王和男爵夫人打了一会儿台球，由男爵夫人年轻的丈夫计分。

回到克莱里奇宾馆的时候，国王发现首相来了一封信，信中说女王已授予国王陛下圣米歇尔与圣乔治大十字勋章。国王对这份礼物感到很高兴，作为回礼，他也授予了女王与威尔士亲王卡美哈梅哈勋章。国王身上已经挂着不少勋章，但他最希望得到的就是英国女王授予的勋章。这枚勋章并不是英国级别最高的，但经常作为一种荣誉用来授予地位高的外国人。

《笨拙》（Punch）杂志也没有忽略国王，它刊登了不少讽刺国王滑稽事迹的内容。不管下面这些诗行有什么价值，它们毫无疑问是维多利亚时代的风格 ——

> 他真是一个聪明人，
> 欣赏过许多奇景，
> 白天旅行，晚上长大，
> 越过河流、越过海洋、越过干旱的土地；
> 但我们似乎总叫错他的名字，
> 印刷的方式也骇人，
> 我们应称他卡拉库阿国王，
> 三明治群岛的王。

《笨拙》对议会下院辩论的评述也提到了国王，他曾和查尔斯·迪尔克（Charles Dike）先生一起参观过那里。

国王陛下厌倦了文明，转而感叹自己对野蛮举止的想念，他从小就生长在那样的环境里。"我的家乡远在天边，我只能参观议会下院，好缓解乡愁。"查尔斯·迪尔克爵士指出了其中显赫的人物。国王说道："嗯，嗯。不过托比在哪里？"迪尔克不喜欢这样的步步紧逼。这一切看起来让人怀疑。但迪尔克说国王从不吃狗肉，而且当时他已经吃过饭了。

当国王读到这段暗指他要吃狗肉的内容时，他说英国人在夏威夷经常吃狗肉，而且吃得很开心，因为他们以为那是烤乳猪。

我们参加了在马尔伯勒宫举行的本季上层社会最后一场舞会。根据不成文的法律，威尔士亲王在这次舞会上可以暂时放下社会及政治责任，只邀请私人的朋友。根据舞会规定，我们出席时一定要穿短裤。国王陛下和内侍大臣异常粗壮的腿在他们自己身上虽然很合比例，但却给裁缝出了不小的难题，因为找不到那么大件的长袜；那些勉强可以穿上的，我们又担心到时候因为材料不够结实而不合时宜地绷开。亲王殿下除了国王送给他的，没有穿戴其他装饰。亲王小圈子里的美女们和往常一样也在场，钻石好像鹅卵石一样普通。她们中的很多人看起来很累，好像已经厌倦了这种一成不变的富丽堂皇；就像巴尔扎克说的，她们每次社交季都直潜水底，好得到更多乐趣，不过沙石也跟着浮了起来。很多年轻的名人在场内走来走去，好像最严苛的道德主义者也能在此找到快乐。他们谈话、微笑的时候好像恶魔宫殿里的囚徒，彼此同意即使得了重病也不表现出痛苦的样子。到处都静静的，因为根据不成文的法律，狂欢是不允许的。有些弦乐奏响，人们无精打采地跳着舞。威尔士王妃四处走动时，脸上挂着静静的、甜甜的微笑，这是英国式的欢乐。她总是暖暖地和人打招呼。中式灯笼照亮了花园，晚餐桌上有沙拉、冷盘肉、冰激凌和酒。两点的时候，国王困了，威尔士亲王把他送上皇家马车。

第二天我们在肯辛顿宫（Kensington Palace）和泰克公爵及夫人共进午餐。他们本没有义务招待国王，因此这个邀请好像是在证明王室对国王言行举止的认可。午餐是非正式的，地点就在女王出生的房间；就在与这间房间相连的屋子里，女王召开了登基后的第一次国务会议。孩子们也在场，其中一个后来成了约克公爵夫人。玛丽公主心情不错，讲了很多关于肯辛顿宫和女王的趣事。

王室宴会就像大海，中间的谈话就像风，风愉悦地拂过海面，制造一些波澜。如果没有有趣的故事制造波澜，宴会通常会变成死海，或是处于赤道无风带；客人们就像彩色的船，大海颜色鲜艳，却寂静无声。但玛丽公主用她有关肯辛顿宫的故事让大海生动活跃起来。

被允许共进午餐的孩子们对这位皮肤黝黑的君主很感兴趣。当时谁也想不到，坐在旁边安静的看着国王的小女孩将来竟成了英国的王后。后来我们得知，公主殿下希望自己的孩子能见一见举止有魅力的波利尼西亚国王。我们的访问已经延长到十六天，但国王这头名副其实的"社交雄狮"还是不断收到午餐会、舞会及招待会的邀请。有一些我们没有记述，是因为它们和我讲过的大同小异。我认为现在的危险是，国王待的时间过长，最后已经没有人再欢迎他了；在"雄狮"变成雏鸽或是在王室开始厌倦之前离开才是明智的。但我们已经十分幸运，能在这么多天里亲身接触欧洲大陆旁边这一岛国的王室家族，这一社会结构在这里存在了几个世纪，经历了革命、战争、退位、废黜、砍头，现在它统治着世界上四分之一的人口。

在国王的命令下，我向格兰维尔伯爵寄去一封信，其中表达了我们对王室的热情款待的感谢。我们最后被告知，我们在伦敦期间的开销已经在女王的指示下支付了。

尽管社交季已经快要结束，我们还是决定对比利时、德国、奥地利、法国、西班牙和葡萄牙进行短期的访问。

我们乘火车前往多佛（Dover），再从那里前往奥斯坦德（Ostend）和布鲁塞尔（Brussels）。另外，我们坚持原来的计划，不向这些国家的君主发正式通知，不告诉他们我们将前往访问。

我们还在英格兰的时候，在前往多佛的路上，我再次试图通过最近发生的事情向国王灌输一些道理。夏威夷的国王们不明白与君主的一言堂政府相对的内阁式政府是怎么一回事。在他们简单的想法里，如果有国王，就应该是由国王统治。英国这种名义上的元首的概念，实际上就是人民统治，这样的事物过于精妙，是他们无法理解的。卡拉卡瓦国王的白人臣民多是美国人，尽管他们在财力上和智力上都可以推翻王权，他们也是真心地认可国王的统治，但他们坚持应该有一个内阁式政府。由于拒绝让权给这样的政府，国王的统治已经岌岌可危，如果国王再犯众怒，他就大祸临头了。

我向他解释议会异乎寻常的成长历程，他却总问我这样一个简单的问题："如果女王不统治，她的存在又有什么意义？"我对英国宪法演变的解释令他困惑，他也不能理解传统和政治习惯由于种种环境因素而发生的渐进式改变。我提醒他不要轻视盎格鲁-撒克逊人，这是他臣民中最有力量的一群人。五年之后，由于一场没有伤亡的革命,国王被迫建立起内阁制政府,又过了十二年,君主制也结束了。而此时此刻,在描述英国政府发展过程的同时,我告诉他:"英国人有一条可以缠绕固定的尾巴,"就像散文家爱默生①说的那样,"依附传统形式,却又在本质上进行改革创新。"国王答道:"那不就是个猴子政府吗?我的国家不要那样的东西。"我们希望国王通过世界旅行这一管道吸取智慧,但这一管道是有缺陷的,因为不管国王吸上来什么,都要通过波利尼西亚式思想观念的过滤。

---

① 拉尔夫·沃尔多·爱默生(Ralph Waldo Emerson,1803—1882),美国思想家、文学家、诗人。——译者注

第二十六章

比利时——领事办公室——滑铁卢战场——文明之战与异教徒之战——国王利奥波德来访与我们的回访——柏林——去波茨坦拜访威廉王子及其他王子——与威廉王子一起用餐——阅兵——家丑——夏威夷王室乐队——与红王子共进晚餐——克虏伯枪械工厂

清晨的布鲁塞尔火车站，德·加纳·德哈马伯爵（Count de Cannart d'Hamale）身穿华丽的制服迎接我们。他是夏威夷驻比利时总领事，和他一起的是领事馆的秘书，他衣着没有如此不凡，胳膊下还夹着一个很大的公文包。

欧洲人很喜欢担任领事的职位。尽管没有工资，有时甚至还要倒贴钱，但这些职位可以给任职者一定的社会地位，在当地的娱乐场合也能得到大众的认同。他们还有穿制服的特权，至于制服的贵贱，就看任职者的愿望与财力了。通常，领事们可以从他们代表的小国政府得到一些勋章，从而可以在朋友中炫耀一下自己较高的社会地位。到目前为止，我们在欧洲访问遇到的烦心事就包括那些申请领事职位的人的烦扰。尽管他们的国家和夏威夷没有贸易往来，这些人还是非常希望得到奖章或勋章。

我们在百丽舞宾馆（Hotel Belle-Vue）住了下来。国王利奥波德（Leopold）当时不在城里；但他的一位侍从武官很快就来拜访，并告诉我们他第二天就回城来拜访。

卡拉卡瓦国王一直很高兴地期待着能参观一下滑铁卢战役的战场。于是，在比利时国王一位侍从武官的带领下，我们立即驱车前往，不幸那里下起了大雨（"雨"这一词条在王室笑话集里也被记作滑铁卢）。站在英国人为纪念自己胜利而修建的大土丘上，国王打着伞，透过雨帘，望着眼前的麦田、绿油油的草地和那场鏖战中的目标点，那场战役的细节清楚地留在了国王的记忆中。作为一个爱说教的大臣，我对国王说："陛下您看，基督教国家解决分歧的方式和您原始的祖先所采取的办法是一样的。相比之下，您祖先将敌人的尸体吃掉，而不像欧洲人让尸体腐烂而浪费掉，这样的方式还更加经济节约，另外，通过将战俘杀掉吃掉，您的祖先还避免了因伤病而产生的痛苦。"我告诉他这是一些英国伦理学家，比如卡莱尔（Carlyle），在这方面的观点。这样的观点非常实用，因为除了作为调味品的胡椒和盐之外，打胜仗的军队就不用携带其他的粮食补给了。

国王问我为什么伟大的国家要打仗，而不选择用调停解决问题。我回答说，这样奇怪的情况实在不是三言两语就能解释清楚的，更何况我们正在暴雨中站在山坡上，不过我和他讲了约翰·布莱特（John Bright）在议会讲过的话："如果统治者智慧、谨慎、耐心的话，英国参加的所有战争都是可以避免的。"

作为一个好的军事评论家，国王并不赞同拿破仑的某些战略；在此我就不再重复，这只是有关这一伟大战士价值的讨论中很小的一部分，而这样的讨论恐怕还要持续千年。

第二天，比利时国王回来之后立即拜访了我们的夏威夷国王。尽管他的宫殿就在我们宾馆隔壁，他来的时候还是乘坐了正式的马车，陪同的有男仆、骑马侍从，还有骑兵护送。他问了国王一些问题，都是关于夏威夷和国王访问过的其他东方宫廷的。聊了二十分钟他就离开了。过了半小时，由骑兵护送的正式马车回到宾馆，我们坐了上去，前往就在隔壁的王宫去回访。很奇怪，我们那么小一个国家竟然和这么多国家有往来。我们告诉国王，正是由于一些偶然事件，夏威夷群岛现在才没有成为比利时的附属国。1840年的时候，一些有魄力的美国人从前任国王那里租下了夏威夷几乎所有的公共地，并准备在布鲁塞尔签和约，将大量比利时的农民移民过去定居；但在协议正式缔结之前，英国人夺取了群岛，这项计划便搁浅了。我们的国王对比利时国王说："如果这项协议得到了执行，我现在就不是夏威夷国王了，而是作为臣民来拜见君主。"比利时国王从未听说过这件事。

由于我们无法在布鲁塞尔久留，国王拒绝了很多热情的邀请。第二天早上，我们离开布鲁塞尔，前往柏林。

比利时国王（1881）

比利时王后（1881）

第二十六章

在柏林，一些侍从、官员前来迎接，并安排我们住在罗马宾馆（Hotel de Roma）。威廉皇帝身在埃姆斯（Ems）。第二天，我们乘火车前往波茨坦（Potsdam），有一辆正式的国务马车在那里等候，并载我们前往威廉王子（现德皇）的夏日宅邸。王子和王妃热诚地接待了国王。他们说起亨利王子对夏威夷的访问，并邀请我们第二天共进午餐。随后我们拜访了老查尔斯王子（Prince Charles）和他的儿子弗雷德里克·查尔斯王子（Prince Frederick Charles），也就是"红王子"（Red Prince），他们也邀请我们共进晚餐。我们乘车前往皇帝的夏宫，宫殿前面是一个湖，四周十分宁静，打破这份寂静的只有人工瀑布潺潺的水声。

第二天用餐的时候，威廉王子身着简单的军装；他和王妃都很敬佩国王流利的英语；从王子的举止和谈话中，可以看出他有一点紧张和急躁。和英国的盛宴相比，餐点显得很简单，饭后，主人带着我们在外面走了走，还在草坪上抽了会儿烟。皇帝陛下因天气炎热而不在这里，王子对此表示遗憾，同时他也对自己的父亲，也就是王储的缺席表示遗憾，王储从伦敦传来指示，让王子保证国王陛下访问愉快。王子殿下问国王陛下有什么东西是他特别想看的。国王学了一些军事知识，因此此时非常想看军事演习，却又不想这么说。不过他还是提到他为自己现在不在柏林而错过了阅兵感到非常遗憾，因为他常常听到或看到有关德国军队的消息。王子殿下说因为天气炎热，大阅兵没有举行，不过如果国王想看看德国的军队，明天就举行部分部队的阅兵。

普鲁士的威廉王子及王妃石勒苏益格-荷尔斯泰因的奥古斯塔·维多利亚公主（1881）

第二天早上,一名侍从武官乘马车来访,并把我们接到一块离城区四英里的空地上。我们刚站到场地的一边,就发现远处扬起了灰尘,不一会儿,八个炮兵连,每个都驾车载着六门野战炮,由马匹拉着,飞快地奔来,霎时间,大地都在震动。他们在某处突然停下,马匹被解下,炮从牵引车上卸下来,并做好发射准备,不一会儿,四十八门火炮朝一个半英里外的目标发射,空气中弥漫着烟雾,回荡着发射时的轰鸣声。其完成之迅速,真是高水平战争的精髓。随后,弹药被传到国王这边,以供查看。我们又乘车走了一段路,来到了骑兵的练兵场。七千名士兵骑马从国王面前走过,接受国王的检阅,随后又在场上表演了队形的变换。最后,他们排成一队,站在场地一边,队伍几乎有一英里长,我们的马车立在中间,冲锋开始了。两边的骑兵战马像旋风一样朝马车奔来,几乎要踏在我们的车上,马的速度却丝毫没有减缓。尽管我们是绝对安全的,但冲锋过程中战马几乎要撞上我们马车的时候,我们一度站了起来,准备跳车。这次迅猛疯狂的冲锋在战马的鼻子几乎挨着我们马车轮子的时候停了下来。国王的尚武之情恢复了,武官在一旁微笑,我则把这次经历写成了顶好的故事。我们在军官的营房吃午餐,旁边的军乐队在演奏夏威夷国歌。军乐队的指挥传话给国王,说夏威夷王室乐队的指挥贝格(Berger)正是从这支柏林乐队毕业的。国王听了就要见一见这位指挥,见过之后,指挥说国王的乐队在欧洲也小有名气了。这一说法在我们的旅行中得到了证实。我们要离开的时候,乐队突然开始演奏一些夏威夷本土的忧伤旋律；英俊的德国军官们起立，向国王敬酒。我们离开的时候，乐队交替演奏《夏威夷国歌》与《守卫莱茵河》。

国王的总领事受到了来自瑞典和挪威的邀请，请国王乘船游北海，但我们不能接受。一份瑞典画报报道了国王与英国女王的会见，那次会见遵守了王室古老的有关亲吻的礼仪。插图的文字写道：（女王说）"陛下，您咬我，您真坏，"她迟疑了一下，接着说，"不过您真讨人喜欢，可以再吻我一次。"

第二天，国王又检阅了步兵，不过家丑差点儿就露馅儿了，因为有人不断地问他："陛下您的军队有多大规模？"此时，国王面对德国强大的军队，只好面对事实，温驯地说："我没有军队。"

中午，我们再次前往波茨坦，和红王子一起用餐。我们还拜访了威廉王子，并向他告别。国王感谢王子指挥炮兵、骑兵和步兵的阅兵；王子对皇帝、他父亲以及亨利王子的缺席表示遗憾，又力劝国王多留几天，参观一些德国城市。我们参观了艾森（Essen）的克虏伯（Krupp）军工厂。国王在军工厂办公室里接见了很多人，他原本想向克虏伯先生授予勋章，不过接见的人太多，忙乱中认错了人，错把勋章授予了另一位先生；这一尴尬后来经过通信和解释得到解除。

第二十七章

维也纳——阿尔布雷希特大公代表皇室家族——美国公使菲尔普斯先生，和美国总领事舒勒先生——耶鲁狂欢——国王检阅奥地利军队——提议保证夏威夷独立——国王在普拉特——记者们——巴黎——法国政府没有接待——解开谜团——我们不合礼节——对法宣战的问题——和解——公社事件——外交部长圣希莱尔来访——索要勋章的请求——德·莱塞普斯伯爵——歌剧中跳芭蕾的女孩

我们出发前往维也纳的时候，没有期望能够见到皇室家族，因为他们夏天就出城了。皇帝陛下的一位侍从武官和一位曾经访问过夏威夷的海军上校与国王驻维也纳总领事一起接待了我们。我们住在帝国饭店，有很多官员前来拜访，其中包括阿尔布雷希特大公（Archduke Albrecht），他是皇室成员中唯一留在维也纳的。前来拜访的还有美国驻奥地利公使威廉·沃特·菲尔普斯（William Walter Phelps）先生以及美国驻布加勒斯特（Bucharest）

代办尤金·舒勒（Eugene Schuyler）先生，他们是我的大学同学，都受到了国王的接见。将他们一一介绍给国王之后，我们回到我的房间，举行了耶鲁狂欢。说来很神奇，我们三个从大学时期一直是很亲密的朋友，竟突然在奥地利首都相见：一个是美国驻奥公使，一个是外交官和学者，另一个则是世界上最小王国的大臣。我们一时间抛弃了一切世俗的地位。一会儿，国王问我们在房间唱的什么歌，我说："是《我们在耶鲁的生活》。"为了唤起我们的回忆，我们几个把房间中间的桌子变成了古老的南学院（South College）前的老围墙，我们一下子又变成了老伊莱的男孩儿。我是三人中最大的，却活得最长，他们两个还没留下些什么，便英年早逝了。

当晚，国王与菲尔普斯先生一起用餐，又坐在皇帝陛下的包厢欣赏了皇家歌剧表演。第二天他检阅了驻扎在维也纳的帝国军队；据说他很聪明，迅速发现了德军与奥军军事训练的差异。

一些报纸传言国王想把自己的岛国卖给某个欧洲强国，这不过是玩笑话罢了。不过，在接受某报记者采访的时候，他否认了谣言，但却认为欧洲强国应联合起来，保证夏威夷的独立。他还处于某位意大利探险家的影响之下，不过也隐约感受到了美国注定扩张说的威胁。现在，任何争取该保证的行动都会让我们陷入麻烦，因为美国会向欧洲列强坚定地宣布夏威夷处于美国势力范围，而那样的保证将被憎恶，并被视为非法干涉。在我的建议下，菲尔普斯先生和舒勒先生平静但诚恳地和国王谈了一次，力

弗朗茨·约瑟夫一世,奥地利皇帝(1881)

伊丽莎白,奥地利皇后(1881)

劝他不要争取那样一个保证。国王放弃了这个计划。

不幸的是，在奥地利绅士的陪同下，国王参观了普拉特（Prater）音乐啤酒花园，还坐在一个显眼的位置。他喝了葡萄酒和啤酒，然后四处闲逛，一个漂亮的维也纳女孩走过来向他行礼，并邀他跳舞。国王立刻同意了，他们开始跳华尔兹，周围很多人围观，颇有兴趣地看着他们。维也纳的记者是我们在欧洲见过的最执着、最放肆的新闻搜集者；他们涌进我们的宾馆，记下国王吃过的菜肴、喝了几杯酒、拿餐巾的姿势以及着装上的小细节，然后刊登在报纸上。其中一群记者跟着国王去了啤酒花园。第二天，报纸上栩栩如生且不无夸大地描述了他在普拉特跳舞的事情；这又通过电报发到了欧洲很多城市，包括我们接下来要去的巴黎；还附上一份声明，毫无根据地说奥地利皇帝要求国王离开他的帝国。

但聚集在普拉特的人们则赞同国王亲民的举止，乐队奏夏威夷国歌的时候，他们还起立脱帽。报社的评论认为国王是和善开明又心胸开阔的好君主，是欧洲统治者的榜样。泰晤士报记者报道说奥地利政府不辞辛劳，尽可能保证国王访问愉快。

我们到达巴黎的时候，法国政府没有派代表迎接我们；这是我们此行第一次受到冷遇，而且我们也不知道原因。国王为此感到很委屈，因为我们在伦敦的时候，法国外交部曾发电报邀请他作为总统的客人参加巴黎七月的盛大游园会。我建议国王按原计划微服私行，不要理会法国宫廷。我怀疑他这么做是因为很想得到荣誉军团的勋章，而且夏威夷和法国之间有协议，法国的外交特使就驻在夏威夷王宫，因此他坚持要一个解释。现在我对皇家礼仪有了一些了解，想用一个很简单的方法找出这明显的不敬背后的原因。我拜访了葡萄牙驻法兰西共和国公使，公使是位友善的老人，在外事方面很有经验。他热情地接待了我，我一见他就直接讲明了我们的情况，并向他寻求建议。他建议我立即拜访外交部询问此事。我去了，尽管觉得有些丢脸，但这是这种情况下最好的解决办法了。内阁总理有礼貌地接待了我，说国王并没有对法国的礼貌有所回应，他在中转去伦敦的时候并没有向法国政府通告身在巴黎，也没有接受参加七月游园会的邀请；他甚至忽略了通告法国政府自己访问巴黎的打算。我说我们很抱歉忽略了礼仪上的要求；我们来自一个很远的岛国。他又说这些错误就都过去了，但格雷（Grévy）总统一小时之后就要离开巴黎，所以会见是不可能了，但是大使引荐人 M. 莫拉德（M. Mollard）先生将拜访国王。不过由于社交季已过，已经没有宫廷娱乐项目了，因为大家都出城去了。

我把这次谈话汇报给国王，他和内侍大臣都不很满意，尤其是对方暗示我们忽略王室礼仪。国王突然不谦逊起来，这让我觉得很有趣。我猜可能是因为在伦敦、柏林、维也纳受到的招待太好了，他的虚荣心也开始膨胀。

我说国王如果不愿让步，认为法国政府多有冒犯，可以立即向法国宣战。既然我们已经在城里，内侍大臣作为上校，可以以

法国的格雷总统(1881)

一人代表军队，占领蒙马特高地（Montmartre），然后用大钉打入瓦莱里安山（Mont Valerien）大炮的火门，好让其无法使用；国王陛下可以看着地图指挥整个行动；至于我，作为外交官，就等待时机，和对方协商我们接受巴黎投降的条件。

国王不愿做得太过火，但把外交部叫作"刻薄的地方"。国王乘车在布洛涅森林（Bois de Boulogne）游览，又参观了赛马场。回来的时候，大使引荐人 M. 莫拉德先生前来拜访，他谦逊有礼地谈了谈我们的错误，然后把总统的歌剧包厢借与国王使用，还邀请国王参观凡尔赛宫和塞夫勒（Sèvres）的瓷器工场。这次会谈结束了这一事件；国王的身价没有下跌；向世界解释对法宣战的国书也没有写。

这样的小事件就像是火柴，可以点燃弹仓。如果这件事没有就此结束，那六个月之后，夏威夷装有六十座双加农炮的战舰没准就要驶入勒阿弗尔（Le Havre）港，那欧洲就会再次陷入动乱。我认为自己对阻止这一灾难发生有很大功劳。

外交部长圣希莱尔（St. Hilaire）先生拜访了国王。他谈起了两国亲密无间的友好关系。这不是真的，原因我前面说过了。部长对总统不能亲自接见国王表示遗憾，他说如果国王再停留一个星期的话，总统就可以接见他了。但是直到国王回到夏威夷，他才和法国政府互换了勋章。

我向国王讲述了 1870 年凡尔赛军队屠杀巴黎公社成员的事，我知道这件事是因为在它发生之前和发生之后不久，我都在巴黎。国王想看看位于蒙马特高地的事发地点，于是我们就去了。当时，一个十二岁大的男孩子熟练地操作野战炮，炮就架设在一个路障的后面。由于凡尔赛军队在外翼的行动，剩下的公社成员都被俘了，其中也包括那个十二岁的孩子。他们立刻被排成一排，执行枪决。那孩子请求道："长官，请给我三分钟，让我把这块表送到我奶奶那里，她就在下一条街。""好。"上尉答应了，心想这孩子不会再回来。结果，三分钟后，孩子回来了，说了声："上尉，我回来了。"随后站在火枪枪筒前，子弹再次齐发，他死去了。

这时，国王身边的官员乔治·麦克法兰（George Macfarlane）从夏威夷赶来，他将跟随国王直到旅行结束。他向国王汇报说国内很平静，臣民们都等着国王带着走向繁荣的计划归国，好让他们原本就闲散的生活更加悠闲。

在简短地游览了巴士底（Bastille）原址、巴黎古监狱（Conciergerie）、巴黎市政厅（Hôtel de Ville）原址、卢浮宫美术馆、凡尔赛宫和塞夫勒的瓷器工场之后，国王已经准备好要离开，因为天气非常热。

我们在巴黎的短短几天里，很多人向我们索要勋章。商人、政客、城里的闲人，都希望能得到一些王室的赏赐。一位自称是学者的人索要勋章的理由竟是自己发现了新的昆虫；另一人称自己曾在战舰上服役，去过夏威夷；还有人说自己是一本伟大作品的作者；也有人说自己曾在阿尔及利亚杀死过凶残的老虎。尽管

262　南美西班牙共和国的勋章很容易就能得到，但因为上面没有王室印章，因此没人稀罕。不过国王拒绝了这些要求，因为他在欧洲宫廷地位不低，所以这些勋章也变得有价值起来。

德·莱塞普斯伯爵前来拜访，并邀请我们去他帕西（Passy）的宅邸赴宴。在那里，我们见到了伯爵夫人，她是一位年轻美丽的女人，育有九个孩子。饭后的招待会来了很多人；这是国王见到巴黎女人的唯一场合。他注意到她们轻快活泼、衣着无可挑剔；她们无疑很开心，我们却不然。她们中的大部分人不知道夏威夷在哪里，其中一位认为在墨西哥湾，另一位竟认为在巴塔哥尼亚（Patagonia）附近。

伯爵说达利安（Darien）地峡将开挖运河，不过他不会为这件事做宣传，因为和该工程有关的丑闻将会永远地影响他的名誉。他希望夏威夷群岛（三明治群岛）成为太平洋上伟大的自由港。

在歌剧院表演"阿依达"（Aïda）的时候，国王参观了绿厅，芭蕾舞女演员们向国王展示了用来保持筋骨柔韧的练习操。她们听说国王是个非常得体的人，不是个只贪图玩乐的国王，还有一个多达百人的芭蕾舞团。有人问国王他舞团里的芭蕾舞演员跳得怎么样。他说看起来像印度舞女，其中一个芭蕾舞女演员竟自作聪明地模仿起来，结束的时候做康康舞踢腿，差点毁了国王的鼻

263　子。前有威尔士亲王的榜样，国王也去了《费加罗报》（Figaro）报社订了一份报纸。一位记者说道："这样，当国王成为一位领

津贴的君主且移居巴黎的时候,他就可以说法语了,还能听懂法语轻歌剧的唱段呢。"

西班牙公使和葡萄牙公使来拜访了国王,并告诉他,他在马德里和里斯本将受到正式的接待,不过西班牙国王身在海滨胜地,不能亲自迎接他了。

第二十八章

西班牙边境——埃斯库里亚尔——马德里的接待——我们的车厢因一头牛而脱轨——葡萄牙——王室车厢——国王与王后来迎接——又见家丑——互赠勋章——多姆·费尔南多——夏威夷的葡萄牙人——辛特拉——佩纳——壮丽的景色——与葡萄牙国王共进晚餐——达·伽马后人讲述祖先死里逃生的经历——斗牛——再见，葡萄牙——君主之间的拥抱——协商协议——国王取道西班牙、法国、英格兰、苏格兰、美国回国——男仆对于国王地位的估计

通过西班牙国界的时候，当地举办了一些典礼来欢迎我们；我们下火车简短地游览了一下埃斯库里亚尔（Escurial）。当地总督会见了我们，带我们参观了过世国王、王后长眠的地下墓穴和挂有精美挂毯的宫室，然后我们在仪仗队的开路下回到了火车上。马德里火车站铺上了地毯供王室使用，很多人围在那里等着一睹波利尼西亚国王的真容，一小队军人在现场维持秩序。马德

西班牙王后（1881）

里总督用国事马车把我们接到王宫，我们在那里转了转，又从那里赶到广场。晚饭后，我们乘车回到车站。总督邀请国王从里斯本回来再次访问马德里；他还说西班牙摄政王指示他要好好招待国王陛下。

去葡萄牙的火车没有卧铺车厢，我们就在椅子上或是地上打盹。在一个车站，我们经过一列火车，上面有两个四处游玩的夏威夷白人同胞。那天晚上十分令人不快，我们的火车因为一头牛而脱轨了，一天就这样结束了。列车员先是花了半个小时查看那头严重受伤的动物，然后又不停地聊天、抽烟，以此研究把火车移上铁轨的方案，拖了很长时间，终于解决了问题。

在西班牙的边境城镇巴达霍斯（Badajoz），葡萄牙的官员帮我们换上国王的王室车厢，这是他们从里斯本带来的。我们于清晨到达里斯本。葡萄牙内侍大臣迎接了我们。在骑兵的护卫下，我们乘王室马车来到了布拉干萨宾馆（Hotel Braganza），宾馆前面站着一连步兵。

下午，我们乘王室马车拜访了葡萄牙国王。我们沿着塔赫河（Tagus）驶向位于俯瞰河流的高地的阿德扈达宫（Palace of Adjuda）。在阿德扈达宫门口，两列卫兵手持古老的戟，站在通往入口的路上。多姆·路易斯（Dom Luis）在那里迎接我们，他是"葡萄牙和阿尔加维乃至海外、非洲之王；圭亚那领主，埃塞俄比亚、阿拉伯半岛、波斯、东西印度群岛航海及贸易领主。"心存嫉妒、鬼鬼祟祟的世界从他和他的前任们那里抢走了其中很多领地，但他还是保留了称号，作为这一王位往日荣耀的证明。

君主们一起走过几个房间，来到接待室，皇后和一些贵妇正站在那里。玛利亚·皮亚（Maria Pia）皇后是意大利的维克多·伊曼努尔（Victor Emmanuel）的姐姐，她身材高挑儿，举止优雅，但却非常朴实；她是个好骑手、好射手，言辞机敏，拥有价值不菲的珠宝而又乐善好施，还喜欢研究植物。多姆·路易斯矮小却结实，像海员们一样善于虚张声势；他哥哥死的时候，他正在指挥"巴托罗密欧·迪亚兹"（Bartolommeo Diaz）号战舰，于是他在战舰上直接登基。

简单地聊了一会儿之后，国王向葡萄牙国王介绍我、内侍大臣、新来的侍从武官麦克法兰上校、随员亚伯拉罕·霍夫农（Abram Hoffnung）先生。葡萄牙国王看到内侍大臣身材高大，又穿着军装，于是问道："您是属于国王的部队吗？军队的规模有多大？"小小的家丑又开始不安宁了。不过国王自己不用回答，便微笑着看内侍大臣在沼泽里挣扎，看他怎么自救。和平常一样，回答提到了志愿军和常备军，不过没有提到数字，并精明地转变了话题，开始讨论世界上那些保障了夏威夷的独立的海军——葡萄牙国王对此很感兴趣。

典礼结束后，我们回到宾馆。不到一个小时，多姆·路易斯来回访了。他给国王带来了"圣母玛利亚"大十字勋章，又赠予随员们第一级别的勋章。作为回礼，他接受了国王向他许诺的夏威夷勋章，勋章晚些时候会从巴黎送达。

紧随葡萄牙国王之后，其父多姆·费尔南多（Dom Fernando）也来拜访。他曾在多姆·路易斯的哥哥未成年时任摄政王。他在欧洲是个引人注目的人；曾拒绝接受希腊和西班牙的王位，因为他觉得那是荆棘编成的冠冕，代表着苦难。他提议让自己的女婿，霍亨索伦（Hohenzollern）家族的利奥波德出任西班牙王位，这据说是普法战争的导火索。他的第三任夫人是来自麻省波士顿的亨斯勒（Hensler）小姐，是个歌剧演员，人很有魅力，但我们访问的时候，她在宫里并不受欢迎。接连拒绝两个王位，又是表面上直接导致了世界大战的人，对我们来说，他真是个非常有趣的人。他还是个优秀的语言学家，力促艺术发展，博闻广识。另外，他举止十分淳朴，问了我们很多关于夏威夷和当地葡萄牙居民的事。

我们这个边远小国与欧洲国家神奇的关系再次显现。成千上万的葡萄牙人从亚速尔群岛（Azores）移居到夏威夷，成为当地甘蔗种植园的劳工。他们仍是葡萄牙国民，但实际上是两个国王的臣民。我被授权起草一份两国间的协议，以增加移民的规模。三年后，移民到夏威夷的葡萄牙人已经多到可以把整个国家变成葡萄牙殖民地了，但前提是他们有个优秀的军事领导，且美国不从中干涉。

第二天我们访问了辛特拉（Cintra）。两个高大的圆锥从曾经的摩尔国王的阿尔汗布拉宫（The Alhambra）耸起，从很远的地方就能看到，令人印象深刻。不过进入建筑就发现，威严的圆

多姆·费尔南多,葡萄牙摄政王(1881)

锥其实是大烟囱，一直从底部延伸出来，一些奇怪的建筑师发明这样的烟囱是为了把厨房里的油烟味直接排上云端。目前为止，我们旅途中所见过的宫殿所在处景色最壮丽的地方要数佩纳（Pena）。那宫殿建造在一块山岩上，从堡垒到海面，山势十分陡峭，几乎是垂直的，落差有一千英尺之多。蜿蜒的小路延伸到山顶的宫殿，那是一座摩尔风格的老城堡，有着哥特式的拱门和田园式的吊桥。巨大的房间里有画着壁画的天花板和许多雕刻品。人们可以从宴会厅走到阳台，捡一块鹅卵石从矮墙上扔到底下的海浪中。朝向陆地这边看得到托里什韦德拉什（Torres Vedras），就是在那里的半岛战争中，惠灵顿使拿破仑的军人生涯开始走向终结；1497年，从这里的塔楼上，老国王多姆·曼努埃尔（Dom Manuel）几个月来日日向大海眺望，盼望伟大的船长达·伽马①从印度返航。它是那样高耸入云，像是那黑暗中飞鸟们不断撞击的灯塔，就算是天使，如果不拿灯笼，也要擦伤翅膀。最高的山峰上的景色也不能与此相比，因为这里结合了陆地与海洋最雄伟的景观。

　　回里斯本的路上，我们换上了制服，去王宫赴宴。正式的欢迎仪式结束之后，我们被带领着参观王宫里装饰着油画和雕像的厅堂，直到掌礼官宣布晚宴开始。夏威夷国王坐在王后的右边，多姆·路易斯坐在桌对面的中间，我和随从们坐在他的右边；其

----

　　① 瓦斯科·达·伽马（Vasco da Gama，约 1469—1524），葡萄牙航海家、探险家，开拓了从欧洲绕好望角到印度的航海路线。——译者注

他三十位客人也根据地位排好了座次。由于王后不会讲英文，王室宴会上安静的时间延长了，多姆·路易斯偶尔翻译一两句，才打破了沉寂。我右边坐着王后的女伴，她是达·伽马的后代。她的英文讲得很流利。她问我是谁发现了夏威夷群岛，我说是一个英国人，库克船长，后来他被自己发现的民族杀掉了。她说她赫赫有名的祖先真的很幸运，是绕过好望角去印度，而不是走合恩角；如果他走的是西线，可能会先于库克船长发现夏威夷，而被国王的祖先杀掉了。宴会厅天花板上的壁画非常漂亮，墙壁则是柔和的发灰白的玫瑰色；堂皇的玻璃吊灯点着大量的蜡烛，照亮了鲜花；桌上的餐具非金即银。

国王和王后相互敬酒。阳台上的乐队开始演奏葡萄牙和夏威夷当地的赞歌。随后，我们在阳台上坐了一会儿，俯瞰塔赫河，曾经有多少参加过大大小小战争的战舰停泊于此啊。

和平常一样，我们由仪仗队陪着离开了。这是我们此行最后一次王室宴会。第二天，多姆·路易斯邀请国王于星期天观看斗牛；他随国王的意愿安排了王室包厢的位置。和西班牙人喜欢的残忍斗牛不一样，我们观看的斗牛是体面的。开场的时候，六位骑师坐在装饰精美的上好坐骑上绕着场地跑。在王室包厢的对面以及竞技场的远端，他们排成一排，庄严地走到王室包厢前，骑士们向包厢敬礼，然后，他们没有转头，而是呈直线向后退，一直到他们出发的地方。斗牛士身穿华丽的紧身服装和斗篷，走向王室包厢，行完礼，又退回竞技场。两名骑手进入竞技场，一扇

葡萄牙国王（1881）

葡萄牙王后（1881）

门打开了，一头长着长长牛角的公牛疾驰入场，在场地里愣了一会儿，开始向红色的旗帜猛冲。斗牛的过程在旅游类书籍中多有详细的描述，在此我就不多赘言。良种马太值钱，不能杀；它们也不做什么，但是能很聪明地避开公牛；这些马让比赛看起来更有魅力。公牛们也不会被屠杀。它们累了没精神的时候，就会退场。进入会场的有十三头公牛，但有些牛对人类并没有什么深仇大恨，不愿意争斗。这些"贵格教派"的动物喜欢青草胜过荣誉，它们冷淡地环顾圆形竞技场，好像在说："一个巴掌拍不响。"

除了一些带有倒钩的镖造成的小伤，这些牛几乎没有受伤。很多表现得勇气可嘉的公牛，在休养了几周之后，会重回赛场。但即使是这些牛也会没了精神，或是理性地观察形势，好像在说："做这个对我有什么好处？"葡式斗牛受到人性社会的约束，其激动人心之处，不像西班牙斗牛在于残忍，而在于斗牛士精妙的技巧和他们引起的危险。与其过招的对手的武器不是长剑，而是双角，并且不受决斗术规则的控制。斗牛士的优势在于活动的敏捷以及可以在空间上做出的准确判断。对他来说，三英寸和一百英尺一样，都可以躲避牛角的碰撞。

表演结束，骑师和斗牛士走向王室包厢，向国王行礼，然后就退下了；主要的和最受欢迎的表演者很快出现在宾馆里，领取国王赏赐的用金子做的纪念品。

第二天，我们前往王宫，向王室道别。王后在夏威夷国王的大衣上放上鲜花，又送给随员们花束。快到王室马车门口的时候，两位国王面对面站了一会儿；葡萄牙国王给了他的王室兄弟一个拥抱，但他的头还不到夏威夷国王的肩膀，而胳膊则扣在他的大腿上；卡拉卡瓦国王因为比对方高太多，拥抱不到，只好拍拍对方的后背。

为了起草一份两国间的协议，以管理葡萄牙向夏威夷的移民，我又在里斯本待了几天。国王和剩下的随从回到马德里，住了两天，又从那里前往法国、英格兰、苏格兰，最后从利物浦起航前往纽约。

完成了夏威夷与葡萄牙协议的大框架后，我取道巴黎、伦敦、利物浦，在国王之前到达纽约，在那里等他。

"冯·欧男爵"罗伯特在我们的东方旅行中颇为重要，如果不记录一些他在欧洲对我们的帮助，那这本回忆录就显得不完整了。

到了意大利之后，国王发现任何显示王室身份的行为都是怪异的；维持王室标准也显得可笑。罗伯特几乎被从他的职位上罢免了，他不用再做他很喜欢的仆人的工作，他也愤怒地放弃了自己历史学家和传记作家的秘密职位。这是因为替他谋得这一职位的人曾向他承诺了报酬，但显然觉得他所提供的文学作品没有什么价值，也没有给他汇钱。国王随着自己心情的改变，有时候把罗伯特当仆人，有时又当他是朋友。我却很难把他当成仆人对待，有时还会听听他的委屈。他充满怨恨地批评国王和内侍大臣没有肯定他所受过的高等教育,他对我说过:"阁下,这群人里只有我们两个算是受过教育的。"对于他的歧视,我这样回答:"问题不在教育,而在于你总能在错误的时间喝得酩酊大醉。"在剩下的旅程中,他继续服侍国王,不过很不负责任,在很多人索要勋章的时候,还向一些渴望见到国王的申请者收取酬金。

第二十九章

纽约、费城、华盛顿——在民主的卵石路上——阿瑟总统接见国王——门罗要塞和汉普顿师范及农业学校——国王在肯塔基买马——旧金山的宴会——回国的航程——统计账目——国王"吮吸"到的智慧——国王对有学识的人表示赞同——火奴鲁鲁欢迎仪式——地球的腰带扣上了

由于国王在六年前访问过纽约,还成为纽约市的座上宾,而且现在已经八月了,我们就没有在纽约逗留,而是前往费城和华盛顿。我们在费城火车站停留了一天,其间发生的一件事体现了出租马车车夫的民主观念。我们让马车站的"老板"为国王提供一辆马车,马车驶过来的时候,"老板"边抽雪茄,边向车夫喊道:"过来,吉姆,你的货在这儿!"所有地方都没有人愿意使用"陛下"这一词汇;好像使用这个词汇是在肯定衰老的文明。这里也不像其他国家在地上铺上红毯,免得脏了王室成员的脚;我们直接走在民主的卵石路上。

在华盛顿，助理国务卿 R. B. 希尔（R. B. Hill）先生接待了国王，随即又将国王引荐给阿瑟（Arthur）总统。阿瑟总统是在加菲尔德将军死后继任的。原来在纽约的时候，我已经认识阿瑟先生很久了，那时他还是律师。现在他是一个伟大合众国的总统；我曾在很多年里一直看着这位安静的公民默默地走在华尔街上，现在他的地位突然和一国之君等高；在这一新鲜且奇怪的关系里，他看见我，向我微笑了起来。总统和国王的体格相近，就连面部线条和举止风度也有些相似。如果总统的肤色再黑些，那两人的相似度就可以用神奇来形容了。

在希尔先生的好心帮助下，政府提供了一条通信快船供国王使用。国王参观了门罗要塞（Fortress Monroe）和汉普顿师范及农业学校（Hampton Normal and Agricultural School），他的老朋友阿姆斯特朗将军在那里担任校长。

穿越美国大陆的时候，我们参观了肯塔基一些培育良种马匹的农场，国王购买了一些好马。

我们到达旧金山的时候，当地设宴款待国王陛下。但他现在不屑于所谓的民主。也许他怀念其他君主的陪伴，想念王室宫廷芬芳的气氛，以及君主身份带来的自然而然的尊敬。在美国，他也受到了一定的注目，但他隐约发现自己只是逗美国人开心并且引起他们的好奇心罢了。有份报纸评论道："尽管国王是个好人，但他的王位却只是野蛮的遗物。"还有报纸将国王的宫廷比作谐歌剧里的王室家族。

我们朝着南十字星航行。世上的浮华和排场渐渐远去。我们的账簿上状况良好，收到的比付出的要多。相比之下，我们这个小王国的财产，就像零星的子弹，升起在浩瀚的太平洋上，最终又回到了岛上，而且还有盈余。

我们一路南行进入信风带的时候，我再次试图弄清楚国王在这次旅行中学到了什么。我问他能给他的臣民带来什么，他曾经向他们承诺了那么多。他回答说他的子民的境况已经比他访问的许多国家的人民好很多了；他们吃穿不愁，而且是他见过的最开心的人民；他们从不负债，因为没人借钱给他们；他们家里的小农庄就能解决一家人的生计；他们享受音乐和户外生活；他相信没有人是饿着去睡觉的，也没有人打家劫舍；他们也没有美国很常见的消化不良现象。我说：

您的人民正在走向灭绝。

他回答道："我多次读到，伟大的民族消亡了，新的民族取而代之，如果真是这样，我的民族与他们别无二致。我想最好的办法是让我们顺其自然吧。您觉得欧洲人和美国人给我们带来了什么好处？库克船长和随之而来的新英格兰人，他们给我的人民带来了麻风病，又让我们强行接受朗姆酒。有一个传教士做了一点好事，就有五百个他的同胞让我们的妇女腐化堕落，传染给她们各种各样的疾病。传教士叫我的人民星期天不要跳舞，他的同胞却叫他是傻子，叫我们不要理会他。"国王陛下承认传教士都是诚实的人，也是夏威夷人民最好的朋友，帮他们建教堂、建学校，做了很多好事。国王断断续续读了一些赫伯特·斯宾塞（Herbert Spencer）的作品，就觉得自己对世界的了解多于传教士对世界的了解。所以，他得出的结论就是，除了几匹好马，几头牲口，他的人民不需要别的什么。

当我检视自己于此行中学到什么的时候，我意识到很多国家非常自负，并且略带羞辱地无视其他国家的能力、优点和声望。这样的无知很值得一说，因为其程度令人吃惊。英国人鄙视其他所有国家，其中也包括法国和德国。法国人又鄙夷英国、德国、美国。每个国家的文献中都充满了对其他国家不真实的记述和不公正的评价。所有的基督教国家又认为中国人、日本人和东印度群岛人是异教徒，没有高尚的品质，而且根据基督教的教义，这些人在道德上和智力上都无法取得进步，尽管他们占到世界上人口的三分之二。

但还是有些有能力、有胸襟的人是支持自由、颇有见地的。我注意到了他们的一些观点，并且在下面引用了一些，因为这些观点同波利尼西亚酋长的观点有着惊人的相似，尽管他们之间在种族、文化传统等方面有着很大的不同。《马来群岛自然科学考察记》的作者 A. R. 华莱士（A. R. Wallace）教授是当代可与达尔文匹敌的人，他曾在原始岛屿上研究了八年亚洲民族，这种研究并不是为贸易或宗教铺路，而是单纯的科学研究，在这本书的最终一章里，他写下了这样一段话：

> 相比于原始部落的道德规范，大部分英国人并没有更高尚，甚至在很多情况下，还没有达到原始部落道德规范的水准；和实用科学奇迹般的发展相比，我们的政府体系、司法体系、国民教育，以及整个社会组织和道德组织都还处于蛮荒的状态。随着巨大的贸易量而产生的军队在道德方面还不如原始部落里的野人。除非哪天人们意识到自己这种文明的失败之处，我们将永远不会真正优越于所谓的野蛮人 —— 这就是我通过观察研究未开化民族所学到的。

威廉·布思（William Booth）"将军"写道：

> 在英国，人们对蚯蚓都进行了细致、耐心、智慧的研究，却很少有人关注人的演变，或者说是人的堕落。

他说英格兰有三百万人生活在赤贫的状态下，他们生活凄惨，绝望无助，这部分人的数量几乎和整个苏格兰的人口持平。翻阅旅行期间记下的笔记，我觉得可以加上我们真正的朋友，查尔斯·贝拉斯福特勋爵最近写下的一段话：

> 英国社会已经被金钱至上论这毒疮从内腐蚀掉了，整棵大树从头到脚都已腐朽不堪。对公众来说，最不道德的谋生之道和慈善事业以及助人为善也没有什么差别，都是可以的。美国已经变

成金钱的奴隶，知识界也紧随其后，成了富人的傀儡。

安德鲁·卡内基（Andrew Carnegie）先生早我们两年前环游了世界，在他的作品《环游世界》（*Tour Around the World*）中，他写下了这样的话：

> 比起基督教国家里令人震惊的真相，旅行家会惊奇地发现，在那些异教徒的岛屿上反而没有那么多绝望无助和那么多可憎的悲惨境遇。

爱默生的这些话好像一把尖刀，刺破我们的自大，让人感到羞愧难当：

> 我们自以为我们的文明像是正午的太阳，已经达到全盛；事实上，现在晨星还挂在天上，鸡刚刚开始打鸣而已。

所以，异教徒的国王、科学家、慈善家、富有的旅行家和哲学家通过广泛观察得到的结论是一样的；国王只是没有那种持久不变的信仰，相信一切都将在正确的轨道上演变，终将达到极乐世界而已。国王看到的只有赤裸裸的事实，却无法看到一切背后起支配作用的规律。

我生为夏威夷子民，但却是传承美国传统的美国人，因此我对国王有一种义务，这种义务就像《潘赞斯的海盗》（*Pirates*

威廉 N. 阿姆斯特朗，参加完卡拉卡瓦国王的宴请之后

of Penzance）中的学徒，他每天中午之前都要对海盗主人绝对忠诚，但中午一过直到夜里他都完全自由，甚至可以设陷阱打击海盗们。作为夏威夷的国务大臣，我必须在一定的时间内忠诚于国王以及波利尼西亚的制度，不管它们有多原始。国王和他的子民还是未经启蒙的异教徒，离文明还有一段很远的距离，这样，我就有义务展望未来，尽可能帮助这个民族进步。但当我作为美国人，从忠于国王的义务中解脱出来，我就可以预言说岛上波利尼西亚人的统治不久就将结束，原因有很多，而且都很有道理。我在国王面前可以自由表达这样的观点。

天刚刚拂晓的时候，雄伟的哈里阿卡拉（Haleakala，意为"太阳的家"）火山出现在船的左边，马上就要到达我们的小王国了。就像虔诚的印度人快到加尔各答看到浑浊的恒河水会大喊"恒河！恒河！"，我们大喊着："到家了！夏威夷到了！"

很快，火奴鲁鲁湾就出现在眼前。鲜花编成的拱门立在街道上；"军队"在阅兵，土著居民幼稚地哭着迎接他们的国王，并为他戴上鲜花。王室乐队演奏《家，甜蜜的家！》，皇宫的棕榈弯弯，好像在向我们问好；棕榈树从高高的树冠上投下它们金色的"珠宝"；浪花砸在岩礁上，好像在表达自己的忠诚。军队弱小这一"家丑"在经过了在世界各地的不安宁之后，终于永远地留在了地下。不久就被雄伟的建筑所取代的朴素的王宫，现在聚满了人，他们再次向国王献上了大量的鲜花和香藤。一位大概是桂冠诗人的诗人献上了一首颂歌，恶毒直白的反对派报纸称这只是"一个衰败异教精心美化的淫欲"罢了。

颂歌
卡拉卡瓦国王的环球旅行

(一)

一起来！哦，奇阿威的夏威夷！
你的最高首领已经来到这里！
你的嫩芽，蓓蕾，还有花朵，
真是首领；哦，迦摩的毛伊！
卡卡伊那支含苞待放的花朵，
上天亲自选择那片神圣之地！
你要朝着皮拉尼的海岸进发，
(拉奈和卡霍奥拉维的海岸)
起来吧！哦，辛纳的莫洛凯！
瓦胡岛位于海上诸岛的前端，
卡库伊赫瓦深爱的那片土地！
那片圣地真心实意地欢迎你！
那些旗帜随着微风轻轻飘扬，
那些大炮响起阵阵轰鸣之声；
玛玛拉的入口不断传出回声；
其中掺杂着歌声和欢呼之声，
还有那快乐的欢迎回家之声！
那位自由的大首领周游四海，
走马观花地见识到世界四方，

他站立在最高的那座山峰上；
足迹已经遍布天之涯海之角。
快起来呀！哦，曼诺的考艾！
你的太阳照耀在桃金娘树上，
愿神灵的庇护和无上的荣光，
普照大地，哦，惠及到你们，
愿你们追随那些天堂的主人，
那些天主早就已经接纳我们；
还有我们的君主，国王陛下，
也就是戴着皇冠的夏威夷人。
上帝的选民卡拉尼（国王）万岁！
直到他能升上天堂的那一天。

（二）

感谢你，哦太阳，耀眼的金光，
无处不在，射向地球每个角落，
让这位国王的价值，为人所知，
你的光芒，定会展现他的荣光，
他的思想，他充满睿智的愿望，
见到世间形形色色的隐秘之事。
他亲眼看见喜马拉雅山的美景，（亚洲）
还有山上令人愉悦的潺潺水声；
他见识到那座芳香四溢的山峰，（富士山）
还有壮丽的景观和高耸的顶峰，
还有你，哦卡拉尼，高高在上，

你亲自穿过塔希提的那些石堆，（异国的土地）
　　先是让大海卷起阵阵惊涛骇浪，
　　然后让大海为你再次风平浪静！
　　你的足迹遍布海上的各个岛屿！（太平洋）
　　全都成为你的旅伴，哦卡拉尼！
　　在你周游世界的时候，哦国王！
　　天堂的那种精神，始终帮助你，
　　天上那颗启明星，始终只因你。
　　你让自己那些敌人，四散逃命，
　　他们诋毁你的英明，也是枉然！
　　祝愿卡拉尼国王能够万寿无疆，
　　抵达先进世界最为遥远的地方！

　　我们走进皇宫，十个月前，我们从这里出发，现在，回到这里，好像可以听到腰带扣住的声音，这是史上第一次有一位在位的君主环游了整个世界。

第三十章

> 君主制的结束——国王和他的起源及任务——坚持加冕——大臣们的辞职——国王抵制议会制政府——面临刺刀与失败——国王煽动革命，以失败告终——访问加州、去世——继任者利留卡拉尼——女王试图制订新宪法，君主制被推翻——美国吞并夏威夷——传教士们的工作成果

如果不记述一下此次旅行对国王统治的影响，那这本回忆录就不算完整；因为会有很多读者想要知道，这位勇敢的君主环游世界之后又做了什么。

导致国王王位不保的原因也许有上百条，其中大部分是国王本人无法控制的，事实上，也没有人能够阻挡这件事的发生。国王归国十二年后，君主制被推翻，这背后是政治演变无法阻挡的铁律，就算到现在还是很难理解。其中有种族间的冲突——强大的日耳曼人对阵弱小的波利尼西亚人。尽管变革是挑衅的，并且因为夏威夷位于太平洋贸易的十字路口而变得疾风骤雨，但也

是和平的，没有引起伤亡；所有在自己土地上与强势民族接触的弱小民族中，夏威夷的土著居民受到的不公正与身体上的统治最小。另一方面，白人对他们的悉心照料已经到了不健康的程度。盎格鲁-撒克逊人创造的贸易和工业的新局面让波利尼西亚人相形见绌，也让他们越发衰落，就像森林里树木的生长夺走了草本植物的阳光，后者就会逐渐枯萎。

国王不明白进化规律。他和许多丢掉王位、过着流亡生活或是被暗杀的君主一样，他没有发现盎格鲁-撒克逊人已经容忍他很久了，而这种容忍的前提是国王不破坏他们固执地坚持的个人权利、财产权以及法制。

国王归国后不久就开始做他认为可以稳固王位的事。由于土著居民占有数量上的优势，国王认为如果能增加他们对自己的忠诚，就可以遏制白人的影响，他对白人的财力和性格并不清楚。在这种行为之下，是国王出于种族的直觉对白人下意识的不信任。

他立刻决定进行加冕，尽管他登上王位已经六年了。国王发现内阁中的白人大臣不赞成这一无用且昂贵的程序，国王就背着他们偷偷找到由土著人组成的议会，索要了75000美元准备加冕。我一发现这一蔑视内阁政府的行为，就不容置辩地辞去了在内阁的职位，其他同事也随之辞职。

于是，国王任命一位名叫吉布森（Gibson）的美国人做总理。这个人受过教育，曾在苏门答腊岛探险，曾因煽动叛乱罪被荷兰政府处以监禁；他还是一名摩门教教徒。他是个有天赋的作家，对自己在波利尼西亚的使命充满了政治梦想。他鼓励国王将自己看作太平洋上可以将散落在海上的半野蛮民族联合成一个联邦的大人物，而他自己将是首席主教。

由于新总理赞同，议会也拨了款，加冕顺利进行。加冕的形式和典礼在欧洲记载这方面内容的书籍上有所描述，不过中间还夹杂着波利尼西亚的习俗。典礼是在一个亭子里举行的，有人为国王拿珠宝和勋章，有人拿国家之剑和从英国进口的王冠，有人拿礼袍和火炬，还有人拿披风。那披风和经历了世界之旅的披风款式相似，不过更大一些。国王戴着白色头盔，王后是个美丽的女人，头戴镶嵌钻石的王冠，一些土著的姑娘作为亲戚拉着她长长的裙裾。血王子穿着闪亮的制服。国王为自己戴上王冠并再次宣誓就职。头脑清醒的白人们笑看着这场荒诞的盛大庆典，明白这其实是粉饰过的异教。

除此之外，国王开始偷偷向很多土著居民灌输自己君权神授的教义，以此来增加他们对自己的忠诚。他还重新开始使用了一些蛮荒时代曾使用过的古老的邪恶放荡的做法。

我辞职后不久便离开了夏威夷，直到国王去世都没再见过他。但是我们时时互相通信。离开的时候，我再次提醒他和白人打交道一定要格外小心，并告诉他我觉得他选了一个不负责任的总理，这可能会导致革命，我还预测三年之内，革命就会发生。他回答说自己可以管好所有白人居民。不过，五年之后，革命还是到来了。

卡拉卡瓦国王和他的军职人员（在他的王宫台阶上，1882年）

国王现在还要考虑到传教士们。美国传教士是一个团体，他们中大部分来自新英格兰，1820年来到夏威夷，随后通过移民不断增加人数，现在大概有六十个。他们中的大部分是神职人员或是受过大学教育的人，其中一些人非常能干、非常聪明。他们是新教徒中的浪漫主义者，有着强烈的愿望，希望能把异教徒从无尽的折磨中拯救出来。他们所接受教会的教义认为，尽管异教徒不知道福音，但他们也必须通过忏悔才能获救。他们并不直接声称自己是文明的使者，不过在传播福音的同时，也宣传了文明生活的形式。为了传播福音，他们建立了学校，为土著语言配上文字。并且因为他们对酋长有着巨大的影响，故此逐渐建立了健康的法律体系，废除了封建制度，并在可行的程度上引进了美国的法律体系。他们的主要目的并不是建立美国的殖民地，而是把异教徒转化为基督徒。四十五年之后，他们认为自己的任务完成了，就把团体解散了。传教士们几百个出生在岛上的孩子大部分成了岛上的永久居民，成了专业人员、商人和种植园主。这一群体中大学毕业生的比例比美国本土任何相似规模群体的都要高。一些从美国大陆来的盎格鲁-撒克逊移民和这些人有姻亲关系，或是有商业上的往来，或是在宗教上惺惺相惜。那些和土著居民结婚的人，讨厌法律与秩序的人，那些不喜欢保守式统治的人，他们和"传教士"是对立的，这个名字也是他们起的，尽管原来的传教士早已不在人世。"传教士"这个名字代表一个政治阶级。

夏威夷土生的"传教士"们很喜欢夏威夷王室，尽管它具有奇特的波利尼西亚特点。不过当国王在总理的支持下拒绝议会统治、坚持个人统治并做了一些不光彩的事情时，他们立刻起来反抗，与国王兵戎相见。国王很快就投降了，并颁布了新宪法，成立内阁政府，并服从议会统治，就像英国的体制一样。国王对自己被迫做的事感到愤愤不平，两年后，他秘密地策划了一场群众革命，革命由一位曾在意大利军校学习的年轻土著领导，目的是恢复旧宪法，恢复王室的至高权力和个人统治。"传教士"们再次起来反抗，用自己的武装平息了革命。不过也许是因为不明智的保守主义，他们保留了国王的王位。

两年之后，国王再次访问加州，并在那里因患肺炎去世，他的妹妹利留卡拉尼公主继位。

我们没有必要讨论卡拉卡瓦国王的性格，因为在环球旅行的经历中已经有所体现。他不幸地生为波利尼西亚人，有无数个理由不了解盎格鲁-撒克逊人的特点。在智力上，他和其他统治者没有什么不同，不过在思想、传统和天性方面，他和自己的白人国民有着巨大的不同。

继任的王妹有着国王性格中所有的缺陷，而且又加了一条国王不曾表现出的盲目的顽固与执拗。她宣誓支持宪法，但很快就开始参与到废除宪法、立新宪法以增加自己的权力的阴谋中。"传教士"们再次武装反抗。他们厌倦了波利尼西亚人不负责任的统治，不再愿意要求女王承诺并保留王位。他们废除了君主制，建立起了共和国，并在美国吞并夏威夷的过程中保持合作。

现在还有一些人，他们见证了这个小小的王国从野蛮与异教发展到卡拉卡瓦国王统治时期的全盛，然后在一代人之内灭亡。自然主义者们说蚊子在一天之内经历了从出生、做爸爸、做爷爷、再到死亡的生命历程。如果参考一般国家的寿命，那么这个小国王室的寿命也就这么短。尽管如此，它还是历史上一个独立的团体，屹立在广袤的大海上，拥有一个完整政府的一切职能，在世界上所有国家间享有一定的地位。

比起这个小王国短暂的历史，更加有浪漫主义色彩的是传教士们的故事。他们比自己意识到的做得更好。现在的世界大体上已经不适用当年促使他们背井离乡在"黑暗"中流亡的神学教义了。他们将异教徒堕落的灵魂救出万劫不复的地狱的故事，现在只能在那些记载奇特信仰的文献中找到了。不过他们无意中为高级文明打下了基础，土著居民几乎没有参与这样的文明。他们在这些岛上坚固且永久地建立了盎格鲁－撒克逊式的制度，以保护人权；陪审员制度、习惯法、司法独立以及政治自由的口号在这些热带溪谷就像在班克山脚下一样普通寻常。

1898年美国吞并夏威夷的时候，并没有在土著人聚集区举行升旗仪式，他们把升旗的地点选在一个在南十字星下诞生的盎格鲁－撒克逊人的聚集区，该聚集区在半个世纪以来都没有受到外族的影响。随着联邦这面鼓的鼓点，夏威夷在合众国的音乐声中踏步走进我们的队伍，脚步丝毫也不笨拙。现在，夏威夷已经成为美国文明在太平洋先进的前哨线了。

译后记

《夏威夷国王世界环游记》(*Around the World with a King*)是一部既有可读性、趣味性，又有学术和史料价值的书籍。该书最早于1904年在伦敦出版，记载了140多年前夏威夷国王环访世界的故事。

20世纪90年代初，笔者在夏威夷大学和东西方中心学习时，在一年一度的文化书市上，曾购得一本英文书籍 *The Sandalwood Mountains*(《檀香山先辈华人史》)。这是一部有关清朝对外关系和华人移民夏威夷的史书。该书的作者谢廷玉先生，是一位于1905年出生在夏威夷的美籍华人学者，曾就读于燕京大学和夏威夷大学，并在美国长期从事中国历史教学研究工作。

《檀香山先辈华人史》所涉及的许多清朝对外交往的事件，大都为读者所熟知：如1793年，乾隆皇帝在承德会见英国使臣，并给英国国王乔治三世带去书信；再如1844年，鸦片战争结束不久，第一支美国舰队来中国访问并带来了约翰·泰勒总统给道光皇帝的信件，以及道光皇帝于1844年12月16日的回信；等等。

在《檀香山先辈华人史》里，一张有关李鸿章在天津宴请前来访问的夏威夷国王的菜单，引起了笔者极大兴趣与关注。因为这一发生在1881年晚清的事件，为人知之甚少。

菜单上用英文写着："李鸿章为向来访的卡拉卡瓦国王表示敬意而举行的宴会"，菜肴则用中英文对照列出，包括燕窝、鱼翅、炸鱼、狮子头、羊排、凉拌鸡块、火腿、蘑菇，还有水果布丁、巧克力蛋糕、牛油手指饼，等等。显然，这是一张北洋大臣李鸿章欢迎宴请夏威夷国王卡拉卡瓦访问天津的菜单。

夏威夷国王卡拉卡瓦到访过中国吗？这一史料的真实性如何？笔者带着这个问题，去了夏威夷的博物馆、档案馆和夏威夷大学的图书馆查找相关资料，进行学习研究，找到了相关的档案、资料与照片，包括谢廷玉先生所引用宴会菜单的出处——威廉·N. 阿姆斯特朗所著《夏威夷国王世界环游记》一书。威廉·N. 阿姆斯特朗是一位出生于夏威夷的美国律师，也是夏威夷国王卡拉卡瓦执政时期重要的内阁成员和法律顾问。正如安乐哲教授和格伦·格兰特教授在前言中所提到的，作者本人对卡拉卡瓦国王是持有偏见的。但这本游记，仍然为今天的读者提供了珍贵的历史资料。

英国船长库克于1778年抵达波利尼西亚人住居的夏威夷群岛，比哥伦布到达美洲新大陆晚了近三百年。此时的世界已进入蒸汽机工业化时代，西方列强蜂拥而至，打破了那里原始而纯朴的平静。但不管时局如何变化，在1893年美国占领夏威夷之前，夏威夷还是一个受到国际公认的独立的君主王国。

大卫·卡拉卡瓦是夏威夷王国第七任国王（1874—1891年在位）。1881年，国王做出了一个惊人的决定——乘蒸汽机轮船环访世界。卡拉卡瓦一行人历经10个多月时间，从夏威夷出发，环访美国旧金山、日本、中国、泰国、马来西亚、新加坡、印度、埃及、意大利、英国、比利时、德国和法国等，最后访问美国华盛顿，返回夏威夷。

关于卡拉卡瓦国王来访中国一事，笔者曾委托中国第一历史档案馆的唐益年和胡忠良二位先生帮助查找相关资料。功夫不负有心人，2002年春，根据卡拉卡瓦国王访华日期，他们从浩若烟海的清代档案中，找到一份当年掌管外交事务的总理衙门就夏威夷国王访华一事，写给光绪皇帝的奏折。

这份奏折清晰地向后人展示了一个多世纪前的那段往事：

总理衙门片

  再本年三月间，据北洋大臣李鸿章致臣衙门函，称夏威仁国即檀香山国王游历到津。经李鸿章与之接晤，该国王谓此行匆促不及赴京，致总理衙门一函求为转递等，特将原书一函附送前来。臣衙门当即译出汉文，内称中国大吏款待殷勤，该国王感激报谢，请代转奏等话。臣等查夏威仁国即檀香山岛离华较近，华人前往该处贸易者多，叠经出使大臣陈兰彬拟请设立商董领事，均由臣衙门先后据情奏明在案。此次该国王游历到津，经李鸿章优加接待，该国王甚以为荣，因叙述其报谢之忱求为转奏，自应给覆书以答其意而示怀柔。除由臣衙门备具覆书寄由李鸿章转致该国王外，理合附片陈明谨奏。

光绪七年五月初一日军机大臣奏

此奏折的左上端，有摄政王为当时年龄尚幼的光绪批的"旨知道了钦此"几个字。由奏折中提到的"国王游历到津，经李鸿章优加接待，该国王甚以为荣，因叙述其报谢之忱"可以看出，卡拉卡瓦国王对李鸿章的隆重接待还是深表满意和感谢的。

访问中国给卡拉卡瓦国王留下了深刻的印象。他回到夏威夷之后，采取一些措施，进一步促进了中国与夏威夷的贸易、劳务往来，鼓励华裔儿童与本地儿童同校学习，他还为当时在夏威夷跟随兄长孙眉读书并获得英语学习二等奖的孙中山先生颁发奖状。这些难忘的交往，被载入了史册。

140多年过去了，世界已经发生了深刻而巨大的变化，夏威夷王国虽不复存在，但卡拉卡瓦国王环访世界的举动却是世界近代史上的一个创举。商务印书馆出版由笔者和学生张笑一翻译的《夏威夷国王世界环游记》中文版，是一部难得的了解和研究卡拉卡瓦国王所经国家政治、经济、文化、历史以及风土人情的史书。这本书的出版也使尘封130多年的、夏威夷王国与清政府的一段鲜为人知的外交往事公之于世，相信读者读后一定会眼界大开，回味颇多。

　　翻译中不免有不妥之处，敬请批评指正。

北京大学　郝平于燕园

2022 年 1 月 23 日

图书在版编目（CIP）数据

夏威夷国王世界环游记 /（美）威廉·N. 阿姆斯特朗著；郝平，张笑一译. — 北京：商务印书馆，2022
ISBN 978-7-100-21125-3

Ⅰ.①夏… Ⅱ.①威… ②郝… ③张… Ⅲ.①游记—世界 Ⅳ.①K919

中国版本图书馆CIP数据核字（2022）第093088号

权利保留，侵权必究。

夏威夷国王世界环游记
〔美〕威廉·N. 阿姆斯特朗　著
郝　平　张笑一　译

商　务　印　书　馆　出　版
（北京王府井大街36号　邮政编码100710）
商　务　印　书　馆　发　行
北京兰星球彩色印刷有限公司印刷
ISBN 978-7-100-21125-3

2022年10月第1版	开本 880×1230　1/32
2022年10月第1次印刷	印张 11　彩插 4

定价：68.00元